HISTÓRIA DA POLÍCIA
NO BRASIL

© Autonomia Literária, 2023.
© Almir Valente Felitte, 2023.

Coordenação editorial
Cauê Seignemartin Ameni, Hugo Albuquerque, Manuela Beloni
Revisão: Márcia Ohlson
Preparação: Amauri Gonzo
Capa: Rodrigo Côrrea/studiocisma
Diagramação: Manuela Beloni

Conselho editorial
Carlos Sávio Gomes (UFF-RJ), Edemilson Paraná (UFC/UNB), Esther Dweck (UFRJ), Jean Tible (USP), Leda Paulani (USP), Luiz Gonzaga de Mello Belluzzo (Unicamp-Facamp), Michel Lowy (CNRS, França) e Pedro Rossi (Unicamp) e Victor Marques (UFABC).

Dados Internacionais de Catalogação na Publicação (CIP)
(eDOC BRASIL, Belo Horizonte/MG)

F315h Felite, Almir Valente.
   História da polícia no Brasil: estado de exceção permanente? / Almir Valente Felite. – São Paulo, SP: Autonomia Literária, 2023.
   286 p. : 14 x 21 cm

   ISBN 978-65-87233-98-7

   1. Polícia Militar – Brasil – História. I. Título.
                                                        CDD 363.20981

Elaborado por Maurício Amormino Júnior – CRB6/2422

Autonomia Literária
Rua Conselheiro Ramalho, 945
CEP: 01325-001 São Paulo – SP
autonomialiteraria.com.br

ALMIR VALENTE FELITTE

HISTÓRIA DA POLÍCIA NO BRASIL

ESTADO DE EXCEÇÃO PERMANENTE?

Autonomia Literária

2023

Sumário

Prefácio 7

Introdução
As "polícias" antes do Estado no mundo 21

A formação das polícias públicas na
consolidação do Estado brasileiro 29

O surgimento das polícias modernas na velha
república: especialização, "pequenos
exércitos" e controle sobre as
"classes perigosas" 49

As tendências nacionalizantes da Era Vargas,
a hora da polícia política e a exceção
policial na primeira experiência
democrática brasileira 119

A militarização do cotidiano
policial na ditadura civil-militar 179

A problemática "redemocratização" e
as velhas polícias da nova república 225

Conclusões finais 255

Agradecimentos 285

Es el canto universal
Cadena que hará triunfar
El derecho de vivir en paz
Victor Jara

PREFÁCIO

Por Fausto Salvadori

Eu tinha grandes esperanças quando, em 2014, me juntei a um grupo de companheiros de ofício e de luta para criar a Ponte Jornalismo, um meio de comunicação que procura ampliar o debate sobre os direitos humanos e que carrega como principal bandeira a denúncia de violações cometidas pelas polícias. Não posso falar pelos demais fundadores da iniciativa, mas sei que eu ambicionava nada menos do que tocar corações e mentes país afora com essas denúncias e levar o papel das forças de segurança ao centro do debate público nacional, para daí, em um futuro próximo, conseguir mudar para melhor o sistema de justiça criminal brasileiro.

De lá para cá, a Ponte fez muito — ajudamos a libertar uma centena de pessoas negras presas injustamente e a mandar alguns policiais matadores para a prisão, além de incentivar os demais veículos de comunicação a trazer parte desses temas para sua cobertura regular —, mas o que não conseguimos foi fazer avançar o debate sobre a necessidade de reformar as forças de segurança, principalmente após a chegada ao poder da extrema-direita em 2018. Reforma das polícias virou um daqueles temas que os governantes preferem evitar a todo custo para não perderem votos, um dos tantos "não falamos do Bruno" da política nacional, ao lado da descriminalização das drogas e da legalização do aborto. O terceiro governo Lula, por exemplo, já deu todos os sinais de que vai repetir exatamente o que fez nas suas duas edições anteriores com relação à reforma das polícias, quer dizer: nada.

Acho que só fui ter a real dimensão do tamanho do desafio que é combater as estruturas autoritárias das polícias brasileiras com a leitura deste livro. Em seu mergulho histórico, Almir Valente Felitte revela uma surpreendente resiliência das corporações policiais, ao mostrar como mantiveram as mesmas características de "mecanismo de controle social em favor de um Estado marcado pela desigualdade" ao longo de toda a trajetória do Brasil independente, sobrevivendo incólumes, por dois séculos, a toda sorte de mudanças de regime e formas de governo. Quem diz que o Brasil não tem instituições sólidas e políticas duradouras deveria olhar melhor para as nossas polícias.

Felitte demonstra que, desde seus primórdios até hoje em dia, a polícia brasileira foi marcada por três traços persistentes: o militarismo, que torna a estrutura das Polícias Militares "extremamente porosa a práticas sistematicamente abusivas e violentas"; a inquisitorialidade, traço central dos inquéritos conduzidos pelas Polícias Civis, em sigilo e sem direito ao contraditório, que muitas vezes se tornam o único parâmetro usado pelo Judiciário em suas condenações; e as normas penais genéricas, abertas ou de perigo abstrato, incluindo a criminalização da vadiagem, aplicada ao longo da maior parte do século XX, as "legislações de crimes políticos e sociais, fortemente pautadas por doutrinas de segurança nacional", usadas nas ditaduras de Getúlio Vargas e dos militares, e a guerra às drogas, a partir dos anos 1970: todas normas que garantiram aos "guardas da esquina" o poder de decidirem pela prisão de suspeitos segundo critérios subjetivos, baseados em estereótipos racistas e políticos.

Indo além das análises mais corriqueiras que costumam diagnosticar as causas do autoritarismo das polícias recuando apenas até a ditadura civil-militar de 1964-1985, Felitte vai recuar até os tempos do Império para encontrar, ali, as origens de um sistema de segurança pública com fortes características de controle social, todo trabalhado em um imaginário de "combate a um inimigo interno" que colocasse em risco a ordem vigente.

Quando as forças policiais foram criadas, nos primeiros anos do Brasil independente, esse inimigo interno tinha o rosto das camadas negras escravizadas e dos movimentos abolicionistas, além dos grupos rebeldes descontentes com o governo. Pessoas negras eram suspeitas por definição: ao serem detidas, precisavam provar que eram livres e não escravizadas, "uma espécie de inversão do ônus da prova para os negros neste período".

A mesma lógica se manteria após a abolição e a proclamação da República, com a diferença de que as definições de inimigo interno das polícias seriam atualizadas, passando a mirar nas "classes perigosas" dos trabalhadores assalariados, imigrantes e, como sempre, dos pobres e negros em geral, com o apoio de uma legislação que criminalizava a capoeira, o direito de greve e a vadiagem, além de permitir a retirada compulsória e definitiva de "estrangeiros indesejáveis".

Ao longo das páginas, vemos as polícias brasileiras participarem de atos espetaculosos de violência, destruindo quilombos, esmagando revoltas populares como as de Canudos, do Contestado e da Chibata e perseguindo movimentos grevistas, além de exercer no cotidiano da população uma violência mais miúda, sorrateira e amplamente disseminada, na forma de "práticas a-legais de controle de comportamento dos indivíduos nas vias públicas", em que a polícia "centrava-se nos considerados vadios, em especial as pessoas negras, procurando impor uma norma de comportamento geral aos mais pobres, tudo feito sem maiores controles do sistema judicial".

Algo muito parecido com o que acontece na prática policial das abordagens, também chamadas de buscas pessoais, revistas, enquadros ou baculejos, que são simplesmente a atividade policial mais comum executada pelas Polícias Militares atuais. Só a PM do estado de São Paulo revistou 225,3 milhões de pessoas entre

2005 e 2022, o equivalente a toda a população brasileira.[1] Diversos estudos evidenciam o caráter racista dos enquadros: nos estados de São Paulo e no Rio de Janeiro, negros têm quase cinco vezes mais chances de serem abordados pela polícia do que os brancos;[2] na cidade de São Paulo, jovens negros são duas ou até seis vezes mais enquadrados do que brancos da mesma idade, a depender do bairro;[3] e, na cidade do Rio de Janeiro, pretos e pardos, embora representem 48% da população carioca, respondem por 63% dos alvos dos baculejos[4]. Mesmo sendo uma ação de controle social e racial sem qualquer relevância no combate à criminalidade, já que o número de prisões em flagrante corresponde a menos de 1% do total das abordagens, e também sem amparo legal, uma vez que o Superior Tribunal de Justiça proferiu uma série de decisões afirmando a ilegalidade das buscas pessoais baseadas apenas na aparência ou em "atitudes suspeitas",[5] a prática dos enquadros foi

---

[1] Mendonça, Jeniffer. "Em 17 anos, PM de SP enquadrou o equivalente a toda a população brasileira". *Ponte Jornalismo*, 16 fev. 2023. Disponível em: <https://ponte.org/em-17-anos-pm-de-sp-enquadrou-o-equivalente-a-toda-a-populacao-brasileira/>

[2] Instituto de Defesa do Direito de Defesa. DATA_LABE. *Por que eu? Um estudo sobre as causas do encarceramento feminino no Brasil*. São Paulo, 2022. Disponível em: <https://iddd.org.br/wp-content/uploads/2022/07/relatorio-por-que-eu-2-compactado.pdf>

[3] Da Mata, Jéssica Gomes. *A Política do Enquadro*. São Paulo: Revista dos Tribunais, 2021.

[4] Ramos, Silvia; Francisco, Diego; Silva; Pedro Paulo da; Silva, Itamar. *Elemento suspeito: racismo e abordagem policial no Rio de Janeiro*. Rio de Janeiro: CESeC, 2021. Disponível em <https://cesecseguranca.com.br/livro/elemento-suspeito-racismo-e-abordagem-policial-no-rio-de-janeiro/>

[5] Mendes, Gil Luiz. A polícia não pode enquadrar você sem motivos concretos, decide STJ. *Ponte Jornalismo*, 21 abr. 2022. Disponível em <https://ponte.org/policia-so-pode-enquadrar-pessoas-se-tiver-

reafirmada como política de Estado na 82ª Reunião Ordinária do Conselho Nacional de Secretários de Segurança Pública, em junho de 2022.[6] O encontro, que reuniu representantes de todos os estados brasileiros, inclusive aqueles governados por partidos de centro-esquerda (PT, PSB e PDT), deixou claro que, para governantes de todas as tendências ideológicas que comandavam os estados, o combate ao racismo não valia o perrengue de confrontar as estruturas autoritárias de suas polícias.[7]

À prova de mudanças para melhor

História da Polícia no Brasil mostra o quanto a história brasileira rimou ao cometer os mesmos erros em suas duas transições democráticas, uma após a ditadura do Estado Novo, em 1945, e a outra com o fim da ditadura civil-militar, em 1985. Nos dois momentos, o país realizou transições incompletas, em que tentou instalar regimes democráticos sem tocar na arquitetura policial construída ao longo do período ditatorial anterior, mantendo "os aparatos policiais típicos de uma visão de controle social e político", que, apesar dos pesos e contrapesos de um Estado democrático de direito, continuaram a impor um estado de exceção permanente à boa parte da população brasileira.

Tem algo de trágico nessa história, pela maneira como o caráter autoritário das polícias acabou se impondo sobre todas as tentativas de implantar políticas garantidoras de direitos. É aí que o livro

---

motivos-concretos-decide-stj/>

[6] Mendonça, Jeniffer. Apesar de decisão do STJ, secretários de Segurança decidem manter enquadros sem motivo. *Ponte Jornalismo*, 9 jun. 2022. Disponível em <https://ponte.org/apesar-de-decisao-do-stj-secretarios-de-seguranca-decidem-manter-enquadros-sem-motivo>

[7] Salvadori, Fausto. Esquerda não está nem aí para a luta antirracista. *Ponte Jornalismo*, 20 jun. 2022. Disponível em <https://ponte.org/artigo-esquerda-nao-esta-nem-ai-para-a-luta-antirracista/>

analisa as políticas tímidas e erráticas dos governos federais nessa área, por meio de iniciativas como os Gabinetes de Gestão Integrada, o Programa Nacional de Segurança Pública com Cidadania e o Sistema Único de Segurança Pública, que nunca conseguiram avançar na direção dos "princípios humanistas almejados" porque "encontraram na própria arquitetura policial construída na Ditadura, até hoje intocada, um obstáculo para sua realização".

Assim, as tentativas de combater o legado autoritário das polícias acabaram resultando todas em fracasso. E é bom lembrar que houve, sim, algumas tentativas reais, ao menos nas duas primeiras décadas após a redemocratização. Aplaudida pelos defensores de direitos humanos, a lei federal 9.299, de 1996, conhecida como Lei Hélio Bicudo, transferiu para a justiça comum os crimes dolosos contra a vida cometidos por policiais, numa tentativa de combater a impunidade dos policiais que matam. Mas logo os "cidadãos comuns" dos tribunais dos júris se mostraram tão lenientes com a violência policial quanto eram os juízes dos tribunais militares.[8] Nos anos seguintes, a letalidade policial cresceu como nunca.

O mesmo se deu com as iniciativas regionais, dos poucos governadores que tentaram interferir no caráter autoritário de suas polícias, mas viram suas iniciativas serem destruídas por seus sucessores. Foi o que aconteceu, por exemplo, com as gestões de Franco Montoro e Mário Covas em São Paulo, sucedidas por governadores que preferiram interromper qualquer política de controle democrático da segurança pública e estimularam a letalidade policial, que chegou ao auge durante os governos tucanos de Geraldo Alckmin e João Doria.[9]

---

[8] Neto, Moriti; Peres, João; Domenici, Thiago. Como se absolve um policial. *Agência Pública*, 24 mar. 2015. Disponível em <https://apublica.org/2015/03/como-se-absolve-um-policial/>

[9] Salvadori, Fausto. De tucanos a urubus: Doria sepulta o sonho de

Sobre isso, José Afonso da Silva, secretário de Segurança Pública no governo Covas entre 1995 e 1999, reconheceu o próprio fracasso ao comparar sua gestão com a de Saulo de Abreu Castro Filho, um de seus sucessores na gestão Alckmin, entre 2002 e 2006. "A nossa era uma política de segurança democrática, o que significava, em primeiro lugar, o respeito aos direitos fundamentais da pessoa humana. A política do Saulo tomou outro rumo, especialmente no que tange à ação da Polícia Militar", me disse numa entrevista.[10] Uma afirmação que encontra eco no desabafo de Carlos Magno Nazareth Cerqueira, comandante geral da Polícia Militar no governo fluminense de Leonel Brizola e, não por acaso, um dos poucos negros a assumir essa função no Brasil: "É certo que falhamos. Não conseguimos implantar o modelo democrático que defendíamos. Não soubemos prender traficantes nas favelas sem invadir barracos, sem colocar em risco a vida de terceiros; não soubemos fazer a polícia investigar para prender; não soubemos fazer a polícia entender que a sua principal tarefa era prender e não matar".[11]

Recentemente, a adoção de câmeras corporais pela polícia de São Paulo resultou na queda tanto da letalidade como da vitimização policial[12], um bom exemplo que passou a ser seguido em outros estados, mas alguns analistas apontam que, se

---

um PSDB humanista. *Ponte Jornalismo*, 19 nov. 2018. Disponível em <https://ponte.org/analise-de-tucanos-a-urubus-doria-sepulta-o-sonho-de-um-psdb-humanista/>

[10] Salvadori, Fausto. Política "linha-dura" acelera a expansão do crime organizado. *Revista Adusp*. Set. 2006. Disponível em <https://www.adusp.org.br/files/revistas/38/r38a08.pdf>

[11] Cerqueira, Carlos Magno Nazareth. *O futuro de uma ilusão: o sonho de uma nova polícia*. Rio de Janeiro: Freitas Bastos Editora, 2001

[12] Mendonça, Jeniffer. Câmera na farda: por que equipamento está longe de ser uma 'revolução' na letalidade policial. *Ponte Jornalismo*, 25 ago. 2021. Disponível em <https://ponte.org/camera-na-farda-por-que-equipamento-esta-longe-de-ser-uma-revolucao-na-letalidade-policial/>

não vierem acompanhadas de reformas profundas na estrutura policial,[13] os efeitos positivos de medidas isoladas, como essa, tendem a se dissipar com o tempo.[14]

Aliás, a prática tem demonstrado que é mais fácil o legado autoritário das polícias corromper outras instituições, mesmo aquelas sem tradição militarista ou de controle social, do que se deixar influenciar por avanços democráticos. Felitte analisa o caso das Guardas Civis Municipais, as quais, mesmo tendo sido criadas após o fim da ditadura civil-militar, sem vínculos diretos com as Forças Armadas e disciplinadas por um Estatuto Geral de caráter preventivo e comunitário, passaram a incorporar, na prática, as estruturas e a ideologia das suas irmãs mais velhas, as Polícias Militares. A influência foi tanta que as GCMs passaram a ser usadas em ações típicas das PMs, como a repressão contra trabalhadores organizados e pessoas em situação de rua,[15] sem falar dos guardas que se organizam em grupos de extermínio com simbologia de "caveiras".[16]

Há pouco tempo vimos algo parecido acontecer com a Polícia Rodoviária Federal. Bastaram poucos anos do governo de extre-

---

[13] Vitale, Alex. *O fim do policiamento*. Trad. Artur Renzo, São Paulo: Autonomia Literária, 2021. Págs. 54-56

[14] Cruz, Renata; Costa, Vítor. Além do reformismo penal das body cameras: pensar as eleições com horizontes abolicionistas. *Ponte Jornalismo*, 10 mai 2022. Disponível em <https://ponte.org/artigo-alem-do-reformismo-penal-das-body-cameras-pensar-as-eleicoes-com-horizontes-abolicionistas/>

[15] Maingué, Carolina e Moura, Matheus de. Práticas inconstitucionais da GCM atropelam políticas de saúde na 'Cracolândia'. *Ponte Jornalismo*, 30 set. 2022. Disponível em <https://ponte.org/praticas-inconstitucionais-da-gcm-atropelam-politicas-de-saude-na-cracolandia/>

[16] Adorno, Luís; CARAMANTE, André. GCM preso por chacina de 5 jovens integra grupo chamado 'Caveiras'. Ponte Jornalismo, 11 nov. 2016. Disponível em <https://ponte.org/gcm-preso-por-chacina-de-5-jovens-integra-grupo-chamado-caveiras/>

ma-direita de Jair Bolsonaro para transformar uma corporação, que até então não tinha qualquer histórico de vocação militarista ou de uso para controle político e social, em uma milícia com vocação para tropa de extermínio e polícia política, capaz de participar das piores chacinas da história do Rio de Janeiro,[17] executar um homem negro com transtornos mentais à luz do dia numa câmara de gás improvisada[18] e, nas eleições de 2022, segundo denúncias, realizar operações nas estradas com o único objetivo de supostamente atrapalhar o voto dos eleitores no candidato da oposição.

Que democracia é essa?

Quem busca olhar a realidade do país a partir do ponto de vista da maioria da população nacional, pobre e negra, que sofre diretamente a ação das polícias, não tem como não começar a questionar a natureza da democracia à brasileira. Que democracia é essa onde milhões de pessoas todos os anos são submetidas a revistas humilhantes por agentes armados do Estado, apenas por causa da cor de suas peles? É possível chamar de democracia um regime onde o Estado é capaz de eliminar em questão de minutos 111 de seus cidadãos, como fez em 2 de outubro de 1992 na Casa de Detenção do Carandiru, sem que nenhuma autoridade seja responsabilizada? E que democracia é essa que comporta uma monstruosidade como os Crimes de Maio de 2006,[19] em que gru-

---

[17] Abreu, Alan de. O Instrumento: a bolsonarização da Polícia Rodoviária Federal. *Revista Piauí*, ago. 2022. Disponível em <https://piaui.folha.uol.com.br/materia/o-instrumento/>

[18] Viana, Priscila. A tortura cotidiana da PRF em Umbaúba, onde Genivaldo foi morto. *Ponte Jornalismo*, 30 dez. 2022. Disponível em <https://ponte.org/a-tortura-cotidiana-da-prf-em-umbauba-onde-genivaldo-foi-morto/>

[19] Amadeo, Javier et al. (coords). *Violência de Estado no Brasil: Uma análise dos Crimes de Maio de 2006 na perspectiva da antropologia*

pos de extermínio formados por policiais mataram 505 pessoas em duas semanas — entre elas uma mulher grávida de 9 meses, que ouviu "filho de bandido, bandido é" da boca do policial que a atirou em sua barriga —, mais do que o número oficial de mortos e desaparecidos políticos produzidos pela ditadura civil-militar ao longo de 21 anos, e tudo isso sob aplausos dos promotores do Ministério Público Estadual de São Paulo que deveriam investigar esses crimes?[20] Será que a violência autoritária das polícias que vemos no Brasil são um desvio em relação às corporações dos demais países ocidentais ou será que por aqui a essência do policiamento apenas se mostra como realmente é? E o que esse estado de coisas nos diz sobre a realidade do sistema democrático no Brasil, e das democracias liberais de modo geral?

Felitte vai fazer essas perguntas no último capítulo do livro, mas antes de chegar aí aponta em direções diferentes. Ele identifica a permanência de uma arquitetura autoritária nas polícias brasileiras como um apego ao passado, que se oporia a uma visão "moderna" do policiamento presente nos EUA e na Inglaterra, que teriam desenvolvido um sistema de "controle comunitário" ou "prevenção comunitário", no qual, "inserido em comunidades locais e próximo aos cidadãos, o policial moderno também cumpre tarefas de caráter preventivo e social".

Um contraponto a essa visão pode ser encontrado em *O fim do policiamento*, de Alex Vitale, também publicado por esta Autonomia Literária. Vitale defende que as polícias dos EUA, mesmo as mais "modernas", nunca deixaram de ser uma ferramenta de controle social e racial e que, por isso, a aplicação de um

---

forense e da justiça de transição. Relatório Final. São Paulo: Unifesp, 2018. Disponível em <https://www.unifesp.br/reitoria/caaf/images/Relatorio_final_2.pdf>

[20] RAMOS, Beatriz Drague. Crimes de Maio de 2006: o massacre que o Brasil ignora. *Ponte Jornalismo*, 17 mai. 2021

"policiamento comunitário" realmente focado nas comunidades seria, na prática, inviável. "As pesquisas demonstram que o policiamento comunitário não empodera as comunidades de maneiras significativas. Amplia o poder da polícia, mas nada faz para reduzir o peso do sobrepoliciamento nas pessoas não-brancas e nos pobres", afirma. Ao comentar sobre as reuniões comunitárias realizadas com a polícia em cidades dos EUA, Vitale mostra como esses espaços são dominados por proprietários de imóveis e comerciantes, deixando sem representação as opiniões de inquilinos, jovens, pessoas em situação de rua, imigrantes e dos socialmente marginalizados.[21] Curiosamente, é um diagnóstico que lembra muito o da "cooptação dos Consegs (Conselhos de Segurança) por agrupamentos conservadores formados por civis e policiais" mencionada por Felitte, o que poderia indicar que o "atraso" brasileiro e a "modernidade" dos EUA podem não estar tão distantes assim uma da outra quando o assunto é polícia.

Ao tratar do caráter autoritário das polícias brasileiras, Felitte em alguns momentos identifica esse traço como uma "estrutura arcaica", que chama de "entulho autoritário", "completamente inadequada a preceitos democráticos". Não deixa de ser uma visão otimista, já que, segundo o Houaiss, arcaico é algo que deixou de ser usado há muito tempo, sinônimo de antiquado, anacrônico, obsoleto, e entulho são os escombros, o que não serve mais, o que se joga fora. Seguindo a lógica dessa escolha de palavras, a gente poderia concluir que não haveria mais lugar nos dias de hoje para o policiamento autoritário de controle social, o qual só poderia estar com seus dias contados, destinado a ser varrido para fora de casa. Eu tendo a acreditar, por outro lado, que estruturas "arcaicas" nunca poderiam ter a capacidade de resistir a mudanças descrita por Felitte ao longo do livro se

---

[21] Vitale, Alex. *O fim do policiamento*. Trad. Artur Renzo, São Paulo: Autonomia Literária, 2021. Págs. 44-46.

não tivessem encontrado um lugar e uma função na configuração do Brasil moderno de hoje. É só pensar, por exemplo, no quanto a elite empresarial e financeira valoriza o papel da brutalidade policial na implantação de medidas pró-mercado, ainda que poucos de seus porta-vozes reconheçam isso publicamente e sem meias palavras, como faz o economista e ex-presidente do Banco Central Gustavo Franco, ao dizer que "nenhuma boquinha terminou no Brasil sem certa dose de esperneio e gás lacrimogêneo"[22] ou que, "se não há gás lacrimogêneo, e não há descontentes, alguma coisa se perdeu no caminho".[23]

No mundo, o melhor exemplo de como estruturas policialescas de controle social sobre populações vulnerabilizadas podem, sim, se integrar perfeitamente às democracias liberais e ao que existe de mais moderno no capitalismo global é Israel. Juntamente com os EUA, a "única democracia do Oriente Médio" montou complexos industriais-militares que não só garantem o controle social permanente da população palestina, como ainda transformou as tecnologias de repressão usadas na Faixa de Gaza e Cisjordânia em "soluções de segurança" de ponta, comprovadas em batalha, que são vendidas a Estados e empresas do mundo todo,[24] inclusive no Brasil.[25]

---

[22] Franco, Gustavo. Reforma trabalhista é só o começo. *O Estado de S.Paulo*. 30 abr. 2017. Disponível em https://www.estadao.com.br/economia/gustavo-hb-franco/reforma-trabalhista-e-so-o-comeco

[23] Franco, Gustavo. Reforma sem muito gás. *O Estado de S.Paulo*. 27 out. 2019. Disponível em https://www.estadao.com.br/economia/gustavo-hb-franco/reforma-sem-muito-gas

[24] GRAHAM, Stephen. Trad. de Alyne Azuma. *Cidades sitiadas*. São Paulo: Boitempo, 2017

[25] GOULART, Fransérgio. Qual a relação da produção de mortes nas favelas e o estado de Israel?. *Iniciativa Direito à Memória e Justiça Racial*, 2023. Disponível em <https://dmjracial.com/2023/03/27/qual-a-relacao-da-producao-de-mortes-em-favelas-e-o-estado-de-israel>

É nessa direção que o livro avança no seu capítulo final, o mais instigante da obra, em que o autor se abre para o debate "entre aqueles que consideram que o Brasil ainda esteja atravessando processo de transição democrática e aqueles que afirmam serem as heranças da ditadura não algo pontual, mas verdadeiro estado de exceção permanente", encontrando paralelos entre os estados de exceção da realidade brasileira com situações semelhantes nos EUA, França e Itália, onde a vigilância e o controle social estariam se proliferando nos últimos anos. Como se o resto do mundo estivesse ficando tristemente mais parecido com o Brasil no que temos de pior.

É aí que, a partir da noção de Achille Mbembe de que "a democracia, por vezes, depende de atos de violência estatal contra camadas da população para sua própria existência", Felitte vai concluir, de maneira provocadora, que "as práticas e instituições de exceção representadas pelas polícias brasileiras não seriam contrárias ou paradoxais à construção do nosso Estado democrático de direito, mas parte central dele". E por isso tão difícil de serem modificadas.

Retrato do passado, alerta sobre o futuro

Mais do que um retrato de um passado que precisamos superar, História da Polícia no Brasil merece ser lido como um alerta sobre um futuro que precisamos impedir que se torne real. O fato é que conservar um aparato de policiamento autoritário, como temos feito, tem tudo para dar ruim. Aliás, como avisa Felitte, já deu ruim uma vez. "Sem reformular estruturas policiais, o breve e frágil período democrático brasileiro pagou o preço pela manutenção dos entulhos autoritários de seu aparato repressivo", escreve a respeito do período entre 1945 e 1964. É que as polícias daquele "período democrático", além de participarem das movimentações que levaram ao golpe de 1964, ainda garantiram o terreno fértil sobre o qual sobre o qual a ditadura civil-militar criou o seu aparato de repressão.

A conclusão é clara. As polícias são hoje uma pedra no meio do caminho — na verdade, um baita de um rochedo — da democracia brasileira, seja pelo que fazem hoje, ao manter as populações vulnerabilizadas em um estado de exceção não muito diferente do que o país todo vivia durante suas ditaduras stricto sensu, seja pelo risco do que essas corporações podem vir a fazer amanhã, ao servirem como combustível para novos rompimentos institucionais.

Se eu tinha grandes esperanças quando ajudei a criar a Ponte em 2014, continuo a alimentá-las em 2023, apenas buscando manter um pouco mais os pés no chão, por ter compreendido um pouco melhor o tamanho do desafio que a gente abraçou. Esperança que é, antes de mais nada, uma estratégia de luta, nascida da constatação de que não pode haver um projeto de Brasil democrático que não passe por uma mudança total no sistema de policiamento autoritário que sempre dominou o país.

É um dilema do mesmo tipo constatado no surrado vaticínio atribuído ao naturalista francês Auguste de Saint Hilaire: "ou o Brasil acaba com a saúva, ou a saúva acaba com o Brasil". Pois bem. Ou o Brasil acaba com suas polícias como existem hoje, ou essas mesmas polícias — e seus irmãos das Forças Armadas — ainda vão ajudar a acabar com o que resta de democracia no Brasil.

Fausto Salvadori é diretor de redação da Ponte Jornalismo
Outono de 2023

INTRODUÇÃO
AS "POLÍCIAS" ANTES
DO ESTADO NO MUNDO

O desenvolvimento de sistemas institucionais não se dá de forma homogênea ao redor do mundo e, em países de dimensões continentais como o Brasil, a mesma afirmação pode ser feita em nível nacional. Com isso, delimitar um marco histórico preciso para o estudo inicial de determinado aparato estatal, hoje presente em qualquer sociedade, é tarefa complexa. Observado como fenômeno mundial, o surgimento das instituições policiais modernas como peça central para a formação de sistemas de segurança pública insere-se bem neste desafio. Seria um erro afirmar que a divisão social de tarefas incluindo aquelas ligadas à segurança coletiva surgiria apenas com o advento das polícias modernas no mundo Ocidental por volta do século 19. Tampouco se poderia dizer que as instituições policiais como as conhecemos não seriam, elas mesmas, resultados do desenvolvimento histórico de outras formas de organização ainda mais antigas, algumas delas, inclusive, antecessoras à própria formação do que hoje se convém chamar de Estado e à efetiva separação entre a coisa pública e a coisa privada.

Para encontrarmos um marco temporal que permita uma boa análise sobre o desenvolvimento da segurança pública e das instituições policiais até os dias atuais, é necessário demarcar bem os traços que caracterizam estes sistemas modernos em contraposição às antigas formas de organização análogas, ainda que unidas por funções e atividades em comum. A partir deste olhar inicial, é possível compreender melhor as escolhas políticas e as causas que levaram à adoção de determinados modelos securitários e policiais ao longo da história brasileira e mundial, bem como seus respectivos problemas na atualidade.

Bem antes do surgimento das polícias modernas, a preocupação com a segurança já havia suscitado a organização de comunidades e civilizações em torno de estruturas com o objetivo de garanti-la. Isso não significa que a função policial dos dias de hoje tenha sempre existido. Como aponta Monet,[26] é só com o surgimento de organizações sociais marcadas pela divisão de trabalho mais complexa e por estruturas diferenciadas de dominação política, religiosa e militar que os primeiros vestígios deste tipo de atividade começaram a aparecer. Na sociedade esquimó, por exemplo, violações a normas de comportamento, como roubo ou adultério, eram tratadas de forma totalmente privada, cabendo às vítimas ou a seus parentes buscarem formas de castigo ao culpado. Entre os nueres do Sudão, um "grupo de notáveis" era encarregado de mediar conflitos como aqueles envolvendo roubo de gado. Tampouco este grupo tinha meios coercitivos para impor suas decisões, o que não impedia a busca de soluções por meio de guerra privada. Já os cheienes, além de terem uma espécie de conselho tribal capaz de impor penas a "crimes graves", contavam com sociedades de guerreiros para executá-las.

Só com a emergência ainda embrionária do Estado, as funções análogas às policiais passaram a ter alguma distinção em relação a outras sociais, militares e judiciárias. Entenda-se este "Estado" primitivo como o espaço público organizado em valores e interesses comuns que não se confundem com a mera soma de interesses particulares, nem com o patrimônio dos go-

---

[26] MONET, Jean-Claude. Polícias e sociedades na Europa. Tradução de Mary Amazonas Leite de Barros. 2 ed. 1 reimpr. São Paulo: Editora da Universidade de São Paulo, 2006. p. 31-38.

vernantes. Assim, é na Grécia Antiga que surgem os primeiros agentes especializados para, pela coação física, fazer respeitar as leis da cidade. Mas caracterizá-los como função policial seria anacrônico. Não havia nada que equivalesse às atuais investigações criminais, e até mesmo "ritos mágicos" tinham peso em decisões sobre culpabilidade. Além disso, o que se via era uma multiplicidade de "polícias" nas cidades com funções diversas que consistiam desde o controle de preços em mercados até o impedimento de conspirações contra o sistema democrático ateniense. Tampouco o caráter público dessas atividades era completo, vez que os processos criminais e as prisões dependiam da competência privada de cada cidadão.

O primitivo formato grego de policiamento serviu de modelo para a estruturação da segurança na civilização romana, que manteve a confusão entre iniciativas públicas e privadas. Ainda que as condenações fossem pronunciadas por magistrado público, os próprios cidadãos de Roma deviam prender os acusados, conduzi-los ao julgamento e executar as penas, inclusive de morte. A segurança se manteve essencialmente como atribuição privada até o Império Romano, já no século I d.C., quando foi criado o cargo de *praefectus urbi*, espécie de prefeito da cidade ao qual cabia manter a ordem na rua e proceder às ações penais contra infratores. Então surgiram funcionários nomeados e pagos pela autoridade pública: os *vigiles*, patrulheiros noturnos e combatentes de incêndios, e os *stationarii*, que permaneciam em posto fixo.

Neste período histórico, as instituições embrionárias de policiamento começaram a apresentar certa semelhança com as estruturas modernas, ligadas a autoridades públicas, mais centralizadas e com funções de manutenção da ordem. Mas, com a queda do Império Romano, este modelo que se consolidava desapareceu por séculos na Europa. Sob a estrutura feudal da Idade Média, cada senhor de terra do continente seria detentor dos poderes judiciários e seus respectivos meios de coação necessários para execução das sentenças em seus domínios. Sem órgãos que cumprissem uma função análoga à da polícia, esta tarefa era realizada em conjunto com os próprios habitantes. Pouco efetiva, muitas vezes esta justiça era substituída pelo reconhecido direito à vingança privada.

Para além das tarefas diversificadas que fogem da ideia atual de função policial, esta confusão entre as iniciativas privadas e a organização coletiva é ponto em comum nesta completa análise histórica das atividades de segurança trazida por Monet. Mesmo em sociedades mais complexas, como a de gregos e romanos, nas quais já se observavam organizações com certo poder coercitivo, a vingança privada foi um instituto largamente utilizado nas relações interpessoais de proteção e busca por justiça. A confusão entre o público e o privado, aliás, pode ser enxergada em contexto mais amplo, não só nas atividades de segurança, mas na própria constatação de que, até aqui, fala-se apenas no conceito embrionário de Estado.

Nesse sentido, é interessante pensar o conceito de Estado para captar as diferenças entre as antigas estruturas de segurança e as polícias modernas. Preocupado em reunir todos os seus elementos, Dallari caracteriza o Estado como "a ordem jurídica soberana que tem por fim o bem comum de um povo situado em determinado território".[27] Só na Idade Média apareceu uma preocupação com a soberania, principalmente por choques envolvendo questões de segurança e tributação, mas, até o século XII, ainda se falaria em conflitos entre soberania senhorial e soberania real. Apenas com a afirmação dos reis sobre senhores feudais é que o conceito de soberania como poder supremo se fortaleceu, consolidando-se no século 16 com os Estados

---

[27] DALLARI, Dalmo de Abreu. Elementos de teoria geral do Estado. 21 ed. atualizada. São Paulo: Saraiva. 2000. p. 118.

Modernos.[28] As polícias modernas teriam papel essencial neste processo, vez que a legitimidade de um governo depende, exatamente, da sua capacidade de manter a ordem nos territórios submetidos à sua autoridade, sob risco do próprio Estado deixar de existir. Associada à soberania, "a existência de uma polícia pública é o sinal indiscutível da presença de um Estado soberano e de sua capacidade de fazer prevalecer sua Razão sobre as razões de seus súditos".[29] Enxerga-se, aqui, o poder soberano como aquele exercido sobre os indivíduos na garantia de que o Estado tenha a decisão em última instância sobre a eficácia de normas jurídicas.

Na questão territorial, cidades-Estado limitadas a centros urbanos e zonas rurais periféricas criavam poucos conflitos de fronteiras que demandassem maior clareza em suas delimitações, e o próprio relacionamento entre autoridades e particulares não tornava necessária a definição de ordem em espaços determinados. Já na Idade Média, a noção de território tinha peculiaridades sob a óptica do "território-patrimônio", onde o poder de Estado era concebido como o poder de qualquer proprietário sobre o imóvel.[30] Ainda veremos como o Estado Moderno representaria um divisor de águas na história das polícias, levando-as à especialização e à delimitação clara de suas funções, crucial para caracterizar o nascimento das polícias modernas. Por ora, vale apontar como a fragilidade das estruturas estatais em seus elementos essenciais dificulta a conceituação destas organizações antigas como polícias propriamente ditas. Este processo, interrompido pela queda do Império Romano, foi retomado ao fim da Idade Média.

---

[28] Ibidem, p. 75-76.
[29] MONET, op. cit., p. 16.
[30] DALLARI, op. cit., p. 83-89.

Mecanismos de contenção ao excesso de violência causado pela permissão à justiça privada, ainda que pouco efetivos, só surgiram na Europa com a elaboração da ideia da "paz de Deus", no século XI, quando assembleias de bispos criaram alguns regramentos para impedir ataques e saques. Outras organizações também foram observadas à época, como a dos *Tythings*, na Inglaterra, cabendo a pequenos grupos de homens livres de cada comunidade aldeã o zelo pela segurança de forma mais coletiva. No mesmo século, na França, milícias aldeãs foram criadas para assaltar castelos de senhores saqueadores. Na Espanha, nasceram as *Hermandades*, milícias populares que protegiam peregrinos e comerciantes e defendiam seus habitantes dos excessos dos senhores locais. Todas estas estruturas, embora ainda marcadas por características privadas, viriam a se desenvolver para organizações públicas ligadas aos Estados em formação.

Na Inglaterra, ainda que o estatuto de Winchester, de 1285, mantivesse traços particularistas de segurança, como a obrigação de possuir arma em bom estado para homens entre 15 e 60 anos, ele trouxe mudanças substanciais. Os *Tythings* cederam espaço aos *constables*, responsáveis pela organização das milícias locais e pela assistência aos *Sherifs*, representantes locais da Coroa com funções policiais e judiciárias. Figuras semelhantes apareceram em países do norte europeu, como a Dinamarca, a Noruega e a Suécia, sob o nome de *Lensman*. Apesar do avanço inglês rumo ao caráter público, a lei sobre as justiças de paz de 1361 ainda insistiu no dever de cada habitante em contribuir para a prisão de criminosos. Na França do século XII, as milícias formadas passaram a agir em nome do rei Luís VI, o Grande, em assaltos a castelos de saqueadores. No fim do século seguinte, os *custodes nundinarum*, "guardas de feiras" com poder de coação física, já faziam rondas nos centros de comércio. No século XIV, foi criada a *Maréchausée* para proteger a retaguarda dos exércitos combatentes na Guerra dos Cem Anos e perseguir desertores. Militarizada, esta organização também acabou por cumprir funções tipicamente policiais na zona rural, reprimindo criminalidades individuais, além das violências coletivas. De forma semelhante, por atuação dos Reis Católicos, as *Hermandades* espanholas foram coordenadas, entre os séculos XV e XVI, por uma instância superior chamada *Santa Hermandad*. Esta, por sua vez, ganhou a companhia de arqueiros nas cidades com a missão de perseguir criminosos até o limite de suas fronteiras. A Fraternidade existiu até 1835, pouco antes da criação da *Guardia Civil*. Marcadas pela centralização política e administrativa que tais países passariam, as transformações apontadas por Monet caminhavam para formarem as primeiras polícias públicas da Europa. Mas alguns traços antigos ainda se mantinham neste momento de mudanças. A baixa especialização e o voluntarismo eram traços comuns, sendo que as atividades exercidas por estes corpos eram, ainda, muito diversas, compreendendo tanto o combate às violências e aos incêndios quanto a regulação de técnicas de produção, relações de trabalho e preços nas oficinas.[31]

O caráter difuso das polícias só seria completamente superado com a consolidação do Estado Liberal. Até o século XVIII, manteve-se a dubiedade que caracterizava estas instituições como reguladoras do território e dos súditos, divididas em duas funções distintas: a ligada ao domínio da economia e da gestão da população, que auxiliariam no crescimento das forças do Estado, e outra referente aos instrumentos de garantias de repressão contra a desordem, as ilegalidades e as delinquências. Mais tarde, a primeira função, de caráter positivo e crescimento dentro da ordem, seria redistribuída por uma série de outros mecanismos, restando às negativas, de repressão

---

[31] MONET, op. cit., p. 38-45.

para impedir que as desordens se reproduzam, em função das polícias modernas.[32]

A esta altura, poderíamos nos perguntar: mas por que, até agora, falamos apenas do desenvolvimento embrionário de instituições de segurança pública em terras estrangeiras? Em que aspecto tudo isso seria relevante para um livro que se propõe a analisar a história das polícias no Brasil? Ora, nesta pequena introdução, vemos que o surgimento das instituições policiais como as conhecemos, com delimitação clara de funções especializadas, não seria observado antes de tempos historicamente recentes como a consolidação do Estado liberal no mundo Ocidental. Esta não é uma afirmação irrelevante para a análise da segurança pública no Brasil, que passa longe de ser uma ilha isolada do cenário sociopolítico global. Na verdade, é dizer que a estruturação do aparato policial moderno em nosso país se iniciaria apenas com a própria formação do Estado independente brasileiro. Longe de ser a mera imposição de um modelo pronto da Metrópole à sua Colônia, a polícia brasileira se desenvolveria de acordo com os desígnios nacionais, ainda que inserida no mesmo contexto mundial e influenciada pelos modelos que conformaram o sistema de segurança pública moderno no resto do mundo. Isso não implica em dizer, porém, que o Brasil não possuísse seus próprios embriões de polícia antes da consolidação desse sistema moderno independente, conforme passaremos a ver a seguir.

---

[32] FOUCAULT, Michel. Segurança, território e população: curso dado no Collège de France (1977-1978). Tradução de Eduardo Brandão. São Paulo: Martins Fontes, 2008. p. 475-476.

A FORMAÇÃO DAS POLÍCIAS PÚBLICAS NA CONSOLIDAÇÃO DO ESTADO BRASILEIRO

Como na Europa, mas com a peculiaridade da situação colonial, os embriões das instituições de segurança brasileiras também nasceram por objetivos de centralização de poder. Uma espécie análoga de "aparelho policial" brasileiro foi implantada com o Governo Geral, em 1549, chefiado por Tomé de Souza, acompanhado do Alcaide-Mor, de funções militares e policiais, e do Alcaide-Menor, funcionário policial. Após, criou-se o posto de Capitão-Mor, que zelava pela defesa do litoral na assistência aos trabalhos do Alcaide-Mor. Insuficiente frente ao próprio crescimento populacional da Colônia e aos riscos sofridos pela hegemonia da Metrópole sobre ela, este sistema seria fortalecido por novas estruturas no século seguinte.

Ao fim do século XVI, as Companhias de Ordenanças comandadas pelos Capitães-Mores se organizaram para atuar na segurança de cidades, vilas e povoados, auxiliando o policiamento de primeira linha realizado por tropas do Exército e da Cavalaria portugueses. Já no século XVIII, as Companhias de Dragões aceleraram a profissionalização das instituições policiais brasileiras, constituindo tropas pagas por suas funções de zelar pela tranquilidade e pela segurança pública.[33] A importância histórica destas é observada nas próprias corporações policiais atuais. A Polícia Militar de Minas Gerais, por exem-

---

[33] PEDROSO, Regina Célia. Estado autoritário e ideologia policial. São Paulo: Associação Editorial Humanitas; Fapesp, 2005. p. 66-67.

plo, comemora como data de seu nascimento o 9 de junho de 1775, quando fora instalado o Regimento Regular de Cavalaria de Minas. Este, por sua vez, originou-se das Companhias de Dragões instaladas pela Corte, em Vila Rica, no início daquele século, para manter a ordem interna e garantir as cobranças de impostos pelos portugueses na região que, naquele período, era marcada pelo ciclo do ouro.[34] Esta identificação entre militarismo e funções de repressão a insurreições e defesa da pátria, como na Europa, marcaria as organizações policiais brasileiras. A manutenção da ordem no Brasil da época consistia, basicamente, na preservação da Colônia diante das pressões internas, representadas por ataques indígenas e movimentos independentistas, das pressões externas, referentes aos riscos de invasão por outras nações europeias e, principalmente, pela manutenção das relações internas de produção, pautadas no regime de trabalho escravo.[35]

Este último ponto, aliás, nunca foi exclusividade brasileira na formação das forças de segurança. Na colônia holandesa do Suriname, o fluxo de escravos negros, em contato constante com brancos livres, se tornou questão de ordem pública, permitindo-se até mesmo que sentinelas atirassem contra qualquer pessoa negra após o pôr do sol. Em 1749, regras determinaram que escravos só poderiam sair às ruas de noite se carregassem uma lanterna, com guardas realizando rondas a partir das 7 horas da noite para garantir a efetividade da lei.[36] Nos EUA,

---

[34] POLÍCIA MILITAR DO ESTADO DE MINAS GERAIS. Histórico do Regimento de Cavalaria.
[35] PEDROSO, op. cit., p. 67.
[36] BRANDON, Pepijn. Between the plantation and the port: racialization and social control in eighteenth-century Paramaribo. International Review of Social History, Amsterdam, vol. 64, p. 95-124, 2019. p. 117-118.

ao contrário da região Norte, onde mais tarde se copiaria o modelo londrino criado em 1829, o desenvolvimento policial das colônias do Sul e das fronteiras não estava ligado à criação de grandes centros urbanos, mas à manutenção de poder de brancos na relação destes com a escravidão. Com cidades de maioria negra, a vigilância sobre estes e a proteção de pessoas brancas se consolidaram através de *"slave patrols"*, patrulheiros de escravos que cometiam todo tipo de abuso impunemente. Já em regiões fronteiriças, o desenvolvimento policial veio pela formação de grupos de vigilantes envolvidos em conflitos de terra contra comunidades indígenas, como o primeiro destes registrado em 1767 na Carolina do Sul.[37]

No Brasil, além do controle sobre escravos, dos primeiros vestígios de atividades de segurança no território colonial às primeiras polícias de caráter público, o fenômeno não é muito diferente do observado, no mesmo período, em outras partes do mundo como a Europa. Em diferentes graus de profissionalização, as atividades policiais na Colônia brasileira eram marcadas como verdadeiros atos de ocupação territorial, expandindo a presença do Estado português. Claro que, especificamente no Brasil, a soberania defendida e ampliada se confundia com a da própria Corte lusitana neste momento. Também é importante apontar outra peculiaridade no processo brasileiro, talvez devido às proporções continentais do país. A centralização de poder no Brasil através do desenvolvimento das instituições policiais, fenômeno que se acelerou com a Independência, se deu através das províncias, futuras unidades federativas da República. Isto não retira o caráter centralizador do movimento, mas demarca a peculiaridade em comparação com o caso europeu, onde as forças de segurança foram organizadas em âmbito nacional.

---

[37] BROWN, Robert. Policing in American history. Du Bois Review: Social Science Research on Race, v. 16, p. 189-195, 2019. p. 190.

Em ambos os casos, as polícias se desenvolveram para minar forças privadas de caráter local, fortalecendo o poder público estatal, ainda que este processo pudesse estar igualmente ligado a interesses particulares de determinados grupos políticos.

Uma estrutura de segurança pública ganha forma na consolidação do estado independente brasileiro

A estruturação do sistema de segurança pública do país rumo à sua forma moderna se iniciou com a própria Independência e a consequente formação do Estado brasileiro, já não mais confundido com a antiga Metrópole europeia. Ironicamente, este processo se viabilizou justamente com a transferência da Corte portuguesa para o Brasil. Na época colonial, o direito administrativo brasileiro fora marcado pela fragmentação, com normas esparsas emanadas do poder português e que careciam de ramo doutrinário capaz de lhes conferir alguma lógica mais profunda. A transferência da Corte para o Rio de Janeiro foi o acontecimento histórico de maior relevância para a efetiva formação do direito administrativo brasileiro. A vinda da família real foi acompanhada não só da mudança da sede governamental para a cidade carioca, mas também da solidificação do aparato institucional administrativo no país para a sustentação do novo Reino. Por isso mesmo, este período seria marcado pela fundação de importantes instituições como o Banco do Brasil, a Imprensa Régia ou a Academia Real Militar.[38]

---

[38] MARRARA, Thiago. Direito administrativo brasileiro: transformações e tendências. In: Direito administrativo: transformações e tendências. MARRARA, Thiago (org.). São Paulo: Almedina, 2014. p. 17-18.

A área da segurança também sentiu os impactos deste momento histórico. Com a chegada da Família Real, em 1808, instituiu-se a Intendência Geral de Polícia no Brasil, semelhante ao modelo existente em Portugal. No ano seguinte, o primeiro intendente designado para o cargo criou a Divisão Militar da Guarda Real de Polícia do Rio de Janeiro, consagrando o caráter híbrido da instituição, ao mesmo tempo ligada às funções tipicamente policiais e às organizações militares.[39] Na justificativa do Decreto que a criou, a Guarda devia não só prover a segurança e a tranquilidade pública, mas também combater atividades de contrabando.[40] O desenvolvimento deste aparato estatal em território brasileiro intensificou o próprio movimento de Independência, que viria em 1822. Esta, por sua vez, abriu caminho para outro fator relevante para a conformação do direito administrativo brasileiro: a outorga da primeira Constituição do país, em 1824, por Dom Pedro I. Nela, já afloravam várias normas administrativas regulando, por exemplo, aspectos da ação estatal em matéria de poder de polícia, mecanismos de controle da Administração pelo Poder Legislativo e outros aspectos organizacionais.[41]

A Constituição de 1824 consagrou princípios liberais presentes até hoje no país, entre eles, direitos fundamentais previstos em seu artigo 179 como "Direitos Civis e Políticos dos Cidadãos", cuja base era a liberdade, a propriedade privada e a segurança individual. Alguns deles tiveram impacto direto nas práticas policiais, de segurança pública e de justiça penal, tais como a inviolabilidade de domicílio, o princípio da legalidade e a presunção de inocência. A Carta ainda previa o objetivo de organizar um Código Criminal para o Império e determinava

---

[39] PEDROSO, op. cit., p. 67-68.
[40] BRASIL. Decreto de 13 de maio de 1809.
[41] MARRARA, op. cit., p. 18-19.

que os direitos individuais poderiam ser suspensos nos casos em que a segurança do Estado pedisse, como em rebeliões e invasões. Essa preocupação com a segurança do Estado foi uma constante na Constituição imperial e, por vezes, misturou-se com a segurança pública. Ela previa, por exemplo, competir ao Poder Executivo exercido pelo Imperador a provisão de segurança interna e externa do Estado, bem como o emprego da Força Militar na segurança e defesa do Império à sua conveniência. Apesar deste nível organizacional, o Brasil ainda manteve traços particularistas na segurança ao definir que todo brasileiro era obrigado "a pegar em armas" na defesa do Império e da Independência contra inimigos internos e externos.[42]

Mesmo estruturando o nascente Estado brasileiro, a Constituição de 1824 não representou, por si só, um grande desenvolvimento policial, o que não significa que o sistema de segurança pública brasileiro não iniciou sua grande transformação já no período imperial. Na verdade, foram ali lançadas suas condições, e foi justamente a mistura constitucional entre segurança interna e externa, individual e do Estado, que daria o tom à formação inicial das polícias públicas no país, traço com desdobramentos observados até hoje na organização policial brasileira. Aliás, tampouco esta característica foi exclusiva ao contexto do Brasil.

Na Europa, a estruturação das forças de segurança também coincidiu com a consolidação de Estados centrais. Monet[43] aponta que, na Espanha, os catalães *Los Mozos de Escuadra* foram reconhecidos pelo poder central em 1721 pelos êxitos não só no combate aos contrabandistas, mas também na luta contra adversários da monarquia. Seu modelo se estendeu a todo o

---

[42] BRASIL. Constituição Política do Império do Brazil (de 25 de março de 1824).

[43] MONET, op. cit., p. 47-51.

país na segunda metade do século XVIII. No século XIX, criou-se a primeira polícia nacional espanhola: a *Guardia Civil*. Já a Inglaterra seguiu este caminho para fortalecer o controle sobre outros territórios do Reino. O *Dublin Police Act* de 1786 criou uma polícia moderna na Irlanda, logo seguido da criação da militarizada *Royal Irish Constabulary*, e a Escócia já contava com a patrulha de policiais profissionalizados e armados nas ruas de Edimburgo desde 1781.

O caso mais simbólico foi o francês, com um modelo de policiamento que serviu de exemplo a vários países ao redor do mundo, inclusive o Brasil. A *Maréchaussée*, de origem puramente militar, se territorializou a partir do século XVI, perdendo parte de suas ligações com as autoridades militares para dar foco às competências de polícia civil nas zonas rurais. Suas ações compreendiam combater pilhagens e contrabandos e reprimir insurreições camponesas, além de outras atividades de auxílio ao Estado, como a tomada de grãos à força em períodos necessários. Rebatizada de *Gendarmerie* em 1791, ela teve um aumento significativo de efetivo nos próximos anos, tornando-se a principal força pública à disposição dos intendentes.

As guerras da Revolução e do Império difundiram não apenas o Código Penal napoleônico, como este próprio sistema militarizado de policiamento francês. Na Holanda dominada, polícias municipais foram incorporadas a um sistema centralizado e a *gendarmerie* francesa patrulhava os campos. Após a queda de Napoleão, os holandeses criaram a *Wapen der Koninklijke Marechausse*, sua própria polícia aos moldes franceses, que se estendeu até a Bélgica. Já independentes, os belgas também criaram sua gendarmaria nacional em 1830. A Prússia seguiu o mesmo caminho militar em 1812, e a Itália, em 1816. Na Espanha, em 1818, carabineiros passaram a vigiar fronteiras e a combater o contrabando. Após a emancipação em relação à Turquia, em 1833, a Grécia também formou a *Khorofylaki*, gendarmaria integrada por veteranos de guerra que agia nos campos para desmantelar movimentos de banditismo.

Paralelamente, na capital Paris, a França apresentou outro modelo a ser replicado. Em 1667, Luís XIV criou o ofício de tenente de polícia de Paris, com funções amplas ligadas à administração da cidade. A nova organização levou ao surgimento dos comissários de polícia que, assistidos por inspetores, acumularam funções variadas como mediadores, juízes de paz, investigadores e juízes de instrução, além de conformar o sistema de patrulha e de postos de guarda na vigilância da cidade. Grandes cidades como São Petersburgo, em 1718, Berlim, em 1742, e Viena, em 1751, copiaram o modelo. A Grécia também manteve esta duplicidade, com a Polícia Urbana, criada em 1822, atuando concomitantemente com a gendarmaria militarizada.

Em diferentes graus de desenvolvimento, formou-se um sistema de segurança pública cujas estruturas mais básicas se mantêm até hoje na Europa. Estas estruturas são bem simbolizadas por três diferentes tipos: a polícia de caráter civil do Estado, localizada em grandes capitais; a de caráter civil municipal, subordinada a governos locais; e a de caráter militar do Estado, seguindo o modelo de gendarmaria, geralmente localizada no interior e utilizada como primeira linha de defesa em crises internas.[44] Mais à frente, veremos como distúrbios sociais ocorridos na Europa a partir da década de 1840 impactaram na especialização que levou às instituições policiais modernas. Até aqui, já vimos como a preocupação com a contenção de distúrbios que colocassem em risco as próprias estruturas estatais nacionais em consolidação esteve no centro da formação das primeiras polícias públicas na Europa, assim como observado

---

[44] EMSLEY, Clive. The policemen as worker: a comparative survey c. 1800-1940. International Review of Social History, Amsterdam, vol. 45, p. 89-110, 2000. p. 92.

nas constantes menções à "segurança do Estado" na Constituição brasileira de 1824.

A formação das polícias militarizadas no Brasil

A Constituição imperial não oferecia maiores termos organizacionais para o aparato policial no Brasil. Inicialmente, legislações inferiores cumpriram este papel: Lei de 1831 criou a Guarda Nacional do Império, organizada nos municípios em substituição às ordenanças, guardas e milícias. Suas atribuições originais eram a conservação da ordem e da tranquilidade pública, o auxílio ao Exército nas fronteiras, a escolta às remessas de dinheiro público, a condução de sentenciados e o socorro a cidades ameaçadas por insurreições.[45] Se o hibridismo destas instituições, preocupadas com o controle criminal e com a defesa do Estado, assemelha-se muito ao processo de formação das polícias públicas na Europa, uma diferença salta aos olhos. Ainda que de iniciativa nacional, a organização desta nova força, ao contrário do modelo europeu, deveria se dar essencialmente no âmbito regionalizado. Meses mais tarde, a lei de 10 de outubro de 1831 autorizou a criação do Corpo de Guardas Municipais na Corte do Rio de Janeiro, bem como nas demais províncias através dos Presidentes de seus Conselhos.[46]

Os desdobramentos da Lei que criou a Guarda Nacional foram observados nos anos seguintes nas principais cidades do país, principalmente após o Ato Adicional de 1834, que conferiu ao Império certa proximidade com o modelo federativo de Estado ao criar as Assembleias Legislativas Provinciais. No Rio Grande do Sul, a fundação da Polícia Militar é comemo-

---

[45] PEDROSO, op. cit., p. 69-70.
[46] BRASIL. Lei de 10 de outubro de 1831.

rada pelo 18 de novembro de 1837, quando a Força Policial da província foi criada para manter a ordem e a segurança pública abaladas pelos conflitos da Guerra dos Farrapos.[47] No Ceará, a comemoração remete a 1835, quando nasceu a Força Pública, possibilitada pelo "Pacto Federativo".[48] No mesmo ano, "diante do cenário de turbulências e revoltas que acometiam o país",[49] o Espírito Santo formou a Companhia de Guarda da Polícia Provincial. Fundada também em 1835, em Santa Catarina, a Força Policial se envolveu em conflitos como as Guerras dos Farrapos e do Paraguai, atuando, para além da segurança pública, "também no campo da Defesa Interna e Segurança Nacional".[50] No ano seguinte, surgiu o Corpo de Polícia da Província do Maranhão.[51] Na Paraíba, a Polícia Militar é considerada o mais antigo órgão público em atividade, remetendo à criação da Guarda Municipal Permanente, em 1832, com atuação de destaque na repressão à Revolução Praieira anos mais tarde.[52]

De modo geral, salvo exceções como Rio de Janeiro, Pernambuco e Minas Gerais, a maioria das Polícias Militares estaduais comemoram como dia de fundação a criação das Guardas Provinciais possibilitadas pela Lei de 1831. Em comum entre elas, o caráter militarizado de suas organizações e a atuação constante na repressão a revoltas que colocavam em xeque o poder do

---

[47] BRIGADA MILITAR DO ESTADO DO RIO GRANDE DO SUL. História.

[48] POLÍCIA MILITAR DO ESTADO DO CEARÁ. Institucional.

[49] POLÍCIA MILITAR DO ESTADO DO ESPÍRITO SANTO. Polícia Militar resgata a história de sua criação.

[50] POLÍCIA MILITAR DO ESTADO DE SANTA CATARINA. História.

[51] POLÍCIA MILITAR DO ESTADO DO MARANHÃO. História da PMMA.

[52] POLÍCIA MILITAR DO ESTADO DA PARAÍBA. Polícia Militar da Paraíba completa 186 anos de história.

Estado brasileiro, como a Guerra dos Farrapos, a Cabanagem, a Revolução Praieira e até mesmo o conflito internacional com o Paraguai. De todas estas, porém, a instituição policial que certamente teria mais destaque nacional, e cujo processo de especialização rumo a seu formato moderno serviria de exemplo aos demais estados, seria a da Província de São Paulo.

Criada em 1831 pelo Presidente da Província, Brigadeiro Rafael Tobias de Aguiar, a Guarda Municipal Permanente é considerada pela PM paulista como sua origem. Desde seu início, foi uma organização híbrida, mesclando estrutura militar hierarquizada com funções tipicamente civis de manutenção da ordem interna. Seu primeiro Regulamento trouxe funções como a guarda das cadeias, a condução de presos por crimes, as capturas de indivíduos e o destacamento de barreiras e escoltas. Como suas coirmãs de outras províncias, ela também teve participação ativa na repressão a movimentos abolicionistas, republicanos e oposicionistas que atingiram o Brasil Imperial.[53] Alguns desses atos eternizados no atual brasão da Polícia Militar na forma de estrelas que representam seus marcos históricos, como os combates na Guerra dos Farrapos, a supressão de revolta indígena em Campos das Palmas, a manutenção da ordem durante a Revolução Liberal de Sorocaba e a campanha da Guerra do Paraguai.[54]

Várias instituições policiais foram criadas em paralelo à Guarda Municipal Permanente, mas ela seria a única duradoura. Na virada do século, o Corpo Policial Permanente, como também era chamado, se desenvolveu através do processo de especialização que serviria de exemplo às demais polícias do país. A situação social da recém-proclamada República, o poder oligárquico paulista e os fenômenos acelerados de ur-

---

[53] PEDROSO, op. cit., p. 71-72.
[54] SÃO PAULO. Decreto n. 17.069 de 21 de maio de 1981.

banização e industrialização do estado seriam centrais para entender esta reorganização. Por ora, vale constatar que as primeiras grandes polícias públicas do país, seguindo o caminho europeu, apesar da peculiaridade "federativa", surgiram militarizadas no contexto da proteção ao Estado independente que nascia. Este traço marca o hibridismo destas novas instituições, mesclando funções militares de defesa nacional com funções essencialmente civis de polícia. Mas este não seria o único movimento de reformulação do sistema de segurança pública no Brasil Imperial.

A formação do Direito Penal no Brasil Império

No âmbito penal, três marcos legislativos lançaram as bases para a estruturação da polícia criminal em todo o país: o Código Penal do Império, de 1830, o Código de Processo Penal do ano seguinte, reformulado em 1841, e a Legislação Judiciária de 1871. Até então, a legislação penal do Brasil independente ainda seguia as Ordenações Filipinas portuguesas. O Livro V destas tratava tanto de princípios do processo penal quanto do direito penal propriamente dito, especificando crimes, penas e prescrições. Esta legislação era conhecida pelas penas igualmente rigorosas a crimes de naturezas bem diferentes. Marcada pelo patrimonialismo da administração portuguesa, porém, a aplicação das penalidades não era a mesma para aqueles de "maior condição", mais sujeitos a multas e confiscos de bens. Castigos físicos, como o enforcamento, o açoitamento público ou as mutilações, limitavam-se a escravos, estrangeiros, judeus e pessoas de "menor condição". No Brasil, eles seriam cada vez mais raros, sendo aplicados apenas a escravos ou a crimes de heresia ou lesa-majestade.[55]

---

[55] SOUZA, Luís Antônio Francisco de. Lei, cotidiano e cidade. Policia

Com criação determinada pela Constituição Imperial, o Código Criminal de 1830 enfim suplantaria as normas criminais das Ordenações Filipinas, mas, certamente, não em seu todo. Por um lado, o Código consagrou princípios liberais garantidos constitucionalmente, como o princípio da legalidade (art. 1º) e a presunção de inocência (art. 36), além de banir várias penas corporais cruéis que eram regra na legislação portuguesa, como as mutilações e as marcações com ferro quente. Por outro, a pena de morte fora mantida, assim como a mentalidade escravocrata. O artigo 60 conservou a cruel pena de açoitamento a todos os escravos que não fossem condenados à morte ou a galés (trabalho forçado). Já os artigos 113 ao 115 preocupavam-se com insurreições que colocassem em risco as próprias relações de escravidão, punindo-as das formas mais severas possíveis, do açoite à morte.[56]

O primeiro Código Penal brasileiro representou um "quadro de contradições entre os ideais revolucionários iluministas e o regime de escravidão". O rol de direitos fundamentais previsto na Constituição, como a isonomia e a legalidade, não era compatível com os privilégios da nobreza e a escravatura. A nova legislação articulava ideias liberais de Beccaria com tentativas de controle penal absoluto e punições privadas sobre escravos. Por isso mesmo se observa que, embora a pena de morte estivesse praticamente abolida, ela continuou presente, para além dos crimes de homicídio e latrocínio, nos delitos de insurreição de escravos. Era claro o objetivo imperial de identificação do "inimigo pú-

---

Civil e práticas policiais na São Paulo republicana (1889-1930). São Paulo: Ibccrim, 2009. p. 88-89.

[56] BRASIL. Lei de 16 de dezembro de 1830. Manda executar o Código Criminal.

blico", daquele que "causava medo na população", vinculando os receios populares às possíveis revoltas de pessoas negras.[57]

Além disso, a redação do Código de 1830[58] demonstrou excessiva preocupação com a manutenção das estruturas de poder do Estado brasileiro em consolidação no pós-Independência. Na parte especial, que trata dos tipos penais e suas respectivas punições, destacam-se, por exemplo, os crimes contra a existência do Império, compreendendo ações de atentados diretos ao Estado brasileiro ou que o colocassem em conflito com nações estrangeiras. Em época marcada por revoltas, também foram previstas as tipificações de condutas que atentassem contra a segurança interna do país, como conspirações, rebeliões, sedições e insurreições. Nos chamados crimes policiais, certas manifestações de religiões que não fossem a do Império deveriam ser reprimidas e as reuniões secretas, fossem por qualquer motivo, estavam proibidas. As liberdades de manifestação política e de imprensa também se encontravam, de certa forma, criminalizadas através das figuras dos delitos de abuso da liberdade de comunicar pensamentos e dos crimes de uso indevido da imprensa.

Assim, as Guardas Permanentes criadas logo em seguida não estavam sozinhas em seus híbridos objetivos. O Código Penal de 1830 apresentou rol completo de condutas tipificadas com a capacidade de justificar as ações destas novas polícias militarizadas, tanto na manutenção da paz pública do cotidiano das cidades quanto na repressão às insurgências que pudessem abalar a ordem imperial e escravista do Estado brasileiro. Não à

---

[57] CRUZ, Eugeniusz. O eco escravista: processo histórico de formação da seletividade penal. Passagens. Revista Internacional de História Política e Cultura Jurídica, Rio de Janeiro, vol. 10, n. 3, p. 464-484, set.-dez. 2018. p. 471-473.

[58] BRASIL, 1830.

toa, mesmo às vésperas da abolição, quando uma série de mitigações ao regime de escravidão já haviam sido implementadas, tem-se registros da utilização de forças policiais em operações contra escravos fugidos, como a ocorrida em Itupeva, próximo à cidade de São Paulo, em 2 de setembro de 1885, quando quilombos foram destruídos pela Força Paulista.[59]

A formação das polícias criminais no Brasil Império

A criminalização de condutas que formasse a ideia dos inimigos públicos como os escravos insurgentes e os opositores do regime imperial e escravista, bem como a formação do aparato policial que os combateria, não eram suficientes para a consolidação deste sistema de segurança pública com fortes características de controle social. Outras reformas penais e policiais vieram no sentido de criar procedimentos criminais que possibilitassem este modelo. Elas lançariam as bases para que, mais tarde, se profissionalizassem e especializassem, ao lado das guardas militarizadas, as polícias criminais no Brasil.

Entretanto, o Código de Processo Criminal de 1832[60] ainda não resolveu a confusão entre Poder Judiciário e polícia criminal. Ele determinou que o Chefe de Polícia seria um Juiz de Direito da Comarca. Também consagrou o cargo de Juiz de Paz, o qual, eleito, acumulava funções amplas, como assinaturas dos termos de bem viver aos que perturbassem o sossego público, como vadios e mendigos, e de termos de segurança aos suspeitos, prisão de culpados e até a própria formação de culpa. O Juiz de Paz era auxiliado por escrivães de paz, oficiais de justiça e inspetores de quarteirões, estes últimos com funções de vigi-

---

[59] PEDROSO, op.cit., p. 77.
[60] BRASIL. Lei de 29 de novembro de 1832.

lância e obrigações de efetuar prisões em flagrante. Um sistema que, de certa forma, guarda semelhanças com a já citada reforma realizada em Paris a partir de 1697, na figura do intendente de polícia, que cumulava uma série de funções e era auxiliado por patrulheiros e postos de guarda, sendo replicado em grandes cidades da Europa entre os séculos XVIII e XIX. Aliás, pode-se até dizer que este sistema, apesar da forma precária e ainda pouco especializada e da confusão com o Judiciário, realizava o policiamento de ciclo completo, compreendendo tanto a atuação ostensiva quanto a persecução criminal, algo que sequer no Brasil atual é observado.

O Código de Processo Criminal do Império foi reformado pela Lei nº 261 de 1841,[61] sem, contudo, desfazer a confusão entre polícia criminal e Poder Judiciário. Juízes municipais herdaram as atribuições policiais dos Juízes de Paz. A nova norma reafirmou o cargo de Chefe de Polícia, exercido por juízes de direito ou desembargadores, e voltou a criar os cargos de delegados e subdelegados, escolhidos entre juízes e cidadãos. Tanto os Chefes de Polícia quanto os delegados também acumularam as funções atribuídas aos Juízes de Paz, além de outras, como inspeção de espetáculos públicos e prisões, concessão de mandados de busca e remessa de provas, quando conveniente, aos juízes competentes. Também ficaram responsáveis por atividades de vigilância e por providenciar o necessário para a prevenção de delitos e para a manutenção da segurança e da tranquilidade pública, mais uma vez remetendo ao ciclo completo de policiamento.

Mesmo confundido com o Judiciário e de baixíssima especialização, não se pode negar a importância histórica destas reformas para a conformação do aparato policial brasileiro. Tanto que algumas Polícias Civis estaduais da atualidade comemoram seu nascimento a partir desta lei. Em São Paulo, por exemplo,

---

[61] BRASIL. Lei nº 261, de 3 de dezembro de 1841.

considera-se que a Polícia Civil tenha surgido em 1841, junto à Secretaria dos Negócios da Justiça, sendo que o Decreto nº 120, de 1842, regulamentou a carreira de Delegado e "estabeleceu um aparelhamento policial centralizado".[62] De igual modo ocorre no Rio Grande do Sul, onde a data de promulgação da Lei nº 261, de 1841, marca o nascimento da atual Polícia Civil.[63] Apesar das mudanças na seara policial, a nova legislação criminal não eliminou princípios inquisitoriais no âmbito processual, adotando sistema misto onde a fase de investigação e de formação de culpa não ofereciam espaço para a ampla defesa e o contraditório ao indiciado, somente observados no plenário da acusação. A junção de funções policiais e judiciais também agravou a inquisitorialidade dos procedimentos, diminuindo a margem de defesa do acusado e criando cargos que acumulavam funções que iam da prisão ao julgamento. O cargo de Chefe de Polícia podia ser comparado ao de "supermagistrado" tamanha a proeminência que tinha até mesmo sobre as autoridades judiciárias. O caráter inquisitorial do processo e das práticas policiais surtiu efeitos enormes nas atividades do novo aparato de segurança pública criado, ainda mais com institutos como os chamados "termos", verdadeiras "formas de qualificação criminal sem julgamento". Vadios, bêbados, prostitutas e outros que perturbassem o sossego público eram obrigados a assinarem o termo de bem viver, que cominava penas e qualificava criminalmente. De forma semelhante funcionava o termo de segurança, através de processo sumário.[64] Com estes instrumentos altamente inquisitórios nas mãos, à sua maneira, a polí-

---

[62] POLÍCIA CIVIL DO ESTADO DE SÃO PAULO. História da Polícia Civil.
[63] POLÍCIA CIVIL DO ESTADO DO RIO GRANDE DO SUL. História da Polícia Civil.
[64] SOUZA, op. cit., p. 97-98.

cia criminal em formação também seguiria o caminho do controle social trilhado pelas Guardas Permanentes militarizadas.

Na época imperial, a principal atividade policial nas cidades era a vigilância sobre escravos nas ruas e sobre comportamentos de indivíduos livres e pobres, relegando a prevenção e a investigação dos crimes a segundo plano. A criminalização da vadiagem e os termos de bem viver impostos aos acusados deste delito eram amplamente usados pela polícia para controlar o comportamento público dos mais pobres através de constante ameaça, que, por vezes, servia para garantir a mão de obra de prisioneiros em construções públicas. Os termos serviam, ainda, para controlar conflitos conjugais, de vizinhança ou de mercado. Quanto às relações com a escravidão, havia verdadeira complementaridade entre os trabalhos policiais e os senhores. As autoridades aplicavam as cruéis punições, como as de açoite, aos escravos que praticassem crimes graves, enquanto, nos crimes de menor ofensa, as punições privadas eram a regra, podendo ser aplicadas pelas autoridades quando os senhores preferissem não o fazer. No Rio de Janeiro, havia ainda o Calabouço, prisão pública na qual os escravos podiam permanecer encarcerados por mera requisição injustificada de seus senhores, sem qualquer acusação. Este alto controle social exercido por particulares e pelas polícias sobre a população negra era reflexo do temor de insurgências, como a dos malês, na Bahia, em 1835.[65]

Preocupação que Eusébio de Queiroz, Chefe de Polícia do Rio de Janeiro entre 1833 e 1844, esboçou de forma pública em ofício[66] ao Ministro da Justiça em dezembro de 1835. Na oca-

---

[65] KOERNER, Andrei. Habeas Corpus, prática judicial e controle social no Brasil (1841-1920). São Paulo: IBCCrim, 1999. p. 31-41.

[66] CHALHOUB, Sidney. The precariousness of freedom in a slave society (Brazil in the nineteenth century). International Review of Social History, Amsterdam, v. 56, p. 405-439, 2011. p. 431.

sião, ele escrevera que, pela dificuldade em se obter provas da escravidão quando uma pessoa negra detida insistia que era livre, o mais razoável seria presumir a condição de escravo até que fosse apresentado algum certificado de batismo ou carta de alforria que provasse o contrário. Uma espécie de inversão do ônus da prova para os negros neste período em que o regime de escravidão brasileiro já sofria duros golpes internacionais.

Apesar disso, as listas de prisioneiros do Rio de Janeiro e da Bahia entre os anos de 1834 e 1837 mostravam que, proporcionalmente, havia mais livres, libertos, estrangeiros, brancos e pardos nas cadeias do que negros e escravos. Este último grupo, porém, quando encarcerado, estava sujeito às penas mais longas. E mesmo sua sub-representação se dá por motivos de tratamento desigual perante a lei, já que, aos escravos, costumavam ser aplicadas as penas mais sumárias e cruéis, como os açoites ou a morte. Assim, as prisões imperiais destinavam-se, principalmente, a punir os pobres livres que estivessem fora do clientelismo ou a servirem de depósito de escravos fugidos.[67]

Este mesmo fenômeno, aliás, seria igualmente visto em outro país de abolição tardia. No estado norte-americano do Alabama, por exemplo, somente 1% da população carcerária era negra em 1850. Porém, interessante observar que, apenas cinco anos depois, em tempos já próximos do fim da escravidão, que viria em 1865, esta relação sofreu forte inversão, com negros passando a representar 75% deste sistema prisional, número que escalaria para 85% ao fim da década de 1880.[68] Indícios de que, como no Brasil, as políticas de controle social sobre a população negra dos EUA se perpetuariam, apenas mudando seus mecanismos.

---

[67] KOERNER, op. cit., p. 41.
[68] THOMPSON, Heather Ann. The racial history of criminal justice in America. Du Bois Review: Social Science Research on Race, Amsterdam, v. 16, p. 221-241, 2019. p. 223.

De todo modo, fosse na formação das novas polícias públicas, fosse na organização do novo sistema criminal, desde a época imperial, o Estado brasileiro demonstrou a forte preocupação com a criação do imaginário de um inimigo interno que coloca em risco a ordem vigente. A manutenção da ordem imperial e escravista estava no topo dos objetivos estatais neste momento de intensa estruturação legal e institucional pelo qual passava o Brasil. Para isso, mecanismos de controle social sobre escravos e libertos pobres, esta camada com grande tendência à insurgência, e sobre possíveis rebeliões e sedições de grupos descontentes com a forma imperial de governo foram criados. Esta seria, até aqui, a gênese das forças policiais brasileiras, tanto as militarizadas quanto as civis.

Nos anos seguintes, porém, grandes transformações voltariam a agitar o país. O Império como forma de governo se enfraquecia, a abolição da escravidão negra era questão de tempo e os poderes regionais se fortaleciam, cada um à sua maneira. No epicentro destas mudanças, São Paulo viveria intenso processo de urbanização, industrialização e migrações, trazendo mudanças profundas nas relações sociais e políticas do país. Novas classes surgiriam e, com elas, a noção de "inimigo interno" das elites ligadas ao Estado também se transformaria. Longe de ser movimento isolado, assim como no resto do mundo, o Brasil passaria por novo momento de desenvolvimento de seu aparato policial, agora marcado pela especialização. Assim seriam formadas, enfim, as polícias modernas e, no centro deste processo, estaria a preocupação com o controle sobre as "classes perigosas" na Velha República brasileira.

O SURGIMENTO DAS POLÍCIAS MODERNAS NA VELHA REPÚBLICA: ESPECIALIZAÇÃO, "PEQUENOS EXÉRCITOS" E CONTROLE SOBRE AS "CLASSES PERIGOSAS"

A virada do século XIX para o século XX foi de grandes mudanças no Brasil. A queda do Império e o início do modelo federativo republicano surtiram impactos na reorganização das instituições brasileiras, e as polícias públicas consolidadas não passaram ilesas. Nesta época marcada pelo poder das oligarquias regionais, pelo começo da industrialização e da urbanização do país, pelas migrações, pela abolição e pela hegemonia econômica paulista, a formação das polícias modernas através da especialização foi altamente influenciada pelo contexto social e político. Como no nascimento das polícias públicas, o Brasil não estava sozinho neste processo. Na verdade, em todo o mundo ocidental, ele foi marcado por muitas semelhanças, tanto em suas motivações quanto no formato em que ocorreu. Se, entre o século XIX e XX, muitos países passaram, em graus diferentes, por intensa urbanização e industrialização, a resposta de cada elite local junto ao Estado para os novos conflitos sociais surgidos também teve muitos pontos em comum. Compreender esta dinâmica de poder e classes, observada globalmente, é essencial para analisar o surgimento das polícias modernas e sua relação com interesses dominantes.

Até então, mesmo que muitos países já tivessem consolidado polícias públicas, elas ainda dependiam de iniciativas privadas de segurança e exerciam amplas e variadas funções. No Brasil, por exemplo, a peculiaridade da manutenção tardia da escravidão negra em relação ao resto do mundo conferiu às primeiras polícias públicas funções intimamente ligadas ao controle sobre escravizados. De guardas europeias regulamentando preços nas feiras até os Delegados com poder de julgar no Brasil, atividades econômicas e jurisdicionais eram parte do cotidiano destas instituições. Na Europa, a especialização da virada para o século XX viria para superar tais aspectos. De um lado, ela daria o "quase-monopólio" das funções policiais às novas organizações, essencialmente públicas, centralizadas, hierarquizadas e profissionalizadas. Por outro, limitaria as tarefas policiais a duas estritamente definidas: a alimentação do sistema penal e o fornecimento de recursos coercitivos aos poderes políticos para obrigar opositores e dissidentes a procurarem sempre a via institucional para a solução de conflitos.[69]

Um movimento semelhante ao dos EUA, onde, no início do século XX, o amplo leque de responsabilidades policiais passou a ser visto como obstáculo à eficiência e ao controle de irregularidades. As reformas do período propunham a demarcação essencialmente penal da função policial, envolvendo-a somente nos casos delituosos. A nova visão, acompanhada de critérios mais delimitados de supervisão sobre estes agentes, dava caráter meramente executório às atividades policiais, objetivando deixá-las menos suscetíveis à discricionariedade e às influências sociais. Um modelo profissionalizado que buscava a uniformidade, a previsibilidade e a imparcialidade no relacionamento entre polícia e demais cidadãos. Incompatibilidades com o modelo militarizado e outros problemas de ordem social e política, porém, seriam comuns.[70]

---

[69] MONET, op. cit., p. 55.

[70] DIAS NETO, Theodomiro. Policiamento comunitário e controle sobre a polícia: a experiência norte-americana. São Paulo: IBCCrim,

Isso porque a busca da racionalização administrativa na segurança pública não significava, exatamente, que a modernização policial estivesse livre de interesses privados de grupos políticos e econômicos dominantes. Ao contrário, a generalizada adoção de estruturas militarizadas neste período, por exemplo, estava intimamente ligada à dinâmica de classes ocasionada por processos de urbanização e industrialização no mundo todo. Neste cenário, a segunda metade do século XIX realmente representou o marco histórico global para a formação das polícias modernas, com funções delimitadas e estrutura profissionalizada como se vê hoje.

Os significados gerais e policiais da Velha República

Em nossa nascente República, não só as polícias se transformaram. A Constituição de 1891 introduziu a efetiva criação do direito administrativo brasileiro, com inovações como presidencialismo, republicanismo, estrutura federativa bipartida e unicidade de jurisdição.[71] Apesar das mudanças, traços imperiais, e até coloniais, se mantiveram. Em um país de essência ainda agrária, Nohara[72] lembra que, entre o início da República e a década de 1930, as relações jurídico-administrativas eram predominantemente oligárquicas e marcadas pelo passado colonial de aliança entre Estado e elites agrárias locais numa estrutura socioeconômica que servia aos "donos do poder". Passado em que a indistinção entre público e privado era a regra,

---

2000. p. 28-29.

[71] MARRARA, op. cit., p. 21-22.

[72] NOHARA, Irene Patrícia. Reforma administrativa e burocracia: impacto da eficiência na configuração do direito administrativo brasileiro. São Paulo: Atlas, 2012. p. 13-19.

confundindo-se a coisa pública com a propriedade da Coroa. O voto censitário facilitava que as oligarquias ocupassem cargos públicos e influenciassem a gestão estatal, ainda amplamente norteadas por ideias tardias das monarquias absolutas europeias e do capitalismo mercantil.

Presa a essas heranças, a República Velha seguiu marcada pelo patrimonialismo na Administração Pública, ou seja, pelo sistema no qual funcionários não são admitidos com bases contratuais, mas por critérios completamente arbitrários do soberano. O coronelismo exerca papel central, distribuindo poder entre pessoas próximas dos coronéis, grandes proprietários de terras, numa verdadeira troca de favores entre estes e os Governadores, que disponibilizavam cargos públicos e o controle da polícia para obter maior influência política nas disputas nacionais. Como consequência, numa República em que o direito ao sufrágio começava a expandir, surge o "voto de cabresto", pelo qual os coronéis controlavam a massa de eleitores trabalhadores do campo para direcionar os resultados eleitorais em benefício dos Governadores com os quais haviam pactuado. Estes traços só começariam a ser efetivamente superados com a intensificação da industrialização e com a mudança de regime na década de 1930.

Esta manutenção de antigas correlações de poder no Brasil Republicano é bem resumida por Carone,[73] para quem "a oligarquia ocupa pequeno espaço nas decisões políticas na Colônia, amplia-o no Império e domina-o completamente na Primeira República", estando a máquina do Estado nas mãos da classe oligarco-burguesa através de cargos políticos e administrativos. Nesta última, há verdadeira identidade entre Estado e oligarquia, explícita em exemplos práticos como a pressão da elite paulista

---

[73] CARONE, Edgar. Classes sociais e movimento operário. São Paulo: Editora Ática, 1989. p. 16-19.

para que o Governo contratasse imigrantes a sua própria custa e os fornecesse aos fazendeiros, ou como os empréstimos contraídos por usineiros de Pernambuco durante a crise do açúcar para transformar seus antigos banguês em usinas modernas, sem que suas dívidas fossem jamais realmente saldadas.

Em outras palavras, não se pode negar que o advento da República tenha trazido altos impactos para a máquina pública brasileira, porém, mesmo as mudanças ocorridas foram no sentido de manter velhas relações sociais, econômicas e políticas nas quais as oligarquias regionais desempenhavam papel central. Sem dúvidas, novas estruturas e formas de organização estatais começariam a surgir na virada para o século XX, sobretudo na segurança pública, mas estas transformações estariam intimamente ligadas a interesses privados das elites agrárias e, mais tarde, industriais do país. Isso implica dizer que, apesar de inserida e inspirada em contexto global, a modernização policial brasileira teria suas próprias características.

Enquanto, na Europa, por exemplo, as polícias são reformuladas em direção ao monopólio do poder central nacional, no Brasil, calcado em uma República federativa, os sistemas de segurança pública organizam-se a partir do âmbito estadual, observando uma série de peculiaridades regionais. Aliás, vale dizer que este fenômeno da formação estadualizada das instituições policiais não é isolado. Na verdade, ele pode ser inserido de forma satisfatória como desdobramento da chamada "política dos governadores", que, ao lado de outros traços socioeconômicos típicos do início do período republicano brasileiro, explica bem a forma como se deu a estruturação do sistema de segurança pública no país e, mais especificamente, das instituições policiais estaduais. Uma política conceituada por Boris Fausto[74] como um sistema com o objetivo de apaziguar confli-

---

[74] FAUSTO, Boris. História do Brasil. 12 ed., 1 reimpr. São Paulo:

tos entre União e Estados, no qual o prestígio aos grupos políticos mais fortes de cada unidade federativa reduziria as disputas intraestaduais, gerando, em troca, a escolha de deputados que apoiassem a política do Presidente da República.

Percebe-se, assim, o movimento dúbio em que o Governo federal, por um lado, é fortalecido como centro de decisões econômicas, conforme se vê, por exemplo, no combate ao desemprego através da ampliação do aparelho estatal ou no fortalecimento do setor cafeeiro por meio de políticas migratórias e de sustentação de preços. Por outro lado, há o movimento no sentido inverso, no qual a lealdade regional prevalece sobre aquela para com a nação ao conceder-se maior autonomia aos estados, que observam seus governos sendo entregues às oligarquias por meio de caudilhos com ampla liberdade de ação e forças militares próprias. Este fenômeno será bem observado na supremacia de São Paulo e Minas Gerais nas eleições presidenciais, transformando o governo federal em mero instrumento de oligarquias estaduais.[75]

Vale dizer que este modelo se contrapôs aos ideais dos próprios militares que possibilitaram a proclamação da República. Positivistas ou não, quase todos os oficiais do Exército brasileiro se posicionavam como adversários do republicanismo liberal, enxergando com suspeita a autonomia das províncias por esta ser representativa dos interesses de grandes proprietários rurais, além do risco de fragmentação nacional. A Constituição de 1891, porém, consagra o republicanismo liberal e seu modelo federativo, concedendo autorização implícita aos estados para exercerem diversas atribuições, como a contração de emprésti-

---

Editora da Universidade de São Paulo, 2006. p. 258-259.

[75] KAPLAN, Marcos. Formação do Estado nacional da América Latina. Trad.: Lygia Maria Baeta Neves. Rio de Janeiro: Eldorado, 1974. p. 297-298.

mos no exterior ou a organização de forças militares próprias, conhecidas como forças públicas estaduais.[76]

Assim, a estruturação destas polícias está intrinsecamente ligada à oposição entre os poderes estaduais, sobretudo a oligarquia cafeeira paulista, que conquistava relevância econômica nacional, e o poder central, simbolizado pelo Presidente da República e, em alguns momentos, pelo Exército. De fato, a construção de forças públicas estaduais altamente militarizadas, os "pequenos exércitos", possibilitou maior independência dos governos locais que, na defesa dos interesses de suas alianças oligárquicas, necessitariam cada vez menos do auxílio federal, tanto que a Guarda Nacional, criada em 1831, seria extinta em 1918.

A "política dos governadores", a hegemonia agrária na economia e o papel atuante e arbitrário do Exército no país foram, realmente, traços peculiares da Primeira República que nortearam a reformulação das forças repressivas estaduais frente ao Exército neste período. Em São Paulo, por exemplo, a reforma da Polícia Civil dessa época criou uma verdadeira carreira policial e conferiu maiores poderes ao Presidente do Estado nas nomeações para a instituição, diminuindo o poder municipalista de "coronéis". Por outro lado, a militarização do Corpo Policial Permanente amorteceu o poder do Exército Nacional. Estes são dois ótimos exemplos das mudanças na segurança pública propostas por essa política "estadualista" e que refletem verdadeiro compromisso entre os proprietários locais e o poder estadual em São Paulo.[77]

Mas a contraposição entre os poderes oligárquicos regionais, aliados aos governos estaduais, e os interesses intervencionistas

---

[76] FAUSTO, Boris. História concisa do Brasil. 2 ed., 5 reimpr. São Paulo: Editora da Universidade de São Paulo, 2012. p. 124-125.

[77] FERNANDES, Heloísa Rodrigues. Política e segurança. São Paulo: Editora Alfa-Omega, 1973. p. 148-149.

nacionais, representados por Governo Federal e Exército, não explica sozinha a construção do sistema de segurança pública na Velha República. No contexto republicano brasileiro, as forças policiais se organizaram de forma essencialmente estadual por conta da relação intensa com interesses políticos e econômicos regionais contrapostos a anseios de caráter mais nacional. Assim como na Europa, porém, este fenômeno também fortaleceu o poder estatal frente às formas de poder locais de caráter privado, mais municipalizadas, mas com a peculiaridade da estrutura federativa brasileira. Mas quais seriam estes interesses centrais na condução das reformas que especializariam as forças policiais no país? Diante das transformações socioeconômicas mundiais da virada do século XIX para o XX, esta resposta pode ser observada até mesmo em escala global.

Na Europa, Monet[78] lembra que a racionalização agrícola do século XIX gerou revoltas camponesas no sul do continente e grandes fluxos de migrações de aldeões para as crescentes cidades. Com a difícil integração da nova classe ao mercado de trabalho, enfrentando desemprego ou péssimas condições laborais, a "questão social" virou preocupação para as elites urbanas. Se esperavam ser tratadas como "classes laboriosas", os migrantes acabaram formando as "classes perigosas", sistematicamente reprimidas com brutalidade pelo recurso à força dos exércitos. Pouco a pouco, porém, com a conscrição obrigatória, os exércitos europeus passaram a repudiar o emprego de suas forças na resolução destes distúrbios. Quando não eram usados, milícias pouco organizadas e voluntárias eram chamadas a intervir. Treinadas e equipadas de forma precária e sem gozar de legitimidade frente aos demais cidadãos, estas milícias mais exacerbavam os conflitos do que os resolviam. Uma a uma, elas seriam dissolvidas ao longo do século XIX, como a *Yeomanry*,

---

[78] MONET, op. cit., p. 66-68.

composta por pequenos proprietários de terras ingleses desde o século anterior, extinta em 1829, ou a Guarda Nacional francesa, criada na Revolução e dissolvida em 1871, além das milícias populares espanholas, que sumiriam por volta de 1840.

Estas milícias privadas não foram extintas à toa. Na verdade, elas estavam cedendo espaço às novas instituições de segurança pública que surgiriam a partir dali, já que os Estados europeus, preocupados com a questão social e os repetidos distúrbios, passaram a reforçar a especialização policial no domínio do controle das multidões. Este, aliás, pode ser considerado como o marco do fim da privatização da função policial e da concepção de cidadania na qual todo habitante era, em partes, responsável pela garantia da ordem e das instituições de seu país. Tal processo, em muitos casos, foi marcado pela criação de organizações policiais enxergadas como "terceira força", ou seja, caracterizadas como algo entre os exércitos e a polícia clássica.

Nesta análise de Monet, percebemos que, na Europa, a urbanização e a inquietação da classe proletária frente às condições exploratórias de trabalho estariam no centro da especialização que levaria às polícias modernas. O mesmo poderá ser observado no Brasil, que passava da ordem imperialista e escravista ao modelo republicano e de trabalho livre no ainda inicial estágio de urbanização e industrialização do país. Nesse sentido, a reformulação do sistema de segurança pública brasileiro com a inauguração do republicanismo merece destaque, também, para a própria análise do processo histórico de manutenção das estruturas de desigualdades sociais e políticas no país. Ainda que a proclamação da República não tenha alterado fundamentalmente a composição da classe dominante brasileira, qual seja a burguesia agrária essencialmente cafeicultora, a nova forma de governo exigiu ampla modificação das instituições mantenedoras da ordem. Em suma, junto com a abolição da escravidão, a proclamação da República refletiu na "conjunção de uma nova ordem a ser defendida".[79]

De fato, a abolição do trabalho escravo negro é das mais significativas mudanças na estrutura econômica e social brasileira, tendo óbvios reflexos na organização repressiva do Estado. Neste momento, é a classe operária, com suas contestações, que passa a representar a verdadeira ameaça ao status quo, e não mais escravos e abolicionistas, sobretudo com o desenvolvimento industrial de São Paulo acelerando a expansão deste proletariado, conforme pode ser observado com o crescente número de greves à época no estado, principalmente na capital. Em segundo lugar, deve-se destacar que o país muda para um regime político republicano, com processo eleitoral e franquias democráticas, ainda que limitados, permitindo maior livre manifestação de pensamento e, por consequência, ampliando as possibilidades de contestação à ordem vigente. Esta transição da ordem "imperial-escravista" para a ordem republicana suscita a própria reorganização das forças mantenedoras da ordem. Ou seja, "a modificação dos níveis econômico, social e político impõe a necessidade de reestruturação das forças repressivas do Estado", vez que há uma nova legalidade a ser defendida.[80]

Se este aspecto mostra a relevância do advento da República e da abolição para a reestruturação das forças policiais no país, impossível não notar a relevância da história paulista para tanto. Se a transição do foco repressivo do movimento abolicionista para o movimento operário fora tão marcante, em São Paulo, eixo central do desenvolvimento urbano e industrial brasileiro na época, tal movimento se daria ainda mais intensamente e, por consequência, o estado paulista assumiria papel importante na reformulação do sistema de segurança pública de todo o

---

[79] FERNANDES, op. cit., p. 148.
[80] Ibidem, p. 154-155.

país. Desde a metade do século XIX, a força econômica paulista passou a ser cada vez mais expressiva no Brasil. Impulsionada pelo plantio de café, nova base da economia do país, São Paulo virou potência nacional, abrindo caminho para o futuro processo de industrialização, facilmente constatado nas estatísticas dos períodos subsequentes. Se, no advento da República, em 1889, registravam-se apenas 636 estabelecimentos industriais no país, sendo somente 94 deles em São Paulo, com boa parte destes não passando de pequenas oficinas artesanais, em 1914, os números nacionais já teriam evoluído para 6.497, sendo 2.085 destes sediados em São Paulo. Números que excederiam o dobro em curto espaço de tempo, alcançando impressionantes 13.336 indústrias nacionais em 1920, 4.145 destas em território paulista.[81]

Apesar do destaque, isso não significa exclusividade de São Paulo no fenômeno da industrialização e da urbanização. Vale lembrar, porém, que o eixo econômico do país, ao longo do século XIX, se transferiu do Nordeste para a região Sul e, por questões de riqueza agrícola, imigrações e mercado interno, entre outras, é nesta última que o setor industrial apresenta crescimento mais expressivo. No Rio de Janeiro, por exemplo, o número de indústrias cresceria de apenas 662 no ano de 1907 para 1.541 em 1920. Juntos, São Paulo, Rio de Janeiro e Rio Grande do Sul, três dos principais centros econômicos e urbanos do país, contabilizavam 66,1% do total de estabelecimentos industriais no início da última década da Primeira República.[82]

No geral, salvo exceções como Goiás e Amazonas, ocasionadas por mudanças de critérios no levantamento, o Recenseamento de 1920 demonstra que praticamente todo o país passou pelo incremento de seu parque industrial, processo acompa-

---

[81] DALLARI, Dalmo de Abreu. O pequeno exército paulista. São Paulo: Editora Perspectiva, 1977. p. 14-17.
[82] CARONE, op. cit., p. 28.

nhado, logicamente, pelo aumento da classe operária. Destaque para Sul e Sudeste como um todo e para alguns estados do Nordeste, com a região Norte e Centro-Oeste ainda apresentando números inexpressivos apesar do aumento. No comparativo da somatória de usinas de açúcar e indústrias entre 1907 e 1920, por exemplo, Minas Gerais foi de 531 estabelecimentos para 1.245 e quase dobrou o seu operariado, chegando a 18.848 trabalhadores. Santa Catarina atingiu a marca de 793 estabelecimentos deste tipo, contra 173 anteriores, além de 5.367 operários. Menos que os 7.295 trabalhadores paranaenses, divididos entre 623 indústrias, mais que o dobro do que as 297 levantadas em 1907. No Nordeste, a Bahia registrou 511 estabelecimentos, aumento incrível comparado aos 77 anteriores, chegando a marca de 16.698 empregados. Números expressivos também seriam atingidos por Pernambuco, com 496 indústrias e um operariado de 22.248 pessoas, semelhante ao proletariado gaúcho. Alagoas, Ceará, Paraíba, Sergipe e Rio Grande do Norte também merecem algum destaque, ainda que com estatísticas menos numerosas de estabelecimentos. São Paulo, com 85.466 operários, e o Rio de Janeiro, com 76.943, seriam mesmo as regiões mais emblemáticas na observação desta nova classe trabalhadora urbana.[83]

Para além de aspectos econômicos, este cenário traria mudanças profundas nestas sociedades. Ainda que o nascente movimento operário tenha origem nacional, após 1890, o movimento migratório passaria por larga expansão, garantindo aos estrangeiros papel ativo no trabalho agrícola e urbano. Com variações de contingentes de acordo com o nível de desenvolvimento de cada região, a imigração portuguesa marcaria o Nordeste e o Rio de Janeiro. Com destaque aos italianos, mas sem descartar espanhóis, portugueses, alemães e sírios, São Paulo

---

[83] BRASIL. Directoria Geral de Estatística. Recenseamento do Brazil: realizado em 1 de setembro de 1920.

é outro impactado pelo fenômeno. No Sul, alemães, poloneses e russos marcam a onda migratória característica do período. Movimentos evidenciados em estatísticas: no então Distrito Federal carioca, em 1900, estrangeiros eram 45,5% da população trabalhadora; no Rio Grande do Sul, em 1920, já chegavam a 25,3% da força de trabalho.[84]

A importância deste fenômeno em São Paulo se traduz em números: em 1893, estrangeiros chegaram a representar 55% da população do estado paulista. Mesmo com a lógica diminuição gradual ao longo dos anos, em 1920, eles ainda eram 36%. A impressionante onda migratória, por óbvio, gerou consequências e reações nos variados extratos sociais paulistas. As oligarquias que representavam a elite do estado, ainda que tivessem encorajado o fenômeno migratório, principalmente na busca de trabalhadores para o campo, logo trataram de contê-la dentro dos limites da ordem, reservando para si espaços de poder como os altos postos da administração estatal e o próprio comando político. Já na camada média da estrutura social paulista, a pequena burguesia comercial e industrial viu o surgimento de uma nova ameaça concorrencial que logo criaria verdadeiro ressentimento nesta classe. De toda a forma, em diferentes níveis, o que passou a se ver em São Paulo foi a intensa preocupação de controlar e classificar marcada, essencialmente, pelo objetivo das elites paulistas de instituir uma nova ordem urbana, o que se repetiria em outras regiões impactadas pelo mesmo fenômeno.[85]

Não só em São Paulo as migrações surtiram tais efeitos. O século XX representou mudanças intensas nos sistemas de segurança pública de toda a América do Sul, vez que este movimento migratório acarretou não só um fluxo de pessoas, mas

---

[84] CARONE, op. cit., p. 27-28.
[85] FAUSTO, Boris. Crime e cotidiano: a criminalidade em São Paulo (1880-1924). São Paulo: Editora Brasiliense, 1984. p. 9.

também de ideias, sobretudo anarquistas e socialistas, de movimentos sociais europeus ao Novo Continente. Este traço foi central para uma forte mudança de visão acerca dos imigrantes pelos governos sul-americanos, vendo-os como ameaças às instituições estatais. Considerando imigrantes um verdadeiro risco à segurança nacional e à manutenção da ordem pública, a distinção entre função política e função da polícia desapareceu.[86] No Brasil, as migrações não se fizeram sentir só nas polícias, mas no próprio sistema penal. Os estudos de Positivismo Criminológico, por exemplo, pautados em características físicas do indivíduo e na "crença da impulsividade das raças inferiores", na época, embasaram legislações como o Código Penal de 1890, que previa a expulsão de "estrangeiros vadios" e "capoeiras". Foi com o crescimento do anarquismo, também, que a "Lei Gordo", de 1907, previu a retirada compulsória e definitiva de "estrangeiros indesejáveis". Não tardaria para que sobreviesse previsão de expulsão também para anarquistas e grevistas.[87]

E, de fato, não apenas em São Paulo havia uma entrada substancial de estrangeiros na composição da classe proletária brasileira em formação, o que explica o temor das elites regionais em âmbito nacional com relação a esta parcela da população, sobretudo em grandes centros urbanos. Estrangeiros representavam, por exemplo, 39% da força de trabalho da indústria manufatureira do Rio de Janeiro em 1900, número que subia para 51% no comércio. Em 1920, o então Distrito Federal contava

---

[86] CARNEIRO, Cynthia Soares. Políticas migratórias no Brasil e a instituição dos "indesejados": a construção histórica de um Estado de exceção para estrangeiros. Revista Opinião Jurídica, Fortaleza, v. 16, p. 56-85, 2018. p. 62-63.

[87] MORAES, Ana Luisa Zago de. Crimigração: a relação entre política migratória e política criminal no Brasil. São Paulo: IBCRIM, 2016. p. 301-302.

com 201.465 estrangeiros trabalhando na indústria, uma minoria frente aos 987.678 brasileiros, mas, ainda assim, expressiva. De igual modo no Rio Grande do Sul, onde, no mesmo ano, 27,7% dos trabalhadores do setor eram imigrantes.[88]

A questão negra e a formação das classes perigosas na República

A menção a "capoeiras" no Código Penal de 1890 mostra que não só estrangeiros europeus preocupavam as oligarquias brasileiras. No momento histórico de reestruturação das forças de segurança pública do país, é igualmente importante considerar as condições da população negra, à qual, no processo de urbanização e industrialização, muitas vezes restava a marginalização no mercado de trabalho. Este processo é bem observado em São Paulo. Na decadente economia do Vale do Paraíba, por exemplo, o destino de ex-escravos foi, primeiramente, a parceria nas fazendas cafeeiras em declínio, onde, mais tarde, tornaram-se sitiantes ou peões no trato do gado. No Oeste Paulista, os anos anteriores à abolição já haviam sido caracterizados pela fuga em massa da população negra da região e pela imigração europeia. Boa parte desse fluxo de pessoas negras foi direcionado ao grande centro urbano paulistano, onde empregos estáveis eram ocupados por imigrantes brancos, restando aos negros os serviços regulares e mal pagos, processo também observado com intensidade no Rio Grande do Sul. A situação paulista e gaúcha, inclusive, parecia um pouco diversa da de outro grande centro urbano, no Rio de Janeiro. Diferente das fábricas cariocas, onde 30% dos trabalhadores eram negros em 1891, em São Paulo, no ano de 1893, imigrantes já ocupavam 84% dos empre-

---

[88] CARONE, op. cit., p. 27-28.

gos na indústria, em uma razão completamente desproporcional em comparação com a população negra.[89]

Mesmo no Rio de Janeiro, há indícios da preferência por estrangeiros na ocupação destas vagas de trabalho. No Recenseamento de 1906,[90] embora fossem cerca de 26% da população total, estrangeiros eram 31,30% dos trabalhadores da "produção de matéria-prima" e quase 50% do numeroso setor de "transformação e emprego da matéria-prima". Em indústrias como a de madeira, cerâmica, alimentação, edificação e transportes e no comércio, o número de estrangeiros excedia o de nacionais, ao contrário do setor de profissionais liberais e de servidores da administração pública, onde brasileiros eram cerca de 90%. Por outro lado, entre os nacionais, os improdutivos atingiam 55,54% do total, contra 26,28% entre estrangeiros, o que o próprio censo admite poder ser explicado não só por haver menos mulheres e crianças entre estrangeiros, mas "também pelo mais frequente aproveitamento do trabalho industrial" destes. Assim, a falta de estatísticas étnicas da época não impede de observar a preferência por estrangeiros europeus nestes postos de trabalho em detrimento da população negra.

Aliás, a própria política de incentivo à vinda de imigrantes brancos era racista e discriminatória contra o povo negro, marcada por teorias peculiarmente adaptadas à realidade brasileira. Se, nos EUA, a eugenia mendeliana, de apego estrito à herança genética, deu o tom dos ideais de supremacia branca, no Brasil, a eugenia neolamarckiana ganhou espaço. Segundo esta linha, "deficiências genéticas" seriam superadas através da miscigenação, em processo de "branqueamento" da população pela mescla entre brancos e não-brancos. Assim como em outros países

---

[89] FAUSTO, 2012. p. 124-125.
[90] RIO DE JANEIRO. Recenseamento do Rio de Janeiro (Districto Federal) realizado em 20 de setembro de 1906.

latino-americanos, a elite no Brasil subsidiou uma política de imigração europeia a fim de "melhorar a qualidade" de sua classe trabalhadora. Este fenômeno foi visto com especial intensidade em São Paulo, em atenção aos interesses de cafeicultores, enquanto, ao mesmo tempo, o governo federal restringia a imigração asiática até 1910[91].

Teorias racistas transformaram diversos sistemas que compunham a sociedade brasileira, sobretudo os penais e policiais. Exemplo claro, além da criminalização da capoeira, é a inclusão dos atos de vadiagem no Código Penal de 1890 como contravenções penais. Na Velha República, contravenções incriminavam perigos meramente abstratos, sem a necessidade de se observar qualquer violação real de direitos. Para se ter ideia do impacto desta previsão penal, em 1908, só no Rio de Janeiro, mais de 3.500 contravenções foram processadas, contra pouco mais de 3 mil processos por crimes. No caso da vadiagem, o Código Penal a configurava pelo mero ato de não possuir profissão, domicílio certo e meios próprios para subsistência. Esta preocupação em punir condutas ligadas à falta de ofício, porém, já havia sido demonstrada antes, justamente quando se discutia o fim da escravidão no Brasil. Em 1888, o então Ministro da Justiça, Ferreira Viana, apresentou projeto de lei para combater a ociosidade como resposta à Abolição. E, mesmo à época da escravidão legalizada, a preocupação com os libertos já estava presente nas discussões políticas do país, sempre contrapondo o ócio ao trabalho escravo e correlacionando libertos a vadios. Nas palavras de Roorda, "os livres eram perigosos justamente

---

[91] TELLES, Edward Eric. Racismo à brasileira: uma nova perspectiva sociológica. Trad.: Nadjeda Rodrigues Marques e Camila Olsen. Rio de Janeiro: Relume Dumará; Fundação Ford, 2003. p. 45-46.

por não serem escravos, por não estarem submetidos ao poder punitivo doméstico".[92]

Koerner[93] vai no mesmo sentido ao analisar as principais ações policiais em São Paulo e no Rio de Janeiro da Primeira República, marcadas pela liberdade da ação da polícia no controle social de indivíduos livres e pobres através do que ele chama de "práticas a-legais de controle de comportamento dos indivíduos nas vias públicas". Em São Paulo, por exemplo, em 1893, foram presas 3.466 pessoas, mas apenas 329 inquéritos foram abertos. Em 1905, das 11.036 prisões, apenas 794 resultaram em inquéritos, relação que melhorou um pouco dois anos depois, com 1.141 peças inquisitoriais para 9.361 pessoas presas. Somados a estes números, tinha-se, ainda, que mais de 80% das prisões efetuadas entre 1892 e 1916 eram por motivos de vadiagem, quebra de posturas municipais, averiguações de suspeitos ou pelos já citados termos de bem viver e de segurança. Em suma, a ação policial centrava-se nos considerados vadios, em especial as pessoas negras, procurando impor uma norma de comportamento geral aos mais pobres, tudo feito sem maiores controles do sistema judicial.

Mas vale dizer que tais práticas, muitas vezes, extrapolavam a questão racial. Ações contra vadiagem e cafetinagem também serviam de pretexto para reprimir lideranças operárias, sobretudo nos momentos posteriores à realização de greves, com muitas destas sendo presas e enviadas para a Colônia Correcional de Bauru e para o Norte do país pelos Governos de São Paulo e Rio de Janeiro. Deportações de operários estrangeiros

---

[92] ROORDA, João Guilherme Leal. Criminalização da vadiagem na primeira república: o sistema penal como meio de controle da população negra (1900-1910). Revista Brasileira de Ciências Criminais, São Paulo, vol. 135, p. 269-306, 2017. p. 284-286.
[93] KOERNER, op. cit., p. 169-171.

sob a acusação de anarquismo, um crime social, também eram comuns. Não à toa, levantamento sobre edições do Jornal do Brasil entre 1900 e 1910 mostra que, na coluna "Queixas do Povo", ao menos 20% das reclamações populares cariocas se referiam às ações intimidadoras da polícia. Vale dizer que o Código Penal de 1890[94] chegou a prever verdadeira criminalização do direito de greve e da própria organização de trabalhadores em seus artigos 205 e 206, estabelecendo pena de prisão àqueles que seduzissem operários a deixarem seus postos de trabalho ou que provocassem a suspensão do trabalho para impor aos patrões o aumento salarial ou a diminuição de serviço.

As mudanças nos sistemas e práticas penais e policiais na Velha República deixam clara a busca por mecanismos de controle social sobre camadas mais pobres e trabalhadoras, permanentemente em situação de suspensão de direitos. Por um lado, com a Abolição não sendo acompanhada de políticas de inclusão social à população negra, o Estado brasileiro buscou maneiras de punir a falta de ofício através de fracas justificativas de perigo abstrato. Por outro, legislações que buscavam criminalizar a organização política das classes trabalhadoras, negras ou brancas, também demonstravam esta mesma preocupação oligárquica de controle mesmo sobre aqueles que possuíam ocupação. Junto ao sistema penal, é no contexto de tais preocupações que a reformulação das instituições policiais à época, sobretudo as forças militarizadas, está inserida. Elas terão papel fundamental no exercício de manutenção da ordem através do controle das chamadas "classes perigosas", que transformaram a dinâmica social do país nos anos subsequentes com suas demandas e seus conflitos com as camadas dominantes.

---

[94] BRASIL. Decreto nº 847, de 11 de outubro de 1890. Promulga o Código Penal.

Este processo passa longe de ser exclusividade brasileira. Na Europa do século XIX, inquietações de novas camadas urbanas com questões sociais e de trabalho também tomaram o continente a partir dos anos 1840 na forma de revoltas, brutalmente reprimidas pelas instituições policiais que, não à toa, passaram por várias reformulações naquela mesma época. Espanha, em 1844, Prússia, em 1848, Áustria, em 1849, Estocolmo, em 1850, ou Grã-Bretanha, em 1856, são só alguns exemplos de reformas do sistema de segurança pública nas nações europeias.[95] Nesse sentido, é importante dizer que, ao menos na Europa, não parece haver correlação entre algum extravasamento da criminalidade e a passagem para formas modernas de policiamento. Na verdade, há exemplos que demonstram o contrário, como a taxa de homicídios a cada 100 mil habitantes na região de Londres, que caiu de 5,3 nos anos 1690 para menos de 1 entre 1795 e 1802, véspera de reformas policiais profissionalizantes na Inglaterra. Não se nega, aqui, a possibilidade de a urbanização e a mobilidade populacional poderem agravar a criminalidade. Porém, o que se observa mesmo é a criação de forças de segurança para fins de controle social, como a *Maréchausée* francesa, com objetivos de ordenar as retaguardas do exército, ou os carabineiros italianos na repressão às greves de trabalhadores agrícolas no *Mezzogiorno*.[96]

No Brasil, os altos números registrados de prisões por contravenções e atos de vadiagem, quebra de posturas municipais ou para simples averiguações apontam para o mesmo caminho. Para além deste controle cotidiano, a repressão policial a movimentos de maior vulto também era constante. Grandes revoltas populares, como a de Canudos (1893-1897), a da Chibata (1910) e a do Contestado (1912), contaram com a participação

---

[95] MONET, op. cit., p. 66-67.
[96] Ibidem, p. 70-71.

de forças policiais estaduais em suas supressões. Da mesma forma uma série de conflitos operários que se iniciaram ao fim do século XIX, intensificando-se a partir do real surgimento do movimento operário brasileiro durante o período da Guerra de 1914-1918, especialmente em grandes centros como São Paulo, Rio de Janeiro e Recife, com a célebre definição da "questão social" como "questão de polícia", tratando-se os manifestantes como desordeiros.[97]

Este último cenário, aliás, ganhou contornos mais profundos com a virada do século. No Rio de Janeiro, nos primeiros partidos operários do fim do século XIX, predominavam "um vago socialismo e um sindicalismo pragmático" na busca pelo atendimento de reivindicações de caráter mais imediato, como aumentos salariais e redução de jornada de trabalho. No geral, porém, os movimentos de protesto da capital estavam mais ligados a pautas populares do que especificamente operárias, como a Revolta da Vacina em 1904. Já em São Paulo, a grande presença de estrangeiros favoreceu a influência do anarquismo e do anarcossindicalismo, mas com organizações ainda incipientes. O quadro nacional só se transformaria mesmo entre 1917 e 1920, especialmente nestes dois grandes centros urbanos, com a Primeira Guerra Mundial impactando o custo de vida nas cidades e as influências comunistas e socialistas da Revolução Russa de 1917. Com esta onda grevista, "o movimento operário passou a ser objeto de preocupações e ganhou a primeira página dos jornais", movimento que perdeu força em 1920 pela dificuldade de alcançar vitórias e pela repressão, na qual muitos dos líderes operários estrangeiros acabaram expulsos do país.[98]

---

[97] WEFFORT, Francisco C. Formação do pensamento político brasileiro: ideias e personagens. São Paulo: Ática, 2006. p. 225.
[98] FAUSTO, 2012. p. 167-170.

Na mesma linha, Pinheiro[99] afirma que a polícia aos moldes atuais surgiu entre os séculos XIX e XX, na Europa e nas Américas, pelo temor de governantes frente às ameaças contra a ordem estabelecida. O surgimento de novas instituições policiais teve o objetivo de confrontar as "classes perigosas", controlando protestos populares a fim de preservar a estrutura social vigente, não se limitando somente a sua função primordial de combate ao crime. Esta dicotomia, aliás, é debate central nas escolhas entre o caráter civil e a militarização das polícias no Brasil no início do século XX, conforme veremos à frente, assim como também o foi na Europa. Porém, como demonstram as mudanças penais da época, não se pode negar a centralidade da preocupação oligárquica com o controle sobre as "classes perigosas". Da contravenção de vadiagem à criminalização de estrangeiros grevistas, o debate de classes, junto com as disputas entre oligarquias e governos estaduais pela hegemonia política nacional, é fundamental para compreender como o Estado brasileiro se reorganizou no período oligárquico da Velha República, principalmente no que diz respeito às polícias. Por isso fez-se tão necessário, aqui, aprofundar-se nos sentidos da construção da figura das "classes perigosas" no Brasil.

Devemos levar em conta, porém, que o próprio termo "classes perigosas" adquire diferentes significados com o passar do tempo para os interessados em manter esta política policial de controle social. Aliás, como bem assevera Pedroso,[100] o próprio conceito de ordem pública deve ser considerado do ponto de vista temporal, sabendo-se que as transformações políticas e

---

[99] PINHEIRO, Paulo Sérgio. Polícia e consolidação democrática: o caso brasileiro. In: MARQUES, Maria Eduarda (coord.). São Paulo sem medo: um diagnóstico da violência urbana. Rio de Janeiro: Ed. Garamond, 1998. p. 181.

[100] PEDROSO, op. cit., p. 41-45.

sociais levam a mudanças no conceito de "desviantes do sistema", sendo certo que o conceito de criminoso é formado observando-se um universo de exclusão social que define quem são os perseguidos. Com as reformas administrativas ocorridas pelo mundo em meados de 1810, por exemplo, a polícia diária, de caráter ostensivo, claramente passa a caracterizar a função de segurança pública mediante conceitos de proteção à propriedade privada, com a lei legitimando "o uso da arbitrariedade em se tratando de sujeitos classificados como perigosos".

Sem fugir a essa regra, a estruturação das polícias brasileiras também foi pensada, essencialmente, não só como forma de conter a "desordem e a imoralidade que assolavam as cidades brasileiras", mas também com o objetivo de conter distúrbios de origem político-social que pudessem desestabilizar o poder nos estados brasileiros. Diante deste fim, a solução encontrada acabou sendo, primordialmente, a militarização das polícias, processo no qual a ideologia teve papel preponderante para a manutenção do pensamento que, de certa forma, serviu para respaldar atuações bélicas contra a própria população.[101]

Superado este importante debate acerca da caracterização destas classes que incomodavam as oligarquias regionais brasileiras e constatado todo um sistema legal construído para criminalizá-las, resta, agora, partir para a análise do processo de desenvolvimento deste braço institucional responsável justamente por exercer tal controle social. Mas o militarismo não será o único traço aqui analisado. Assim como em boa parte do restante do mundo ocidental, a modernização das instituições policiais brasileiras pode ser melhor observada em duas frentes de especialização e profissionalização: a militarização de forças públicas e a criação de uma verdadeira polícia criminal de características pautadas no cientificismo.

---

[101] Ibidem, p. 31.

Militarização: o exemplo do "pequeno exército paulista"

No caso brasileiro, em ambas as frentes apontadas, sobretudo na questão militarista, o contexto paulista merece destaque. Nas peculiaridades da São Paulo da Velha República, com sua política marcada pelo "predomínio absoluto dos interesses privados",[102] este fenômeno se observa de forma mais estruturada e intensa. Com a forte oligarquia no comando da principal atividade econômica do país, ao contrário de boa parte dos estados brasileiros, que por um bom tempo insistiram, em larga escala, no uso de forças privadas como mecanismos de segurança, os líderes políticos paulistas sempre preferiram o uso da força pública para estes fins.[103]

Este traço peculiar da elite paulista, em contraste com o coronelismo observado com mais frequência no Nordeste, é fundamental para entender a construção policial em São Paulo. As elites de estados mais centrais dependiam da máquina do governo e, por isso mesmo, o Estado paulista foi se tornando representante de interesses de classe, e não de apenas alguns grupos de poderosos, transformando o aparelho estatal em um corpo administrativo que pudesse restringir poderes mais locais. É o caso, por exemplo, da criação de polícia de carreira pelo então Governador Jorge Tibiriçá em 1906. Nas palavras de Boris Fausto, a elite paulista, intimamente ligada à produção cafeeira e, depois, à industrial, "soube organizar o Estado de São Paulo com eficiência, tendo em vista os interesses mais gerais da classe dominante".[104]

---

[102] DALLARI, 1977. p. 11.
[103] Ibidem, p. 25-26.
[104] FAUSTO, 2006. p. 261-264.

A militarização e a centralização das forças policiais, porém, não se limitam a São Paulo, encontrando ecos pelo mundo. Na Europa dos séculos XIX e XX, o controle estrito de poderes políticos centrais sobre as polícias foi a marca das amplas reformas realizadas, sendo que a criação de polícias militarizadas, pelo próprio caráter centralizador do militarismo, atendeu a este anseio. Na Irlanda, por exemplo, a *Royal Irish Constabulary*, criada no fim do século XVIII, mais se assemelhava a um exército de ocupação, estruturada aos moldes de unidades militares e dirigida por instruções não-locais vindas de Westminster. No Piemonte, tanto os campesinos carabineiros quanto os urbanos da *Guardia di Publicca Siccurezza*, estruturados de forma militar, seriam essenciais no processo de unificação da Itália ao fim do século XIX.[105]

Em São Paulo, ainda que em âmbito estadual, o processo ocorrido na Europa pode ser enxergado de forma análoga, pois a militarização paulista também atenderia à centralização estatal de poder. Os três primeiros anos republicanos foram marcados pela instabilidade das forças repressivas estaduais, com contínuas transformações, mantendo-se, porém, alguns padrões do período imperial. Alternaram-se, basicamente, três organizações policiais que, por vezes, coexistiram: o Corpo Policial Permanente, a Companhia de Urbanos e o Corpo de Polícia Local, ainda que com certas alterações de nomenclatura. Dentre estas, vale ressaltar que a única instituição mantida durante todo este período fora, justamente, a dos Permanentes. Esta informação, ainda que não demonstre a imediata consolidação do militarismo como política central da segurança pública paulista, é relevante por demonstrar a predileção do Estado pela forma até então mais militarizada de organização policial

---

[105] MONET, op. cit., p. 56-58.

em São Paulo, vista como necessária para o aparelho repressivo estadual em momento de instabilidade.[106]

Já em seus primórdios, esta força militar, bem representada pelos Permanentes, cujas origens remetem a 1831, teria ações ativas na repressão a diversos movimentos de origem popular, social ou oposicionista. Aliás, é esta modalidade repressiva, antes exclusiva do Exército, que, de certa forma, vai desviando a polícia de São Paulo de sua missão mais próxima e ligando-a aos interesses do Estado na manutenção da ordem pública, como na operação realizada em 1885, em Itupeva, contra escravos fugidos, culminando na destruição de quilombos. Tais desvios levaram a Força Policial do estado inclusive para ações em outras unidades federativas, como a participação de policiais paulistas em campanha federal contra a Revolta de Canudos, em 1897, ou as ações de combate à Revolução Federalista em 1894.[107]

A preocupação com "desvios" de função das polícias paulistas em decorrência da militarização, aliás, era expressa pelos próprios chefes públicos da Velha República, como mostram documentos históricos.[108] Em relatório de 1893, o Secretário dos Negócios da Justiça de São Paulo deixou claro o viés político do policiamento militarizado ao propor a militarização da cavalaria por sua eficácia demonstrada "nos casos de perturbação da ordem", mostrando-se um bom método "para afastar os desordeiros". Ao mesmo tempo, documentos oficiais revelam a discordância com a aplicação da ideologia militar nas funções essencialmente civis de segurança pública. É o caso do relatório redigido pelo Chefe de Polícia de São Paulo, em 1903, recomendando o aumento do efetivo da Guarda Cívica, de caráter civil, para a vigilância das ruas, "função especial da polícia civil", de-

---

[106] FERNANDES, op. cit., p. 148-150.
[107] PEDROSO, op. cit., p. 75-77.
[108] FERNANDES, op. cit., p. 211-212.

vendo-se "recolher aos quartéis as praças da Brigada Policial", de caráter militar, ante as "exigências da disciplina militar, que veda o contato direto com o povo". Igualmente, o Secretário Interino de Justiça paulista, entre os anos de 1889 e 1900, relatou que estava "ainda por se imprimir à polícia administrativa, na vigilância da segurança individual e da propriedade do cidadão, o caráter inteiramente civil que a instituição deve revestir", ainda que ele não achasse que as organizações militares devessem ser extintas.

As preocupações acerca da incompatibilidade do militarismo com as funções policiais de trato com a população civil, bem como os objetivos de militarização para fins de controle social se justificam. De fato, a organização militar possui traços isolacionistas em relação à sociedade civil que, através do distanciamento, facilitam as práticas dominadoras de controle. A própria formação do militar, em relativo isolamento, na caserna, já demonstra rompimento com o restante da sociedade que, aliado à rigidez hierárquica e altamente verticalizada e à concentração de poder decisório, "facilita o crescimento de um sentimento de preconceito de alguns policiais contra cidadãos de classes mais pobres e minorias raciais".[109]

Apesar das discussões entre autoridades acerca do modelo ideal para a reformulação das forças públicas paulistas, o processo de militarização das polícias avançou até se consolidar no início do século XX. É justamente em São Paulo que se dá o marco para a doutrina militar policial no país, quando a contratação de uma Missão do Exército francês passou a implementar técnicas de treinamento na Força Pública do Estado de São

---

[109] FELITTE, Almir Valente; PONZILACQUA, Márcio Henrique Pereira. O impacto social da organização militar da polícia. Revista Brasileira de Ciências Criminais, São Paulo, vol. 132, ano 25, p. 193-217, jun. 2017. p. 214.

Paulo em 1906.[110] Firmou-se, assim, o modelo que, de acordo com os próprios debates da época, era eficiente no combate às perturbações da ordem, mas inadequado ao trato com os civis no policiamento de vigilância.

Para compreender esta escolha, vale retomar alguns traços sociais, econômicos e políticos paulistas neste período. À Proclamação da República, os movimentos operários ainda não tinham atingido grande relevância em São Paulo, sendo que só chegariam a nível político significativo em meados de 1902, quando seu grande vulto os transformaria em "caso de polícia" nas palavras de Washington Luís, "símbolo da mentalidade ultraconservadora do Partido Republicano Paulista".[111] Era um momento de crescimento das cidades e de diversificação de suas atividades, requisitos mínimos para a constituição do movimento organizado da classe trabalhadora. Aliás, pela própria raiz imigrante italiana, os movimentos operários paulistas tiveram grande influência do anarcossindicalismo, vertente cujo objetivo só seria atingido com a derrubada da burguesia do poder, sem um período excessivamente longo de transição posterior e alcançado através de uma grande greve geral revolucionária.[112]

Assim, no início do século, os desdobramentos dessa organização de trabalhadores insatisfeitos em São Paulo começavam a se fazer mais visíveis, bem como o próprio uso político das forças policiais contra ela. Em 1905, trabalhadores da Companhia Paulista de Estradas de Ferro realizariam greve por melhores salários e benefícios na primeira manifestação de maior vulto do proletariado paulista. Suas passeatas apoiadas por estudantes de direito no centro da cidade foram duramente reprimidas pela cavalaria da Força Policial, com manifestantes presos e fe-

---

[110] PEDROSO, op. cit., p. 39.
[111] DALLARI, 1977. p. 37-38.
[112] FAUSTO, 2006. p. 297-298.

ridos. Ações repressivas que se repetiriam em 1906, contra operários da mesma companhia em Rio Claro, e se intensificariam com a aprovação da Lei Adolfo Gordo, no mesmo ano, que previa a expulsão de estrangeiros anarquistas através de simples informação policial.[113] Ora, diante da efervescência popular que se avizinhava, confirmada nas diversas greves durante a década de 1910, sobretudo a grande greve geral de 1917, era de se esperar que a aliança entre o Estado e a oligarquia paulistas também se organizassem para manter a estrutura sociopolítica dominante. Nesse sentido, a militarização das forças policiais, fortalecendo a ainda precária máquina repressora, era uma resposta enérgica aos crescentes movimentos populares.

É exatamente esse papel que a Missão Francesa contratada pelo Governo paulista cumpriria, como um marco na história institucional da Força Pública. As inovações realizadas compreendiam técnicas operacionais, tecnologia de armamentos, meios de locomoção, canil, telégrafo, artilharia e esquadrilha de aviação, garantindo a esta polícia a alcunha de "pequeno exército paulista". O acordo, firmado em 1905, previa para a Missão as funções de "organização e instrução militar para a Força Pública", a fim de "estruturar e moldar os policiais paulistas segundo os princípios de severa disciplina, aperfeiçoando-se a técnica e cultura da organização". Prorrogada algumas vezes, a Missão funcionaria até 1914.[114] Para Fernandes,[115] esta foi a inauguração da fase áurea da Força Pública em participações em eventos decisivos na história nacional, capacitando-a em uma das funções mais importantes para a "política dos estados" no início da República: a de "força de repressão ostensiva aos movimentos trabalhistas". Em outras palavras, a função de "restauradora da ordem quando ameaçada

---

[113] DALLARI, 1977. p. 41-42.
[114] PEDROSO, op. cit., p. 82.
[115] FERNANDES, op. cit., p. 162-163.

pelas constantes greves operárias deste período" e para a "defesa e preservação das relações sociais de produção" durante o processo de amplo crescimento industrial paulista.

Nesse sentido, o "Brasão de Armas" da Polícia Militar de São Paulo instituído pelo Decreto nº 34.244 de 1958 é bastante representativo do uso político da corporação para fins de controle social ao longo da história. Nele, entre 19 estrelas que simbolizam marcos históricos da instituição desde a fundação da Milícia Bandeirante em 1831, tais como a repressão à Guerra dos Farrapos em 1838, a participação na Guerra do Paraguai entre 1865 e 1870 e a Campanha de Canudos em 1897, uma merece destaque: a atuação da Força Pública na repressão à Greve Geral de operários em 1917. Outra que chama a atenção, adicionada posteriormente, é a relacionada ao Golpe Militar de 1964, que instaurou uma Ditadura no país, sendo chamada no Decreto em questão de "Revolução de Março".[116] Traços de uma polícia cujas funções de controle social claramente extrapolaram as típicas funções criminais de segurança pública através de intenso processo de militarização consolidado na São Paulo da Velha República.

Esta visão de controle social, consagrada pelo militarismo do contrato com a Missão Francesa, teve vital importância para a concepção de polícia no Brasil, com a hegemonia da corporação policial militar moldando a figura do policial ideal, "militar por excelência". Com a intensa repressão a movimentos sociais entre o fim da década de 1910 e o início da década de 1920, a Força Pública acabaria por se afastar do policiamento cotidiano, e o próprio governo paulista viu-se compelido a criar novos aparatos policiais mais voltados para a ordem social da cidade. Foi nesse cenário que o estado de São Paulo criou a Guarda Civil, em 1926, cujos objetivos de vigilância e policiamento da capital com-

---

[116] SÃO PAULO. Decreto-Lei nº 17.069, de 21 de maio de 1981.

preendiam, entre outras funções, a de "inspeção da circulação de veículos e pedestres e das solenidades, festejos e divertimentos públicos". O regulamento desta Guarda, aliás, remetia a uma série de valores, princípios e condutas que, na atualidade, norteiam o importante debate acerca da desmilitarização das polícias e da implantação do modelo de policiamento comunitário.[117]

A própria Guarda Civil seria aproximada da Força Pública militarizada ao longo da história paulista, até que as duas fossem unidas pelo Decreto-Lei Estadual nº 217 de 1970, criando a Polícia Militar do Estado de São Paulo em atendimento ao Decreto-Lei Federal nº 667 de 1969. Por outro lado, a Força Pública militarizada manteria seus desígnios políticos ao lado de interesses regionais ainda por longos anos, sendo amplamente mobilizada pelo governo como forma de resistência à insurreição comandada por Getúlio Vargas em 1930. Esta tomada de poder, aliás, causaria frustração na polícia paulista, que culminaria na participação ativa e protagonista da Força Pública na Revolução Constitucionalista de 1932, reação política ao movimento ocorrido dois anos antes e que é, até hoje, eternizada como marco na história da Polícia Militar de São Paulo por meio de mais uma das estrelas em seu brasão oficial.[118]

Percebe-se, até aqui, que a militarização das forças policiais em São Paulo atendeu a anseios oligárquicos voltados tanto para a repressão dos crescentes movimentos operários quanto para a manutenção das estruturas de poder que colocavam a elite paulista em posição política hegemônica no cenário nacional. O destaque que a própria corporação dá às suas participações na repressão à Greve Geral de 1917 e no combate a movimentos como a Revolução Federalista são simbólicos nesse sentido, e a militarização do aparato policial do estado fora o modelo

---

[117] PEDROSO, op. cit., p. 85-87.
[118] DALLARI, 1977. p. 56-62.

de desenvolvimento perfeito para estes fins. Conforme já dito antes, porém, a importância da história paulista neste processo não significa exclusividade. Ao contrário, o exemplo militarista de São Paulo acabou sendo replicado em outros estados e grandes centros urbanos do país por motivos semelhantes aos descritos acima.

Os "pequenos exércitos" estaduais em outros centros urbanos

Em Minas Gerais, a profissionalização passou a ser objeto de preocupação da Força Pública em 1912, com a contratação do Capitão do Exército Suíço Roberto Drexler e seu filho, Rodolpho Drexler, para ministrarem instrução militar e fazerem o adestramento das praças. A influência paulista era tamanha que técnicos de São Paulo participaram ativamente dos cursos que representavam os primeiros passos para a profissionalização da polícia militarizada mineira. O processo se expandiu também ao oficialato da instituição, com o início de uma escola de aperfeiçoamento dos oficiais no quartel do 1º Batalhão em 1916. Anos mais tarde, pela influência da conturbada década de 1920 e pela participação da Força Pública de Minas Gerais nos conflitos da Revolução de 1930, o Decreto nº 11.252 de 3 de março de 1934 criou o Departamento de Instrução, surgindo assim o Curso de Formação de Oficiais mineiro.[119]

Processo semelhante ocorreu no Rio de Janeiro, onde o Corpo Militar de Polícia foi renomeado pelo Decreto nº 958, de 6 de novembro de 1890, para Brigada de Polícia da Capital Federal, mantendo seu comandante, sempre um Coronel ou Gene-

---

[119] SILVA, Oscar Vieira da. Academia de Polícia Militar: uma instituição de ensino superior. Revista O Alferes, Belo Horizonte, p. 67-82, jul.-set. 1992. p. 68-69.

ral do Exército, independente do Chefe de Polícia. Seu efetivo seguia a mesma sequência hierárquica do Exército, limitando--se, porém, ao posto de tenente-coronel. Em 1901, as exigências para alistamento tornaram-se mais rígidas, com o requisito da alfabetização e a redução da idade máxima de 45 para 40 anos, bem como um plano de progresso na carreira com provas de capacitação. Em 1905, quando a instituição passou a chamar-se Força Policial do Distrito Federal, seu efetivo já era o triplo daquele à época da Proclamação da República. Em 1920, a Força enfim ganhou a denominação de Polícia Militar e o Decreto nº 14.508, de 3 de dezembro, criou a Escola Profissional para Formação de Oficiais aos mesmos moldes de sua homônima das Forças Armadas.[120]

Este processo de aceleração da militarização da força policial no Rio de Janeiro é paralelo a outro fenômeno social. É nesta época que, no Distrito Federal, a participação operária em protestos populares começa a ganhar relevância com o crescente apoio de associações da classe trabalhadora. O desfile operário de maio de 1904, por exemplo, mobilizou 20 mil pessoas nas ruas, segundo o próprio Chefe de Polícia da cidade. Não à toa, em agosto do mesmo ano, a primeira Greve Geral do Rio de Janeiro seria realizada. A insurreição se tornaria generalizada ao fim daquele mesmo ano, com a popular Revolta da Vacina, que obrigaria o governo federal a decretar estado de sítio em 16 de novembro.[121]

---

[120] MUNIZ, Jacqueline; MUSUMECI, Leonarda. As instituições de segurança pública no Estado do Rio de Janeiro. In: MUSUMECI, Leonarda (coord.). Segurança pública no Rio de Janeiro: Políticas, instituições e inovações – Relatório final do projeto "Reforma do Estado e proteção social: Os setores de saúde e segurança no Rio de Janeiro", subprojeto Segurança pública. Rio de Janeiro: Instituto de Economia da UFRJ, janeiro de 2000. p. 7.

[121] COMPARATO, Fábio Konder. A oligarquia brasileira: visão

Mesmo no Rio Grande do Sul, grande rival da hegemonia política paulista durante o período, a profissionalização militar da polícia se fez presente. Com peculiaridades que se confundem com a própria história gaúcha, o desenvolvimento da Brigada Militar estaria intimamente ligado às ambições do Partido Republicano Rio-Grandense (PRR) que, mais tarde, marcariam o fim da própria Velha República. Ao lado de São Paulo, o Rio Grande do Sul seria, talvez, o exemplo mais emblemático da militarização policial no Brasil como "pequenos exércitos estaduais", focada na disputa pela hegemonia política no país. A Brigada Militar se via como verdadeira defensora do governo castilhista-borgista, atuando na repressão à oposição e às desobediências internas do partido, e na intimidação às outras forças estaduais para barrar qualquer tentativa de intervenção federal em terras gaúchas. Essa postura é bem representada pelo conteúdo da Revista Pindorama, publicada entre 1926 e 1928 e financiada e redigida pelos próprios policiais, quase sempre com homenagens a grandes nomes do PRR. Pensada como exército regional, a exemplo da instituição paulista, a Brigada também receberia sua própria Missão Militar, através do Aviso nº 971, de 10 de julho de 1909, que iniciou a Missão Instrutora do Exército, ainda no governo de Borges de Medeiros.[122]

Mas este processo militarista já havia se iniciado anos antes, com a criação da Brigada Militar[123] pelo Ato nº 357 de 15 de outubro de 1892. A nova polícia logo assumiu papel central na

---

histórica. 1ª edição revista. São Paulo: Editora Contracorrente, 2017. p. 153.

[122] SILVA, Amanda Siqueira da. A história da Brigada Militar pelas páginas da Revista Pindorama. Oficina do Historiador, Porto Alegre, suplemento especial, p. 16-34, 2014.

[123] BRIGADA MILITAR DO ESTADO DO RIO GRANDE DO SUL. História.

Revolução Federalista em ações que a própria considera como seu "batismo de fogo", reforçando a ligação da mesma com os desígnios do PRR. A profissionalização se intensificaria sob o comando-geral do coronel do Exército José Carlos Pinto Júnior, criador das Escolas Regimentais em 1898, oferecendo cursos às praças que compreendiam de caligrafia à higiene e deveres militares, bem como cursos preparatórios para oficiais e inferiores, destinados a elevar o nível intelectual do oficialato. Este, por sua vez, seria o embrião do Curso de Ensino criado pelo Coronel Massot, em 1916, que logo evoluiria para o Curso de Preparação Militar.

Do prédio da Linha de Tiro para aperfeiçoar a pontaria dos soldados com uso de maquinário norte-americano, passando pelo breve Serviço de Aviação que chegou a contar com duas aeronaves Breguet 14, a militarização da Brigada durante o período da Velha República é mais do que visível, assim como seu próprio uso militar e político. Atuações na repressão a movimentos como a Revolução Assisista, em 1923, no Rio Grande do Sul, a revolta tenentista de 1924, em São Paulo, ou a Coluna Prestes, no Centro-Oeste e no Nordeste, em 1925, seriam comuns na história da força gaúcha. Na Revolução de 1930, a Brigada Militar alcançaria o auge de seu uso político e de sua ligação com o PRR ao destacar 552 homens do 1º Batalhão de Infantaria que seguiram para o Rio de Janeiro para auxiliar na posse de Getúlio Vargas. Ironicamente, esta polícia militarizada cuja construção fora tão típica da Velha República acabaria auxiliando no processo histórico que marcou o fim deste mesmo período.

Como em outros estados, porém, o uso político da Brigada Militar não se limitou às disputas entre oligarquias regionais pela hegemonia política nacional. Durante a Velha República, a militarizada polícia gaúcha também teve participação efetiva no controle social sobre camadas mais pobres por meio da repressão a revoltas populares e ao nascente movimento operário brasileiro. Em 1917, por exemplo, a Brigada usou a força para suprimir as greves de calceteiros, em março, e de funcionários da rede ferroviária, em agosto, que causavam paralisações de serviços e depredações na capital.[124] Apenas alguns dos casos que demonstram que a militarização da polícia gaúcha também estava inserida no contexto de organização da classe trabalhadora brasileira fomentada pela urbanização e industrialização do país.

Aliás, não foi só no Rio Grande do Sul que a Revolução Federalista impulsionou a profissionalização militar de sua polícia. No Paraná, mesmo após a participação na Guerra do Paraguai, a Força estadual não teve grande expansão de efetivo ou mesmo troca de armamentos em larga escala. Isso só veio a ocorrer em 1892, quando a Lei nº 36 aumentou as tropas paranaenses e regulamentou situações funcionais. Movimentos mais intensos de militarização se fizeram sentir com a eclosão da Revolução Federalista, quando, ao fim de 1893, legislação estadual tratou de criar um esquadrão de cavalaria para defender Curitiba. A partir daí, não faltam narrativas de combates envolvendo o Regimento de Segurança, futura Polícia Militar do Paraná, e as tropas federalistas, tais como o Cerco da Lapa, entre 1894 e 1895.[125]

Outro conflito de grande vulto que contribuiu para o recrudescimento da organização militarizada da polícia paranaense foi a Guerra do Contestado. Esta foi uma revolta popular caracterizada pelo messianismo que, segundo a própria Polícia Militar do estado, era fruto, dentre outros fatores, do abandono de

---

[124] CONSUL, Julio Cezar Dal Paz. Brigada Militar: Identifique-se! A Polícia Militar revelando sua identidade. Tese (Doutorado em Serviço Social) – Faculdade de Serviço Social, Pontifícia Universidade Católica do Rio Grande do Sul, Porto Alegre, 2005. p. 83-84.

[125] TOLEDO JÚNIOR, João Carlos. A participação da Polícia Militar do Paraná no cerco da Lapa. Unisanta Law and Social Science, Curitiba, v. 8, n. 1, p. 28-41, 2019.

cerca de 8 mil trabalhadores da construção da estrada de Ferro São Paulo-Rio Grande, muitos deles vindos de outros estados, e dos conflitos de terra com os camponeses da região causados pelas obras. A luta oporia milhares de populares às forças militarizadas estaduais e ao próprio Exército. O Batalhão de Infantaria do Regimento de Segurança paranaense chegou a ser organizado, em 1914, como Batalhão Tático e integrado ao Exército para combater os revoltosos.[126] Também a polícia paranaense chegaria a um nível de militarização tão elevado a ponto de adquirir duas aeronaves em 1918, ano em que fundaram a Escola Paranaense de Aviação, presidida por Tenente-Coronel de sua força pública. As duas aeronaves seriam destruídas em um incêndio em 1927, e, após a Revolução de 1930 capitaneada por Vargas, as polícias estaduais ficariam proibidas de possuírem aviação.[127]

As peculiaridades nordestinas e interioranas: poderes locais como freio aos "pequenos exércitos"

Este movimento de profissionalização militarizada das polícias não atingiu todo o Brasil de forma homogênea durante a Velha República. Enquanto os grandes centros urbanos do Sul e do Sudeste do país passaram pelo intenso processo de estruturação de suas forças públicas como "pequenos exércitos", no Nordeste, no Norte e no Centro-Oeste, este movimento se daria de forma mais incipiente ou tardia. Neste ponto, vale rememorar as diferenças entre as oligarquias regionais do Brasil já demonstradas anteriormente, sobretudo diante das práticas coronelistas típicas do interior do país nesta época.

---

[126] POLÍCIA MILITAR DO ESTADO DO PARANÁ. Campanha do Contestado.
[127] POLÍCIA MILITAR DO ESTADO DO PARANÁ. Histórico.

Carone[128] lembra que, nos estados mais pobres, as oligarquias eram representadas por lideranças de caráter familiar adeptas da política de força, o que radicalizava os conflitos entre as próprias elites. Dallari[129] complementa apontando que os chefes políticos paulistas sempre preferiram "utilizar a poderosa máquina eleitoral do governo para manter seu predomínio, ou, em casos extremos, utilizar a própria força pública", sendo que a organização desta "em parte tornou desnecessária e em parte desencorajou a formação e utilização de grupos armados particulares", ao contrário do cenário nordestino. Além disso, a repercussão dos maus tratos a estrangeiros em lavouras brasileiras quase culminou no Parlamento Italiano proibindo novas migrações, obrigando estados mais beneficiados pela imigração, principalmente São Paulo, a reorganizar seus aparatos policiais para retirá-los de uma influência tão direta e particularista de grandes proprietários rurais de modo a amenizar estes incômodos conflitos internacionais, como analisa Caio Prado.[130]

Por outro lado, até na Bahia, antiga capital do país, embora algum desenvolvimento seja visto nesta época, as forças policiais só sentiriam maiores impactos estruturais após as mudanças radicais na política brasileira pós-Revolução de 1930. Claro que, como em outros estados, havia a preocupação das elites e do governo baianos com as chamadas "classes perigosas", como bem evidenciado em relatório escrito por Álvaro Cova, Secretário de Polícia e Segurança Pública do Estado, em 1917, no qual ele expressa sua preocupação com o grande contingente de pessoas válidas sem trabalho que aumentavam o "exército de vadios, desordeiros, contraventores de toda natureza", sugerindo que os en-

---

[128] CARONE, op. cit., p. 16-17.

[129] DALLARI, 1977. p. 25-26.

[130] PRADO JUNIOR, Caio. História econômica do Brasil. 26 ed. São Paulo: Editora Brasiliense, 1981. p. 159-160.

viassem aos "campos e às despovoadas regiões do vale da Amazonas e dos sertões do Mato Grosso" para regenerarem-se através dos "hábitos do trabalho". Tais classes populares tanto sofriam com a perseguição policial e a criminalização que, na cidade de Salvador, de 2.023 prisões efetuadas em 1918, quase 78% foram motivadas por atitudes de "desordem" ou "vagabundagem".[131]

Como em outras grandes cidades do país, a rotina policial em Salvador também compreendia o controle social sobre populações mais pobres, mas isso não significa que a Força Pública do estado tenha vivido na mesma intensidade a estruturação e profissionalização militar observadas em outras regiões. Comparado ao de outros estados, o efetivo da força militar estadual baiana apresentou um crescimento muito mais modesto entre 1909 e 1928, de 2.126 policiais para 3.153. No mesmo período, o Rio Grande do Sul mais do que dobraria seu contingente, de 1.552 para 3.212, São Paulo passaria de 3.508 para impressionantes 7.622 e Minas Gerais ampliaria seu efetivo de 2.502 para 4.111 militares.[132] Além disso, até o fim da Velha República, a polícia militarizada baiana contaria apenas com a insuficiente Companhia Escolar para formação de seus recrutas. Só em 1935, já na Era Vargas, o Centro de Instrução e a Escola de Formação de Oficiais, atual Academia, seriam criados.[133]

---

[131] DIAS, Adriana Albert. A malandragem da mandinga: o cotidiano dos capoeiras em Salvador na República Velha (1910 – 1925). Dissertação (Mestrado em História) – Faculdade de Filosofia e Ciências Humanas, Universidade Federal da Bahia, Salvador, 2004. p. 22-25.

[132] CRUSOÉ JÚNIOR, Nilson Carvalho. Da "volante" à academia: a Polícia Militar da Bahia na Era Vargas (1930 – 1945). Dissertação (Mestrado em História) – Faculdade de Filosofia e Ciências Humanas, Universidade Federal da Bahia, Salvador, 2005. p. 62.

[133] POLÍCIA MILITAR DO ESTADO DA BAHIA. Academia de Polícia.

Não muito diferente era a situação pernambucana à época, ainda que a cidade de Recife fosse um dos pólos do movimento operário nascente do país. Para Maia,[134] no estado, o início do período republicano foi marcado por uma pequena reformulação das forças policiais, mas a criação da Guarda Local trouxe poucas novidades, esbarrando na baixa capacidade de organização dos municípios e ainda dependente de alistamentos temporários pouco exigentes. Preocupado com o caráter municipalizado destas organizações e seu risco de uso político por coronéis do interior, o governo estadual chegou a criar a Questura Policial na tentativa de unificar o comando das polícias. Mas, com atuação concentrada na capital e baixa presença no interior, também este modelo logo foi considerado ineficiente, sendo extinto em 1898.

Vida ainda mais breve teve a própria Guarda Local, substituída por diversas forças policiais cada vez mais armadas e de regulamentos mais militarizados ao longo dos anos. Em 1905, porém, a preocupação com a falta de profissionalização das tropas ainda era forte, como demonstrou o então Chefe de Polícia, Santos Moreira, ao declarar que o alistamento para a força policial era "feito sem a prova da necessária idoneidade dos que se destinam a serviço tão melindroso", sugerindo, "a semelhança do que já se vai tendo em diversos Estados", a exigência de comprovação prévia da conduta civil e moral do alistado e de que o mesmo saberia ler e escrever. Ainda que de forma tímida, a criação do Regimento Policial do Estado em 1908 viria nesse sentido ao impor maiores exigências para a promoção de praças e oficiais, como bom comportamento e passagem por instruções de

---

[134] MAIA, Clarissa Nunes. Policiados: controle e disciplina das classes populares na cidade do Recife, 1865-1915. Tese (Doutorado em História). Centro de Filosofia e Ciências Humanas, Universidade Federal de Pernambuco. Recife, p. 253, 2001. p. 99-122.

ensino. Mas a insatisfação com o policiamento em Pernambuco persistiria, sobretudo pela falta de uma força civil para a função. A insegurança era tanta que, mesmo na capital, a população chegou a optar por uma forma privada de patrulha, a Segurança Noturna, com guardas autorizados a prender e levar suspeitos ao quartel. Também o alistamento desta força particular era de baixa exigência, bastando saber ler e escrever e ter entre 18 e 40 anos. Para Maia, tal experiência de Recife pode ter sido inspirada em outras iniciativas privadas das áreas rurais do interior do estado, como os Corpos de Vigias formados a partir de 1904, responsáveis pelo policiamento de campos, lavouras e fábricas.

A opção popular por estas formas particularistas de segurança, principalmente no interior dos estados nordestinos, é outro ponto que evidencia o ritmo mais lento do desenvolvimento das instituições policiais nesta região. São recorrentes os relatos de cidadãos comuns de locais interioranos tomando iniciativas próprias para o combate aos ataques dos movimentos do cangaço, como ocorreu, por exemplo, em Juazeiro, na Bahia, em junho de 1929, quando o Tiro de Guerra fora mobilizado para defender a cidade da investida do bando de Lampião e 150 civis pegaram em armas para a ação.[135]

Aliás, se o coronelismo pode ser apontado com uma das principais causas, o cangaço é justamente uma das maiores evidências do lento desenvolvimento das forças públicas destes estados. Analisando o banditismo de forma geral, Hobsbawn[136] esclarece que, nos últimos dois séculos e meio, a faculdade de exercer o controle físico sobre as pessoas foi se concentrando cada vez mais no Estado nacional, através de funcionários públicos de forma monopolizadora. Até antes do século XIX, ne-

---

[135] CRUSOÉ JÚNIOR, 2005., p. 67.
[136] HOBSBAWN, Eric. Bandidos. Trad.: Donaldson M. Garschagen. 5 ed. São Paulo: Paz e Terra, 2015. p. 28-31.

nhum Estado "tinha capacidade de manter uma força de polícia rural eficaz que atuasse como agente direto do governo central e abarcasse todo o território". O banditismo rural só seria eliminado a partir da consolidação da concentração de poder no moderno Estado territorial. Antes disso, "o poder sempre esteve limitado pela incapacidade dos governos centrais de exercer um monopólio efetivo dos armamentos" ou de manter um corpo de servidores armados suficientemente numeroso. Em outras palavras, Hobsbawn mostra que, de forma quase contraditória, vez que o banditismo só era possível onde o Estado existisse e impusesse normas a serem quebradas, era justamente a debilidade do poder estatal que possibilitava o banditismo como fenômeno de massa.

Ora, impossível, dessa maneira, não perceber como tal análise é perfeitamente cabível ao cenário do cangaço no Sertão Nordestino e sua relação com o baixo desenvolvimento das instituições policiais estaduais da região. Se é certo que, em estados como São Paulo ou Rio Grande do Sul, o desenvolvimento das Forças Públicas militarizadas atendeu a anseios centralizadores de poder que favoreceriam as oligarquias regionais, em estados menos influentes na política nacional e marcados pela forte oposição de poderes locais municipalizados representados pelo coronelismo, as instituições policiais não apresentaram o mesmo nível de organização durante a Velha República. Sem esta força de segurança centralizadora devidamente organizada, formou-se no interior do Nordeste o cenário ideal para o mais clássico exemplo de banditismo no Brasil. Não à toa, o cangaço só viria a ser extinto em um momento posterior da história do país marcado pelas tendências nacionalizantes e centralizadoras de Getúlio Vargas, conforme veremos mais à frente.

Se mesmo em estados com grandes capitais, como Pernambuco e Bahia, esta era a situação da segurança pública, outros estados de crescimento urbano e industrial mais lento teriam um desenvolvimento das forças militarizadas ainda mais tardio ou incipiente. No Ceará, a primeira Escola de Formação Profissional da Força Pública só surgiu através do Decreto nº 1.125 de 08 de abril de 1929.[137] Ainda mais tardio foi o processo no Mato Grosso, onde, apesar das seguidas reorganizações militares das polícias, como a criação do Esquadrão de Cavalaria em 1914 e suas posteriores ampliações, a profissionalização só ganhou mais força em 1951 com a criação do Centro de Instrução Militar. Até então, desde 1937, o estado matriculava seus oficiais e sargentos nas escolas de São Paulo e Rio de Janeiro.[138] Situação parecida com a do Maranhão, que iniciou a formação profissional de seus oficiais em 1966 na Academia de Polícia Militar do Estado de Minas Gerais, fundando sua própria Academia só em 1993.[139]

A profissionalização tardia nos demais estados será melhor abordada mais à frente, guardando relação íntima com o próprio momento histórico do país após a Revolução de 1930. O que destacamos aqui é que o processo de militarização das Forças Públicas se deu de forma muito mais intensa em unidades federativas que viviam, durante a Velha República, um momento mais acelerado de urbanização, industrialização e formação da classe proletária. Ao mesmo tempo, o grau de organização e influência política das oligarquias regionais no âmbito nacional também foi fator tão ou mais importante para a existência dessas diferenças. O que não significa que as instituições policiais dos estados politicamente mais fracos não tenham também passado por processos de reformulação tendentes à militariza-

---

[137] POLÍCIA MILITAR DO ESTADO DO CEARÁ. Histórico de prédios da PMCE.
[138] POLÍCIA MILITAR DO ESTADO DE MATO GROSSO. Cronologia histórica relevante.
[139] POLÍCIA MILITAR DO ESTADO DO MARANHÃO. História da PMMA.

ção, ainda que em menor grau, tampouco que estes não estivessem igualmente ligados à ideia de controle social sobre as "classes perigosas" e de "pequeno exército estadual" a serviço dos governos regionais.

Neste último aspecto, aliás, cabe dizer que o movimento foi percebido pela própria União, receosa do poderio de governos estaduais com suas equipadas forças públicas. Não por coincidência, a Lei nº 1.860, de 04 de janeiro de 1908,[140] estabeleceu os "corpos estaduais organizados militarmente" como forças auxiliares do Exército, submetendo-os às regras da União quando colocados à disposição do Governo Federal. Medida que avançaria ainda mais com a Lei 3.216, de 03 de janeiro de 1917,[141] colocando as polícias estaduais como reservas do Exército, podendo ser incorporadas a este por decisão do Congresso Federal em situações de mobilização, desde que autorizadas pelos governos estaduais. Por isso eram tão comuns, na história brasileira, as incursões de forças estaduais para fora de seus próprios territórios, como na Revolta do Contestado ou na Guerra de Canudos. Igualmente comuns eram as participações destas mesmas forças em levantes que se opunham aos interesses da União, como na Revolução Federalista, no Rio Grande do Sul, na Revolta Tenentista de 1924, em São Paulo, ou na própria Revolução de 1930, em que a Brigada Militar gaúcha teria papel essencial na derrubada da Velha República. Amostras de que, a despeito das tentativas, não seria antes da instauração deste novo regime que as polícias estaduais poderiam estar verdadeiramente subordinadas aos desígnios nacionais, e não mais aos poderes oligárquicos estaduais.

---

[140] BRASIL. Lei nº 1.860, de 4 de janeiro de 1908.
[141] BRASIL. Lei nº 3.216, de 3 de janeiro de 1917.

A efetiva formação das polícias criminais no Brasil: o inquérito e a separação entre funções jurisdicionais e policiais

A militarização das forças públicas e a formação dos "pequenos exércitos" estaduais não seriam a única face da profissionalização policial na República Velha. Fortemente ligada aos centros urbanos, menos relacionada às disputas hegemônicas entre unidades federativas, mas mais dividida entre a função de combate à criminalidade e a de controle social sobre as "classes perigosas", a conformação de uma polícia criminal também seria aspecto característico deste período brasileiro na segurança pública. Este processo, porém, teria sido possibilitado por uma reforma anterior à própria República, ao fim da era imperial do país.

Foi durante o Império que a centralidade da figura do Delegado nas polícias criminais começaria a se estabelecer, com este, é verdade, assumindo funções judiciárias que extrapolavam o caráter policial de sua função. Esta característica de baixa especialização, mesclando funções aparentemente distintas, seria consolidada e expandida com as reformas trazidas pelo Código de Processo Criminal de 1840, perdurando até a criação de um novo instrumento, em 1871, essencial para a delimitação da função e para a futura profissionalização da Polícia Civil: o inquérito policial. Central para a compreensão da especialização das polícias judiciárias no país, porém, o inquérito não seria a única mudança iniciada na época. Na verdade, ela era apenas uma das transformações trazidas pelas reformas policiais de 1871.

Este conjunto de reformas contemplaria parcialmente o projeto pensado por Nabuco de Araújo já em 1866, o qual visava mudanças como a independência do magistrado, a separação entre justiça e polícia e a regulação da prisão preventiva e da liberdade provisória. A Lei 2.033, de 20 de setembro de 1871, foi a que mais marcou a organização do processo criminal e do inquérito policial, tornando as funções judiciárias exclusivas de juízes e os cargos policiais incompatíveis com os de juiz municipal e de juiz substituto. A jurisdição de chefes de polícia, delegados e subdelegados também deixou de existir para os crimes que antes lhes competia o julgamento. Em outras palavras, "as autoridades policiais, assim, tiveram sua competência limitada às diligências necessárias para o descobrimento dos crimes e suas circunstâncias, isto é, ao inquérito policial", ainda que este só tenha sido nominalmente criado em legislação publicada cerca de dois meses depois. Já estavam aí lançadas, porém, as bases para o inquérito policial como "instrumento auxiliar da justiça na coleta de informações e preparação do caso para posterior formação da culpa", bem como as suas fortes marcas de inquisitorialidade.[142]

Com a regulamentação imposta pelo Decreto 4.824, de 22 de novembro de 1871,[143] o inquérito policial surgiria efetivamente como competência de Chefes de Polícia, Delegados e Subdelegados. É o artigo 38 desta norma que bem define o novo instrumento e as novas competências como as "diligências necessárias para verificação da existência do mesmo crime, descobrimento de todas as suas circunstâncias e dos delinquentes". Tais diligências compreendiam o corpo de delito direto, os exames e as buscas para apreensão de instrumentos e documentos, a inquirição de testemunhas e as perguntas ao réu e ao ofendido. A previsão de sua redução a termo escrito era determinada pela lei, bem como a obrigatoriedade do exame do corpo de delito para os crimes que deixassem vestígios e a celeridade das diligências. A pronta comunicação da autoridade policial à autoridade judiciária também era obrigatória, reforçando o caráter das atividades da primeira como mero preparo ao futuro processo criminal.

---

[142] SOUZA, op. cit., p. 99-100.
[143] BRASIL. Decreto nº 4.824, de 22 de novembro de 1871.

Estas características do inquérito em suas origens não podem ser consideradas de interesse meramente histórico. Na verdade, este instrumento policial pré-processual sofreu poucas alterações substanciais mesmo com a edição do atual Código de Processo Penal de 1941, conservando aspectos problemáticos até os dias de hoje, como a própria inquisitorialidade. Nesse sentido ao lembrar escritos de Astolfo Rezende, Souza[144] aponta que, apesar de subordinado ao controle do juiz de direito e do Ministério Público, no momento de sua criação, o inquérito possibilitava às instituições policiais uma forma sumária de justiça. De fato, o Decreto 4.824 trouxe a possibilidade de autoridades judiciárias apresentarem-se de pronto à ocorrência, ocasião em que as autoridades policiais se limitariam a auxiliá-las, mas esta prática era inexequível pela própria parca estrutura do Judiciário. Além disso, mesmo que a lei determinasse que as atividades policiais do inquérito não teriam força de formação de culpa, na prática, a peça inquisitorial se transformou em verdadeira "arma de suspeição sistemática" que, mesmo sem valor jurídico, acabava possuindo valor condenatório ao ser a principal fonte de entendimento da lógica dos casos em questão para juízes e promotores. Ou seja, se a lei consagrava seu caráter extrajudicial, a prática judicial colocava o inquérito policial como "forte peça no processo condenatório, quando não era, ele próprio, uma forma de punição".

Este atualíssimo debate sobre o inquérito será aprofundado mais à frente. Por ora, ressaltamos que as problematizações apontadas nos dias de hoje são mais do que centenárias, criticando características históricas deste instrumento marcado desde a origem pela inquisitorialidade. Além das práticas judiciárias, estes traços moldaram também as atividades das polícias criminais, sendo essenciais para a compreensão das causas e conse-

---

[144] SOUZA, op. cit., p. 101-106.

quências do processo de especialização pelo qual elas passariam na Velha República. Importante relembrar que este momento é o mesmo em que se inseriu o processo de profissionalização das polícias militarizadas, com a formação dos "pequenos exércitos" à serviço de oligarquias estaduais, fortemente pautado pelas preocupações das elites com as "classes perigosas". Igualmente, autoridades policiais com o poder de presidir um instrumento de caráter inquisitorial com consequências penais teriam grande valia para os desígnios oligárquicos da época.

Mas também é preciso lembrar que, neste primeiro momento, com o inquérito policial recém-criado, ainda se fala de uma polícia criminal de baixíssima especialização, pouco profissionalizada e carregada de suas características imperiais. Como as forças públicas, as polícias de caráter civil só experimentariam seu momento mais forte de reestruturação com o advento da República. Por isso, mesmo a figura do inquérito ainda demoraria a se consolidar no cenário brasileiro de segurança pública, algo bem exemplificado pelo desproporcionalmente baixo número de inquéritos abertos em relação ao total de prisões efetuadas em São Paulo em 1893 e 1905, apresentado no início deste capítulo, ao passo em que os termos de bem viver e as prisões para averiguação continuariam como regra nos anos iniciais de período republicano.

No processo de profissionalização das polícias criminais, mais uma vez, o Brasil não estaria sozinho, acompanhando tendências mundiais na área da segurança pública, como explica Monet.[145] Na Europa, com poucas exceções como a Holanda, que privilegiou sua polícia de Estado militarizada, é nesta época que surgem as primeiras escolas de polícia do continente, voltadas para a formação de verdadeiras polícias criminais. Na França, já em 1884, eram dados passos iniciais com a abertura

---

[145] MONET, op. cit., p. 63-66.

do primeiro e ainda incipiente curso de formação policial, oferecendo programa de meio período que durava poucas semanas, o que seria intensificado na virada do século com a pressão das primeiras associações profissionais dos trabalhadores da segurança pública. A Dinamarca abriria sua primeira escola de polícia anos depois, em 1909, seguida da Suécia, em 1919. Já na Itália, em 1902, o Ministro Giovanni Giolitti criou uma escola de polícia científica no país, preocupada com ensinamentos de novas técnicas de fotografia, análise química, grafologia e tomada de impressões digitais. Seu ensino era profundamente marcado pelas teorias de Cesare Lombroso e da escola de criminologia italiana, que também impactavam práticas legais, judiciais e policiais de caráter racista no Brasil. Já na Espanha, a primeira escola de formação de investigadores de polícia nasceu em 1908.

Como no Brasil, também na Europa este processo de profissionalização só foi possível por reformas anteriores que consagraram a especialização da função de polícia criminal e judiciária. Se é verdade que a Dinamarca abriu seu primeiro curso de formação em 1909, ele só foi possível pois, desde 1809, já havia instrução do governo para o chefe de polícia não se limitar a impedir crimes, mas também elucidar os já cometidos. Por isso o país acabaria por criar, em 1863, seu departamento de investigações criminais. Este, por sua vez, era inspirado em outro modelo já existente na Inglaterra desde 1842, quando o *Criminal Investigation Department* fora criado como ramo da polícia londrina. E inspiração não é força de expressão, já que a agência dinamarquesa de fato enviou missão de estudo a Londres para tanto.

Da mesma forma, em 1862, Oslo, na Noruega, passaria a contar com sua polícia criminal ainda embrionária formada por quatro inspetores. Na Espanha, bem antes da escola de formação criada no século XX, em 1882, uma polícia urbana civil encarregada das funções de polícia criminal e de vigilância sobre opositores já havia nascido. A França atingiria a formação de verdadeira polícia judiciária em 1907, seguida pela Bélgica em 1919. Mais avançada estava a Áustria que, na segunda metade do século XIX, já havia suprimido sua força militarizada e, progressivamente, transformou sua polícia secreta em polícia criminal. Talvez por isso mesmo Viena teria sido escolhida para o Segundo Congresso Internacional de Polícia Criminal que, em 1923, lançaria as bases para a cooperação internacional que originaria a Interpol.

Antes de adentrar no debate sobre o análogo cenário brasileiro, dois pontos de destaque são importantes na análise da especialização e da profissionalização policiais na Europa. O primeiro deles é a essência criminal destas polícias, não exclusiva, mas mais clara do que nas forças públicas militarizadas. Atreladas à Justiça no cumprimento da função de alimentar o sistema penal, estas instituições de segurança incorporaram de forma mais explícita a sua suposta missão de repressão à criminalidade. Também este ponto deve ser problematizado, mas não se pode negar a relação desta função com a legítima busca pelo sentimento de segurança por parte da população em geral.

O levantamento deste ponto leva à segunda observação, de suma importância para entender o desenvolvimento das polícias no mundo todo. Ainda que se constate a origem policial ligada à repressão popular em um século marcado por revoltas, não se pode dizer que a totalidade da ordem mantida agrade só às classes dominantes, nem que a polícia moderna, em seu cotidiano, não cumpra atividades beneficiárias para as classes dominadas. Inserido em comunidades locais e próximo aos cidadãos, o policial moderno também cumpre tarefas de caráter preventivo e social. Entender esta dicotomia do agente de segurança que ora age como "guardião da paz", ora como "cavaleiro da ordem", termos cunhados por Monet,[146] é essencial para compreender os caminhos tomados pelas instituições policiais, principalmente com a deterioração das relações entre a polícia e as camadas operárias urbanas com a industrialização.

É o próprio Monet[147] quem, apesar de reconhecer esta dicotomia policial, aponta a necessária problematização que será feita de forma mais profunda na análise da história brasileira. No entendimento de que a repressão de atividades criminais impede que delinquentes as pratiquem ou os retira de cena temporariamente, a polícia criminal estaria agindo na proteção das pessoas e dos bens, correspondendo às expectativas das vítimas, representadas pela população em geral. Por outro lado, é na alimentação do quadro da justiça penal, representado por juízes em posições privilegiadas na sociedade, que a ação policial se consagra. É justamente entre estas duas camadas de interesses, por vezes, tão antagônicos, que o policial criminal se encontra em posição de arbitragem. Para o autor, porém, não se pode esquecer que o estreitamento da função policial voltada para a esfera criminal amplificado no século XIX está ligado a um momento em que, sob pressão das forças liberais, regimes até então autoritários se abrem à média burguesia. Isto implica na maior preocupação dos governantes em legitimar a dominação que exercem por meio de seus aparelhos repressivos, mostrando-se, também, protetores com as "classes laboriosas", além de severos com as "classes perigosas". Nas palavras de Monet,[148] "assegurar que a sociedade inteira viva sob o reino da Lei supõe que se dedique uma boa parte dos recursos policiais a tarefas estranhas à repressão política".

---

[146] Ibidem, p. 68-69.
[147] Ibidem, p. 114.
[148] Ibidem, p. 65.

O que Monet expressa neste trecho é, talvez, o centro da questão no desenvolvimento da polícia judiciária em todo o mundo. Não se pode negar que a criminalidade comum e cotidiana, como roubos, furtos e outros delitos violentos, não surta efeitos sobre as camadas médias, que demandam respostas governamentais pelo seu combate. Nesse sentido, a existência da função criminal nas polícias justifica suas próprias existências, legitimando-as frente a camadas populares que, por sua vez, podem, ao mesmo tempo, serem vítimas destas mesmas forças por motivos de repressão política e controle social.

No Brasil oligárquico da Velha República, essa ambiguidade seria mais profunda. Souza[149] até reconhece que os critérios da reestruturação da Polícia Civil brasileira seguiram transformações europeias e norte-americanas, mas aponta diferenças importantes. Nesses países, com momentos de maior abertura do sistema político e flexibilização do discurso repressivo, a população teve papel maior na reorganização policial. No Brasil, ao contrário, "o motor da história não era a sociedade, mas o Estado", deixando de lado a ampliação de direitos políticos das classes trabalhadoras. Ainda que o discurso de busca da impessoalidade existisse, na prática, a racionalização burocrática dos serviços policiais brasileiros manteve laços políticos e sociais de dependência da polícia a certos setores da sociedade. A ideia brasileira de polícia eficiente relacionava-se mais à garantia de um bom governo e dos interesses empresariais do que às demandas populares por melhorias no serviço e segurança. As alterações burocráticas na segurança pública caminhavam conforme pressões políticas por investimentos, novos padrões de higienização do espaço urbano ou o uso político de provimento de cargos. Seria exagero crer que a concentração de poderes estatais na República tivesse realmente minado qualquer

---

[149] SOUZA, op. cit., p. 124-126.

influência de interesses regionais e corporativos, ou mesmo de empreendimentos imperialistas do velho mundo. Em outras palavras, "o dique que continha as possibilidades de realização da democracia, da igualdade e de efetivação dos direitos admitidos não se rompeu".

Se, por um lado, as elites republicanas realmente criavam um quadro legislativo inovador, por outro, procuravam novas técnicas que pudessem limitar estas próprias inovações jurídicas. É nesse contexto que se encontra o desenvolvimento do arbítrio policial não como erro ou defeito, mas como possibilidade de extrapolar as próprias regras burocráticas de direito, noção que se faz presente ainda nos dias de hoje no pensamento de que as atividades policiais dispõem de grande flexibilidade. Esta ideia em que a burocracia policial extrapola a dominação legítima, porém, é completamente inadequada a preceitos democráticos. Não se pode dizer que Souza tenha feito análise tão divergente do estudo europeu realizado por Monet. Na verdade, ambos reconhecem a centralidade dos interesses elitistas coexistindo com a demanda popular por políticas policiais de combate à criminalidade e à violência. No contexto brasileiro, porém, a vontade geral da sociedade talvez tenha tido peso bem menor no processo de especialização e profissionalização das polícias do que na Europa.

No Brasil, a era imperial-escravocrata fora marcada por métodos de controle social sobre as camadas negras escravizadas e movimentos abolicionistas, sobretudo por meio da formação das primeiras polícias públicas e suas relações com os sistemas de Justiça. Mas a transição para uma ordem republicana pautada no trabalho livre não trouxe grande rompimento com esta característica. Na área da segurança, a proclamação da República apenas representaria a busca por métodos mais especializados de controle sobre novos alvos diante do surgimento da "classe perigosa" de trabalhadores assalariados e organizados.

Como os "pequenos exércitos" militarizados, as polícias judiciárias estariam aí inseridas, cenário bem simbolizado pelos altos números de prisões para averiguação ou por contravenções, pela criminalização da vadiagem e da capoeira, pelo aumento da proporção de pessoas negras presas, pela continuidade dos termos de bem viver e de segurança e pela inquisitorialidade do inquérito. É neste prisma de controle social atrelado a interesses oligárquicos que a especialização e a profissionalização das polícias civis se inserem. Também à semelhança das forças militarizadas, este processo seria observado com maior intensidade em regiões de urbanização e industrialização mais aceleradas e de oligarquias com maior poder político em âmbito nacional.

O desenvolvimento das polícias criminais na Velha República

Em São Paulo, Fernandes[150] aponta que o grande marco deste processo é a reforma que cria uma polícia de carreira em 1905. Antes, só o Chefe de Polícia, nove delegados e nove escrivães exerciam funções remuneradas em toda a corporação, enquanto, pelo interior, oficiais militares ainda ocupavam cargos de delegado. Exercidas de forma honorífica através de nomeações políticas, as atividades da Polícia Civil tinham forte ligação com proprietários rurais locais. Nesse sentido, a reforma para uma polícia de carreira era, como a profissionalização militarizada das forças públicas, mais um reforço do "estadualismo" diante dos poderes municipalizados marcados pelo "mandonismo" político local. Nas palavras do Presidente do Estado, Jorge Tibiriçá, visava-se a "polícia sem política", "imparcial" e "remunerada", em que agentes "estranhos à localidade onde trabalham" poderiam ser removidos ou demitidos sem maiores consequ-

---

[150] FERNANDES, op. cit., p. 149.

ências à vida pública das cidades. A nomeação de delegados, subdelegados e suplentes passou ao controle direto do Presidente estadual, ficando estes submetidos a uma nova carreira com graduação hierárquica estipulada e critérios definidos para nomeação e ascensão. A carreira de delegado ficou restrita aos bacharéis em Direito. Fernandes adverte, porém, que apesar de seus objetivos, a reforma não acabou por completo com as manifestações do fenômeno do coronelismo no estado, sobretudo em termos de dominação tradicional e eleitoral.

Souza[151] também analisa este processo de profissionalização com ressalvas. Recorrendo a uma série de apontamentos levantados pela imprensa, por juristas e pelas próprias autoridades policiais da época, para além da falta de preparo específico por falhas na estrutura e na formação de seus profissionais, o autor escancara o problema da polícia como "uma instituição política cujo principal propósito era favorecer determinadas situações" no início do período republicano, o que fatalmente levava a práticas abusivas contra aqueles com menos poder político. Mesmo objetivando o controle de poderes locais, a criação da polícia de carreira não mudou o papel de delegados-bacharéis como "fiéis da balança dos interesses centrais e regionais". Além disso, os subdelegados continuaram a ser leigos e não remunerados de forma direta, e as remoções e transferências mantiveram-se atreladas a indicações políticas.

Isto não significa que o autor despreze este movimento de profissionalização no todo. Ao contrário, ele inclusive demonstra que tal processo ocorria desde o início do período republicano, como quando a Repartição Central de Polícia fora criada, em 1891, estabelecendo minucioso regulamento que centralizava o serviço policial de todo o estado na figura do Chefe de Polícia e previa o trabalho de investigação e vigilância pública

---

[151] SOUZA, op. cit., p. 174-205.

da Polícia Civil, este último realizado por agentes de segurança e inspetores de quarteirão. Não remunerados diretamente pelo Estado, cabia aos inspetores as tarefas de conter ébrios e desordeiros e manter os delegados informados sobre "maus elementos" e crimes ocorridos em seus quarteirões. O trabalho era organizado por delegados e subdelegados, aos quais incumbia a principal tarefa de caráter criminal: as diligências iniciais do inquérito policial.

Essas preocupações culminariam na já citada reforma de 1905, mas outras reformas seriam realizadas nos anos seguintes a fim de aprimorar a organização policial, conferir maior complexidade aos instrumentos burocráticos e readequar a distribuição geográfica de suas estruturas. Bons exemplos deste processo foram a criação do Serviço de Investigações e Capturas, em 1909, e a regulamentação do primeiro corpo regular de investigadores da polícia, em 1911. Estas reformas profissionalizantes seriam compiladas ao fim da Velha República por meio da Lei 2.034, de 30 de dezembro de 1924, e pelo Regulamento Policial promulgado pelo Decreto 4.405-A, de 17 de abril de 1928. A primeira, aliás, previa a criação da Escola de Polícia, destinada a instruir inspetores de segurança, muito embora ela só viesse a funcionar de fato na década de 1930. No país todo, tal momento de profissionalização seria marcado pela abertura destas escolas a fim de oferecer formação profissional aos trabalhadores das Polícias Civis.

A legislação de 1924, aliás, vale análise mais detalhada, pois foi responsável por consolidar as delegacias especializadas, divididas entre: de Segurança Pessoal, de Ordem Política e Social, de Investigações de Furtos e Roubos, de Vigilância Geral e Capturas, de Investigações de Falsificações em Geral, de Fiscalização de Costumes e Jogos e de Técnica Policial. Este modelo composto por sete delegacias especializadas autônomas e dotadas de poder discricionário, mas subordinadas ao Gabinete de Investigações, era inspirado nos ensinamentos de especialistas europeus e no modelo implementado pela polícia de Buenos Aires.

A especialização que ocorria na São Paulo da Velha República refletia-se em números do cotidiano da atividade policial. Entre 1911 e 1918, ainda que a quantidade de capturas tenha pouco oscilado, os prontuários específicos para investigação criminal e capturas saltaram de 2.583 para 21.066, um claro aumento da capacidade de trabalho da polícia paulista. Sem esquecer o caráter político deste desenvolvimento, porém, Souza também assevera que ele fora uma resposta à revolta tenentista de 1924 e ao crescimento da "ameaça do maximalismo" de movimentos proletários marxistas. Por isso, ainda que em meio a um processo de especialização e profissionalização, traços de controle social e objetivos políticos mantiveram-se preponderantes nas atividades policiais diárias. Na capital, entre 1918 e 1919, de 4.440 identificações criminais realizadas, 3.372 relacionavam-se à vadiagem e 293 à embriaguez e desordens. Apenas 775 estavam ligadas a crimes de homicídio, lesões, furto e roubo.

Por fim, Souza não deixa de reafirmar os aspectos científicos, sobretudo ligados ao positivismo criminológico, norteadores deste processo de desenvolvimento. A reforma policial estava contida na "tendência de deixar os debates sobre formas jurídicas abstratas e procurar atuar sobre o criminoso como figura chave para a contenção do crime e de seus efeitos". Com isso, a polícia especializada paulista privilegiava três desdobramentos de suas atividades: o uso da criminalística na investigação e resolução de crimes misteriosos; o controle dos fichários pessoais dos presos com o uso de métodos avançados de identificação; e o conhecimento de teorias sobre tendências hereditárias e psicopatias associadas ao crime. Traços que conferiram aos policiais a imagem de "especialistas", o que, para o autor, contribuía para que estes se tornassem pouco afeitos ao controle institucional e popular sobre suas atividades.

Mas a importância do exemplo paulista, novamente, não significa exclusividade, repetindo-se em grandes centros urbanos do Brasil. No Distrito Federal do Rio de Janeiro, o desenvolvimento do serviço policial foi parte da reestruturação e expansão da burocracia estatal do país na época, destacando-se, inicialmente, três Decretos de regulamentação: o nº 1.034-A, de 1º de setembro de 1892, o nº 3.640, de 14 de abril de 1900, e o nº 4.764, de 5 de fevereiro de 1903. De forma resumida, estes regramentos colocaram a atividade policial do Rio de Janeiro sob a alçada do Ministério da Justiça, determinaram que o Chefe de Polícia fosse escolhido entre bacharéis ou doutores em direito com seis anos de experiência prática e especificaram as atividades afeitas aos delegados e subdelegados.[152]

Para além de aprimoramentos levando em conta aspectos geográficos e novas exigências para ocupação de cargos, igualmente observadas em São Paulo, uma mudança nestes novos regramentos vale destaque por sua repetição em diferentes unidades federativas. Se o Decreto nº 1.034-A de 1892 já previa a existência de guardas cívicas auxiliando o serviço policial do Distrito Federal, a Lei nº 947, de 29 de dezembro de 1902,[153] foi além ao prever a criação da Guarda Civil, composta por um chefe, um subchefe, um almoxarife e 1.500 guardas divididos em três classes distintas, todos com remuneração prevista em lei. A legislação ainda delimitava que a nova instituição prestaria "serviços de ronda e vigilância", além de "todos mais de

---

[152] PATRASSO, André Luis de Almeida. A Escola de Polícia do Rio de Janeiro: ciência, identificação e educação profissional (1912 – 1918). Dissertação (Mestrado em História) – Pós-Graduação em História das Ciências e da Saúde da Casa de Oswaldo Cruz – FIOCRUZ, Rio de Janeiro, 2015. p. 17-18.

[153] BRASIL. Lei nº 947, de 29 de dezembro de 1902. Reforma o serviço policial no Distrito Federal.

que possa estar encarregada a polícia militar", esclarecendo que esta última continuaria a ser exercida, concomitantemente, pela Brigada Policial. Ao contrário da análoga paulista criada em 1926, porém, o Rio de Janeiro estabelecia a Guarda Civil como força integrante da Polícia Civil, e não como auxiliar de sua Força Pública militarizada.

Mas a especialização da Polícia Civil do Rio de Janeiro ainda avançaria para além de medidas de expansão burocrática e reestruturação. Entre 1903 e 1912, a instituição carioca sofreria intensas modificações administrativas e regulamentares conhecidas como reformas policiais do século XX. Destaque ao Decreto nº 6.440, de 30 de março de 1907, que criou regulamento institucional buscando organização mais sistemática dos serviços policiais e maior valorização da qualidade técnica de seus funcionários. As mudanças concentraram ainda mais as atribuições no Chefe de Polícia e focaram na especialização dos quadros da polícia por meio de métodos de seleção a partir de critérios técnicos. Um dos principais departamentos incluídos nestas reformas foi o Gabinete de Identificação e de Estatística, criado em 1903, responsável pela identificação obrigatória de indivíduos presos visando, principalmente, casos de reincidência. Os dados estatísticos produzidos por este setor eram centrais no desenvolvimento de novas estratégias para a atividade policial na cidade. Além disso, era também o Gabinete responsável pela publicação do periódico Boletim Policial, espaço de debates científicos e técnicos destinado a elevar a cultura profissional dos servidores da segurança carioca.[154]

Ainda que o regulamento instituído pelo Decreto de 1907 tenha garantido a incorporação de elementos técnicos e organizacionais à Polícia Civil, a instituição carece de estrutura pedagógica que pudesse trazê-los à realidade prática. Por

---

[154] PATRASSO, op. cit., p. 19-21.

isso, a Escola de Polícia seria criada em 1912 com a finalidade de colocar agentes de segurança pública em contato com modernos métodos de reflexão, investigação e identificação criminal, aproximando-se dos parâmetros de uma polícia científica. Com poucos resultados práticos no início, porém, o curso da Escola de Polícia passaria por seguidas reestruturações e ampliações, sendo dividido, no ano seguinte à criação, em cinco cadeiras ocupadas por especialistas de cada área: criminalística, elementos do Código Penal, identificação, fotografia judiciária e medicina legal.[155]

Mas, como em São Paulo, este processo de especialização tampouco representou o descolamento das características políticas e de controle social da polícia no Rio de Janeiro. Ao contrário, justificativas de verniz técnico e científico passaram a embasar o caráter político policial. Analisando principalmente o periódico Boletim Policial, Monteiro[156] ressalta o "conjunto de discursos que produziam a delinquência, legitimavam a intervenção dos serviços de identificação e de novos métodos para vigiar e controlar a sociedade carioca" que se observa em tal processo. A partir destas narrativas, isolou-se e identificou-se de forma específica a figura do delinquente entre as classes mais pobres: "pequenos agricultores, vadios, capoeiras, anarquistas, imigrantes, jogadores, alcoólatras, prostitutas, entre outros, (...) representavam o motivo da maior parte da preocupação da força policial e da elite carioca". Preocupação explícita no regulamento de 1907, o qual previa a função policial de "ter sob sua

---

[155] Ibidem, p. 27-30.
[156] MONTEIRO, Rodrigo Maia. Polícia e prisão no início do século XX no Rio de Janeiro: estratégias de controle social representados no Boletim Policial (1907-1918). Anais das Jornadas de Estudos Históricos Professor Manoel Salgado. PPGHIS/UFRJ, 13 ed., vol. 3, Rio de Janeiro, 2018.

vigilância as prostitutas escandalosas" e "dar destino aos loucos e enfermos encontrados nas ruas, bem como aos menores e vadios e abandonados e aos mendigos".[157]

Funções de controle social eram previstas também na Polícia Civil de Pernambuco, conforme a Lei Estadual nº 310, de 1898, que ainda atribuiu ao Chefe de Polícia o poder de conceder mandados de busca e apreensão. A própria instituição[158] reconhece este regulamento da Velha República como importante momento histórico de aperfeiçoamento da administração policial pernambucana. Por meio dele, a chefia de polícia ficou confiada, primordialmente, ao Chefe de Polícia, além de dois delegados na capital e um delegado em cada município do interior, todos nomeados pelo Secretário de Justiça, bem como estabeleceu a presença de um subdelegado em cada distrito e delegou a estes a nomeação de inspetores de quarteirão.

A Lei de 1898 ainda criou a Repartição Central de Polícia. Formada pelo Chefe de Polícia, um secretário, dois oficiais, quatro amanuenses, um porteiro, um agente de polícia marítima e dois serventes, ela fazia as comunicações com autoridades de Pernambuco e outros estados, recebia ofícios das Casas de Detenção e cadeias, expedia passaportes, licenças e certidões e recebia inquéritos policiais e propostas de delegados e subdelegados. Mas esta ampliação burocrática não representou grande avanço profissionalizante. Seguia sendo apenas recomendável que delegados da capital fossem bacharéis e doutores de Direito, e o cargo de inspetor de quarteirão só incluiu o requisito técnico de ler e escrever, mantendo-se sem remuneração oficial. Apesar disso, a Repartição Central impulsionou serviços de identifica-

---

[157] VALENÇA, Manuela Abath. Processo penal e democracia: as práticas repressivas aos movimentos operários na Primeira República. Revista Brasileira de Ciências Criminais, vol. 133, p. 173-195, jul. 2017.

[158] POLÍCIA CIVIL DE PERNAMBUCO. História da polícia.

ção de criminosos com modernos métodos científicos usados na Europa, e a criação do Gabinete de Identificação e Estatística Criminal em 1910 reativou equipamentos até então inutilizados. Ele possibilitaria a permuta de fichas datiloscópicas com polícias de outros estados e organizaria a estatística criminal de Pernambuco, vista como base para as ciências criminais.[159]

Embora dados da época mostrem que a Polícia Civil pernambucana tenha exercido a repressão a crimes violentos como homicídios, lesões e roubos, o novo caráter especializado e científico também estaria presente na face política de suas atividades. Lembremos que, neste período, o movimento operário já se organizava de forma mais intensa no estado, como se observa na criação da Liga Operária Pernambucana, em 1890, oito meses antes da primeira greve registrada na região. Assim, eram constantes as trocas de ofícios entre chefes de polícia de diversos estados, sobretudo os de São Paulo e Rio de Janeiro, com a autoridade de Pernambuco demonstrando preocupação com o crescimento da "ameaça bolchevique, anarquista e do maximalismo", sempre encaminhados juntamente com nomes, fotografias e identificações datiloscópicas dos trabalhadores considerados perigosos e subversivos.[160]

A profissionalização e a especialização policiais também ocorriam em outro histórico centro do país. Na Bahia, a Polícia Civil[161] considera o início da República o marco de institucionalização e base legal de seu desenvolvimento. A Lei nº 15, de 15 de agosto de 1892, previu a criação da Polícia Administrativa e Judiciária, seguida pelo Ato de 9 de agosto de 1895, que definiu os primeiros Distritos Criminais, repetindo uma reorganização

---

[159] MAIA, op. cit., p. 112-116.
[160] VALENÇA, op. cit.
[161] POLÍCIA CIVIL DO ESTADO DA BAHIA. Polícia Civil da Bahia: história, liderança e influências. Salvador: EGBA, 2018. 166 p. p. 18-37.

geográfica vista em outros estados. A institucionalização atingiu grau mais elevado a partir da Lei nº 115, de 16 de agosto de 1895, criando a Secretaria de Polícia e Segurança Pública. Nos anos seguintes, mais regramentos expandiram a burocracia e estruturaram as atividades policiais: o Decreto de 24 de abril de 1896 criou o serviço médico-legal, enquanto o Decreto de 12 de junho do mesmo ano concentrou competências no Chefe da Segurança Pública. Entre 1905 e 1907, a profissionalização da polícia baiana, "caracterizada pela divisão de funções e pela busca do cientificismo", se consolidou. A Lei nº 613, de 14 de agosto de 1905, foi de suma importância ao dividir a estrutura policial do estado entre a civil, de caráter judiciário, e a militar, de caráter administrativo e preventivo. Já a Lei nº 633, de 29 de dezembro de 1905, centralizou a administração pública na Secretaria de Estado e a dividiu em repartições: uma delas, a Repartição Central da Polícia, chefiada por um doutor ou bacharel em Direito.

As reformas se desdobraram em mais mudanças pela profissionalização. Como em outros estados, a Bahia criou sua Guarda Civil, por meio do Decreto nº 1.151, de 17 de agosto de 1912. Prevista em lei desde 1904 pelo policiamento da capital atribuído à Polícia Civil, a Guarda nasceu com o objetivo de "combater os grandes males da civilização", como "a prática de jogos, o consumo excessivo de bebida alcoólica, a exploração à prostituição, a vadiagem, os desordeiros e os inúmeros marginais que infestavam a cidade". Já a preocupação com o aprimoramento técnico dos policiais viria mais tarde, com a criação da Escola Técnica Policial, curso superior de especialização voltado ao ensino da polícia científica que logo passaria a ser requisito para nomeações. Posteriormente, outras divisões especializadas surgiram na polícia baiana, como o Arquivo Especial, organizado aos moldes da polícia parisiense, e o Gabinete de Investigação e Capturas, subordinado ao Gabinete de Identificação e Estatística.

No Rio Grande do Sul, apesar de algumas peculiaridades que merecem destaque, a Polícia Civil estadual também passou por reestruturação nesta época. Como muitos autores, Mauch[162] destaca a Lei nº 11, de 1896, como o marco deste processo em terras gaúchas, o qual vigoraria durante toda a Velha República. Esta legislação estabeleceu uma Polícia Judiciária de âmbito estadual e transferiu a função de policiamento preventivo aos municípios, levando, no mesmo ano, à criação da Polícia Administrativa de Porto Alegre. Também firmou que a Polícia Judiciária seria dirigida pelo Chefe de Polícia, cargo de caráter político. Aos subchefes, geralmente de confiança do Partido Republicano Riograndense (PRR), graduados em Direito ou não, caberia a responsabilidade sobre os territórios das regiões policiais. A expansão de três para dezenove regiões policiais em 1924, aumentando o número de subchefes de polícia um ano após a Revolução Assisista, mostra o caráter político de que este cargo também dispunha. Abaixo deles, delegados eram os principais agentes nos municípios e os subdelegados respondiam pelos distritos. Por repassar tal função aos municípios, o cargo de inspetor de quarteirão acabou suprimido. Em Porto Alegre, que agora sediava a Repartição Geral de Polícia, os distritos também eram responsabilidade de delegados pela "importância excepcional do serviço policial na capital".

Outra mudança profissionalizante desta reforma foi a previsão de que funcionários da Polícia Judiciária passariam a ter direito à remuneração e aposentadoria, combatendo "um grave inconveniente à boa marcha da administração", nas palavras de Júlio de Castilhos, Presidente do Estado, que enxergava a medi-

---

[162] MAUCH, Cláudia. Dizendo-se autoridade: polícia e policiais em Porto Alegre, 1896-1929. Tese (Doutorado em História) – Pós-Graduação em História da Universidade Federal do Rio Grande do Sul, Porto Alegre, 2011. p. 35-90.

da como "meio de elevar o nível moral e intelectual dos funcionários". A Lei ainda previu a contratação de dois médicos para o serviço médico-legal e funcionários administrativos para a Chefatura. Na prática, porém, Mauch aponta que a Polícia Judiciária manteve grande dependência da Brigada Militar e das polícias administrativas municipais para realizar suas funções, sobretudo os delegados.

Cabe destacar a atividade da Polícia Administrativa de Porto Alegre que, "além de fazer cumprir as posturas municipais e pôr em custódia (...) turbulentos, bêbados por hábito e prostitutas perturbadoras do sossego público", inspecionava locais públicos e devia "manter a tranquilidade e circulação na via pública". Estas funções eram exercidas por inspetores e agentes, chamados de vigilantes, cargos preenchidos por homens voluntários maiores de 21 anos e alfabetizados com atestado de boa conduta. Uma estrutura que demandava alto custo ao município, que, em 1910, destinava 24,72% de suas despesas ao serviço policial. Ainda assim, a Intendência jamais deixou de utilizar o auxílio da Brigada Militar, cujos praças chegavam a exercer o policiamento de certas áreas da capital. A relação com a Polícia Judiciária também era intensa, já que os subintendentes de Porto Alegre ocupavam, de forma não remunerada, a função de delegados. Só em 1929 as polícias administrativas municipalizadas cederiam espaço para a criação da Guarda Civil, custeada e dirigida pelo governo estadual, à exemplo de outros estados. Mauch pontua, porém, que, "nos momentos em que a ordem era alterada – por tumultos populares, greves, agitação das oposições – o governo sempre apelava para a Brigada Militar".

Isto não significa que a Polícia Civil gaúcha não estivesse igualmente envolvida com funções políticas de controle social. Neste aspecto, porém, como no desenvolvimento dos "pequenos exércitos" militarizados, o Rio Grande do Sul tinha particularidades ligadas à relação política intensa do governo do estado e da máquina pública com o PRR. Não se nega o uso cotidiano da Polícia Judiciária na imposição da ordem pública e no controle de crimes e contravenções tipicamente urbanos. Mas Mauch aponta que, no Rio Grande do Sul, a Polícia Administrativa era efetivamente convocada para dar fim a desordens e efetuava muitas prisões correcionais, enquanto a Polícia Judiciária mantinha olhar atento sobre estrangeiros, suspeitos anarquistas e transporte de armas. Diferente do empenho das polícias de São Paulo e do Rio de Janeiro nas campanhas contra a vadiagem, a prostituição e o movimento operário, porém, as autoridades gaúchas concentravam mais esforços sobre o perfil suspeito e perigoso de "maragatos" e "assisistas" ou acusados de "concertar planos contra a situação". Seus alvos preferenciais eram adversários políticos do Partido Republicano Riograndense, como a autora demonstra através de uma série de documentos oficiais envolvendo autoridades gaúchas.

Minas Gerais seria outro estado a iniciar a modernização de sua Polícia Civil na Velha República, com a Lei nº 30, de 1892, e o Decreto nº 615, de 1893, dando o pontapé inicial ao dividir geograficamente a administração policial em municípios, distritos e seções, além de aumentar os requisitos para a nomeação do Chefe de Polícia, agora feita pelo Presidente do Estado, exigindo-se que o mesmo fosse doutor ou bacharel em Direito com ao menos quatro anos de prática. Em 1896, criou-se o cargo de delegado auxiliar do Chefe de Polícia, remunerado oficialmente e com o requisito de ser bacharel, bem como os de delegados especiais, ocupados em alguns municípios por oficiais da Brigada Policial. Essa organização se expandiria em 1907, dividindo o estado em quatro circunscrições, cada uma comandada por um delegado auxiliar, podendo ser considerado o início da ideia de polícia de carreira em Minas.

A partir daí, a Polícia Civil mineira começou a se desenvolver de modo mais acelerado. Um ano antes, a proposta de formar a Guarda Cívica já havia virado lei, devendo ser composta por civis engajados para o policiamento de cidades em que as câmaras municipais contribuíssem para sua criação. Apesar de municipalizada, a Guarda era subordinada à Secretaria do Interior e ao Chefe de Polícia, reforçando o poder estadual nas cidades. Ela começou a atuar na capital Belo Horizonte em 1910 e, em 1912, o Decreto 3.409 previu a instalação de uma escola de ensino prático aos guardas, dos quais se exigia saber ler e escrever. Posteriormente, a Lei nº 631, de 1914, criou a Guarda Municipal ou Urbana nos demais municípios, embora isto só tenha sido posto em prática em 1926, na cidade de Juiz de Fora.

Outro aspecto relevante desse processo se deu em 1909, com a criação do Gabinete de Identificação e Estatística Criminal, compilando fichas de suspeitos e criminosos com fotos e descrições físicas, atividade que se estendeu para o registro civil a partir de 1912. Este setor era tão importante para a modernização da atividade policial que, no ano seguinte, ele já estava presente em oito cidades para além da capital. Também em 1911, fora criado o cargo de médico legista. A modernização da Polícia Civil mineira seguiu nos anos seguintes com a criação de novos departamentos, como a Inspetoria de Veículos, em 1918, o Gabinete de Investigações e Capturas, em 1920, e a Escola de Polícia, por meio do Decreto 7.287, de 1926.[163] Segundo a própria instituição,[164] naquela época, a maior parte dos investigadores não possuíam sequer o nível básico de escolaridade, e a Escola supriria essa necessidade ao ofertar ensino prático e experimental em noções de criminologia, direito penal, técnica policial e investigação criminal.

---

[163] FUNDAÇÃO JOÃO PINHEIRO. História da Polícia Civil de Minas Gerais: a instituição ontem e hoje. Belo Horizonte: Fundação João Pinheiro, 2008, 167 p.
[164] POLÍCIA CIVIL DO ESTADO DE MINAS GERAIS. História.

Também no contexto mineiro é importante entender o significado das reformas. Em recente obra do Governo Estadual em parceria com a Polícia Civil de Minas Gerais, apesar dos objetivos de proteção aos direitos individuais e de manutenção da ordem pública, aspectos de controle social são reconhecidos neste processo histórico. Nela, a repressão à vadiagem é destacada como meta primordial do período republicano, sendo o ócio enxergado como "origem dos vários males sociais". Por isso mesmo, nesta época, surgem as colônias correcionais de trabalhos agrícolas e industriais como forma de recuperação de detentos, a primeira delas, a do Bom Destino, aberta em 1896, voltada não só a criminosos, mas também a desocupados.[165]

Em Santa Catarina, também há uma série de registros legislativos que apontam o processo de reformas no estado que profissionalizou e expandiu a burocracia da Polícia Civil neste período. É o caso da Lei nº 105, de 19 de agosto de 1891, que tratou pela primeira vez da organização desta instituição catarinense, ou da Lei nº 856, de 19 de outubro de 1910, que restituiu a Chefatura de Polícia. As reformas se seguiram com a Lei nº 1.011, de 16 de outubro de 1914, que determinou que os cargos de delegado de polícia deveriam ser ocupados por bacharéis em Direito, bem como com a Lei 1.174, de 3 de outubro de 1917, criando as regiões policiais em processo de interiorização da Polícia Civil.[166]

Ao mesmo tempo, é possível constatar traços de controle social no cotidiano das atividades desta polícia através de dados que, mesmo incompletos, mostram a disparidade entre o pequeno número de inquéritos abertos em anos compreendidos entre 1899 e 1930 e o grande número de prisões correcionais em período semelhante. Neste último ponto, destacam-se as prisões motivadas por embriaguez, gatunagem, vadiagem e

---

[165] FUNDAÇÃO JOÃO PINHEIRO, op. cit., 167 p.
[166] POLÍCIA CIVIL DO ESTADO DE SANTA CATARINA. História.

desordens. Também há indícios do componente racial nestas atividades policiais, como se observa nos registros de prisões correcionais de outubro de 1910 até maio de 1911, quando, das 286 pessoas presas, em razão aparentemente desproporcional, 151 eram brancas e 135 eram pretas ou pardas.[167]

Para além dos grandes centros, estes são movimentos de desenvolvimento constatados até mesmo em unidades federativas que ainda carecem de maiores análises históricas na literatura nacional. Em Alagoas, por exemplo, a Polícia Civil considera a criação da Guarda Civil, formada a partir da reorganização das forças policiais do estado em 1912, como o marco inicial de sua história, ressaltando que as atribuições do órgão compreendiam da segurança dos demais órgãos públicos ao desenvolvimento de atividades policiais cotidianas nas delegacias.[168] No Amazonas, este marco fica por conta da Lei nº 3.052, de 1922, a qual instituiu formalmente a Polícia Judiciária estadual de carreira.[169] De maneira semelhante, no Ceará, é em 1916 que os cargos de Chefe de Polícia, Delegado Regional e Delegado Sub-regional são criados, procedendo-se, em 1928, à formação da Secretaria de Polícia e Segurança Pública.[170] Já no Pará, o Decreto nº 465, de 11 de junho de 1897, foi o responsável pela instituição da Guarda Cívica e dos cargos de inspetores de quarteirão e chefes de seção, aos quais cabia o policiamento da capital.[171] Em

---

[167] SARDÁ, Juliana. Na contra-mão da lei: a repressão policial e os desviantes da ordem em Florianópolis nas primeiras décadas do século XX. Dissertação (Mestrado em História) – Pós-Graduação em História da Universidade Federal de Santa Catarina, Florianópolis, 2005. p. 71-72.

[168] POLÍCIA CIVIL DO ESTADO DE ALAGOAS. História da Polícia Civil de Alagoas.

[169] POLÍCIA CIVIL DO ESTADO DO AMAZONAS. História.

[170] POLÍCIA CIVIL DO ESTADO DO CEARÁ. Institucional.

[171] POLÍCIA CIVIL DO ESTADO DO PARÁ. Antecedentes históricos

desenvolvimento ainda mais avançado, no Paraná, iniciou-se o curso profissional de Guardas Civis, em 1912, concedido na Repartição Central da Polícia, o que evoluiria para a criação da Escola de Polícia em 1934.[172]

Com estes relatos históricos, fica evidente que, independentemente do nível de desenvolvimento, as Polícias Civis, de forma geral, passaram por uma modernização marcada pela profissionalização e pela especialização ao longo da Velha República. Este momento esteve intrinsecamente ligado a práticas de controle social sobre camadas consideradas perigosas que ameaçavam interesses de oligarquias regionais. Nesse sentido, teorias do positivismo criminológico foram amplamente utilizadas por autoridades policiais para justificarem e embasarem o cotidiano das atividades de segurança pública pautado na vigilância e no controle das classes trabalhadoras e pobres nos estados na virada para o século XX.

Assim, junto ao desenvolvimento dos "pequenos exércitos estaduais" representados pelas Forças Públicas militarizadas de cada unidade federativa, formava-se o sistema de segurança pública moderno brasileiro. A partir deste momento histórico até os dias atuais, o Brasil contaria com instituições policiais profissionalizadas e especializadas em suas duas funções típicas: a alimentação do sistema penal e a manutenção da ordem pública. Mas esta última, vale lembrar, não pode ser enxergada como um elemento historicamente fixo. Com a Revolução de 1930, a qual contou com a participação ativa das Polícias Militares em ambos os lados da disputa, uma nova visão de ordem pública a ser mantida seria estabelecida no país, gerando impactos no sistema de segurança pública brasileiro.

---

da Polícia Civil do Pará.
[172] POLÍCIA CIVIL DO ESTADO DO PARANÁ. Histórico.

AS TENDÊNCIAS NACIONALIZANTES DA ERA VARGAS, A HORA DA POLÍCIA POLÍTICA E A EXCEÇÃO POLICIAL NA PRIMEIRA EXPERIÊNCIA DEMOCRÁTICA BRASILEIRA

O ano de 1930 foi um marco histórico no Brasil. A ascensão do grupo político liderado por Getúlio Vargas ao poder transformaria estruturas sociais e econômicas brasileiras para sempre. As tendências nacionalizantes deste processo se fariam sentir nas mais variadas organizações e instituições do país, incluindo as forças de segurança pública. Mais do que isso, durante os 15 anos de Era Vargas, as instituições policiais teriam importância central para a materialização do projeto de país imposto pelo novo Presidente, papel que se intensificaria no início do período autocrático do Estado Novo, entre 1937 e 1945. Para compreender melhor esta nova fase de desenvolvimento das polícias brasileiras, é importante analisar, primeiro, as transformações sofridas pelo país de forma mais ampla neste momento histórico.

Os significados da ascensão varguista: centralização do poder e uma revolução nos limites da elite brasileira

Skidmore[173] faz análise interessante dos significados da Revolução de 30. Por um lado, ele a enxerga como mais um capítulo

---

[173] SKIDMORE, Thomas E. Brasil: de Getúlio Vargas a Castelo Branco,

da disputa entre elites que dominavam o Brasil independente. De fato, as mudanças sociais e políticas não ocorreram da noite para o dia em um país que continuaria essencialmente agrário. Além disso, no próprio grupo de apoiadores da revolução, havia representantes de forças políticas regionais do velho regime que o faziam por interesse particulares, como lideranças da Aliança Liberal gaúcha e mineira, revoltadas com a quebra do pacto político que mantinha a Velha República por parte da elite paulista. A estes, tampouco interessavam maiores mudanças sociais e econômicas. Por outro lado, Skidmore vê uma dimensão transformadora na Revolução de 30, uma vez que ela realmente colocou fim à estrutura republicana formada a partir de 1890. Ainda que parte dos revolucionários buscasse não mais do que poucas mudanças constitucionais, eles uniram-se a revolucionários econômica e socialmente mais ambiciosos no esforço por criar novas formas políticas para o país.

De forma semelhante, Boris Fausto[174] aponta a heterogeneidade das forças políticas que compuseram o levante de 1930, dizendo ser "simplista" reduzir este processo de tomada de poder a uma única classe política ou social. O movimento tenentista, por exemplo, defendia a centralização do poder e o início de reformas sociais. Já jovens quadros do "tenentismo civil", buscavam a reformulação do sistema político. Por outro lado, o Partido Democrático almejava o controle do Governo estadual paulista e a efetivação de um Estado Liberal sob seu domínio. E até mesmo velhos oligarcas juntaram-se ao esforço revolucionário no desejo de "maior atendimento à sua área e soma pessoal de poder, com um mínimo de transformações". Assim, "a partir de 1930, ocorreu uma troca da elite do poder sem grandes rup-

---

1930-1964. Trad.: Ismênia Tunes Dantas. 7ª ed. Rio de Janeiro: Paz e Terra, 1982. p. 25-31.

[174] FAUSTO, 2006. p. 326-328.

turas", o que não quer dizer que transformações não ocorreriam a partir dali. Desde o início, o novo governo buscou centralizar decisões econômico-financeiras e políticas do país. Ou seja, o poder tipicamente oligárquico, baseado na força dos estados, perderia espaço a partir da Era Vargas. Não que velhas oligarquias enfim desapareceriam do jogo político e das costumeiras relações de "trocas de favores", mas, com a tomada de poder por Getúlio, as relações sócio-políticas passaram a irradiar "do centro para a periferia, e não da periferia para o centro".

Das análises de Fausto e Skidmore, sobressaem dois aspectos de extrema relevância para entender os impactos que este processo histórico teria na nova fase de desenvolvimento das forças de segurança pública do país. Primeiramente, destaca-se que, apesar de heterogênea, no geral, a Revolução de 30 se deu nos limites dos anseios das elites brasileiras. A reformulação das polícias ao longo da década de 1930, portanto, não escaparia destes desígnios. O segundo ponto é a centralização de poder na esfera federal, traço que se repetiria na segurança pública. Isto, por óbvio, acarretaria em grandes impactos nos "pequenos exércitos estaduais", sobretudo nos estados que mais ameaçavam o plano varguista. Em suma, com a máquina estatal ainda alinhada a interesses de parte da elite brasileira, mais do que mantidos, mecanismos policialescos de controle social sobre camadas mais pobres seriam intensificados. Os métodos policiais de controle sobre as oposições políticas, porém, não mais estariam sob as ordens das oligarquias regionais, mas diretamente nas mãos do Presidente da República.

Claro que este fenômeno não se restringiu às polícias. A Administração Pública brasileira, em linha bem diferente da oligárquica, transformou-se ao concentrar poderes numa articulação do capitalismo nacional que permitia ao Estado um papel centralizador e positivo na economia voltado à industrialização do país através da intervenção nos setores produtivos. O Estado também se faria mais presente nas relações trabalhistas, garantindo maior proteção jurídica aos trabalhadores numa aproximação entre Governo e proletariado urbano. Mudanças que aludem à Constituição Mexicana de 1917, primeira no mundo a positivar direitos sociais, e à Constituição de Weimar de 1919, inspiração ao modelo social do Texto Constitucional brasileiro de 1934. Apesar disso, velhas práticas administrativas persistiram. A Lei nº 284 de 1936, por exemplo, manteve relações clientelistas ao dividir o funcionalismo em duas classes: funcionários públicos, aprovados em concursos públicos, e extranumerários, admitidos por tempo determinado para serviços específicos através de conexões políticas e pessoais. Ainda assim, a Constituição de 1934 é considerada o marco jurídico que colocou em xeque o Estado Liberal de Direito no país.[175] Di Pietro[176] considera que, a partir dela, o direito administrativo brasileiro passou por grande evolução diante da extensão das atividades do Estado nos campos sociais e econômicos. Ao contrário de sua antecessora de 1891, liberal e individualista, a nova Carta assumiu caráter socializante marcado pelo crescente intervencionismo estatal na ordem social. Em outras palavras, "o Estado deixa sua posição de mero guardião da ordem pública e passa a atuar no campo da saúde, higiene, educação, economia, assistência e previdência social", acarretando no crescimento da máquina pública.

Processo intensificado com o Estado Novo, período ditatorial iniciado com o golpe do próprio Presidente Vargas em 1937, mesmo ano em que nova Constituição, conhecida como "Polaca", seria promulgada no país. Mas não são os dispositivos legais da nova Carta que melhor explicam o período autoritário, e sim suas "disposições finais e transitórias". Elas previam, por exemplo, o poder ao Presidente de confirmar ou não os mandatos de governadores estaduais, nomeando interventores nos casos

---

[175] NOHARA, op. cit., p. 19-22.
[176] DI PIETRO, Maria Sylvia Zanella. Direito administrativo. 33 ed. Rio de Janeiro: Forense, 2020. p. 99.

negativos. Também foi por meio delas que o Parlamento, as Assembleias estaduais e as Câmaras Municipais foram dissolvidas, ficando a recomposição destas condicionada a eleições e plebiscitos que jamais ocorreriam. Apesar da Constituição prever uma série de liberdades civis, estas acabaram suspensas pelo estado de emergência imposto em suas disposições finais. Dessa forma, o Estado Novo impôs a maior concentração de poder já vista no Brasil independente, com Vargas governando o país através de inúmeros Decretos-Lei. As unidades federativas seriam governadas por interventores submetidos ao Departamento Administrativo criado pelo Decreto-Lei nº 1.202, de 1939, que, na prática, substituíam as Assembleias estaduais.[177]

No momento, não abordaremos as justificativas ideológicas que ensejaram esta concentração de poderes e, mais especificamente, o Estado Novo. Tais aspectos serão de suma importância para compreender a centralização e reestruturação das Polícias Civis no período. Por ora, o que se ressalta é o ímpeto centralizador do Governo Vargas desde o início, contrastando com a autonomia das unidades federativas tão típica da Velha República. Este processo implica numa série de questionamentos acerca do futuro das polícias no país: como Vargas procederia a respeito da organização das forças públicas estaduais militarizadas? Qual seria o futuro dos "pequenos exércitos estaduais" criados pelas velhas oligarquias regionais nas últimas décadas para fazer frente ao poder central do Governo Federal?

"Pequenos exércitos" estaduais seguem militarizados, mas agora sob o rígido controle federal

A política centralizadora de Vargas se iniciou antes mesmo da implantação do Estado Novo, já em 1930, quando Getúlio as-

---

[177] FAUSTO, 2006. p. 365-366.

sumiu não só o Poder Executivo, mas também o Legislativo ao dissolver o Congresso Nacional e as Casas Legislativas estaduais e municipais. Ao mesmo tempo, com exceção do mineiro, todos os governadores do país foram demitidos e substituídos por interventores federais nomeados pelo próprio Presidente que, a partir de agosto de 1931, ficariam subordinados ao Código dos Interventores. Imposto por Decreto Federal, o regulamento colocou limites à atuação dos estados, entre estes, alguns com impacto direto na segurança pública: ficaram proibidos gastos acima de 10% da despesa ordinária com os serviços da Polícia Militar e a criação de artilharia e aviação nas forças estaduais.[178]

Claro que as nomeações de interventores não tinham interesse só na reorganização das polícias no país. O Código dos Interventores era um regulamento amplo que abrangia várias áreas da Administração Pública no anseio de transferir boa parte do poder estadual ao Governo Federal, sobretudo nas políticas sociais e econômicas. A proibição de contração direta de empréstimos estrangeiros pelas unidades federativas é apenas um exemplo. Mas é nítida a preocupação de Vargas em incluir neste processo de concentração também a área da segurança pública. A própria nomeação de interventores federais submetidos à União já imporia mudanças drásticas nessa área, vez que os governadores, comandantes das forças policiais estaduais, agora eram diretamente subordinados ao Presidente da República.

Mas Getúlio tinha consciência de que seu projeto de centralização demandava mais do que apenas subordinar os governos estaduais a sua intervenção e limitar a ampliação de suas forças policiais. Na verdade, ele mesmo julgaria importante manter tropas militarizadas de segurança pública nas unidades federativas. Em movimento que pode parecer contraditório, com Vargas, a existência das polícias estaduais militarizadas foi, pela

---

[178] Ibidem, p. 333.

primeira vez na história brasileira, constitucionalizada. Em seu artigo 167, no título que tratava da Segurança Nacional, a Carta de 1934[179] considerou as Polícias Militares como reservas do Exército. Desse modo, paralelamente à constitucionalização das forças estaduais, mostrava-se também a preocupação com a subordinação destas aos desígnios nacionais através da relação com as Forças Armadas. Preocupação ainda mais evidente no artigo 5º, XIX, "l", da Constituição, que tratou de tornar a "organização, instrucção, justiça e garantias das forças policiaes dos Estados" matéria legislativa de competência privativa da União. Esta previsão, aliás, seria mantida na Constituição "Polaca" de 1937, que instituiria o Estado Novo.[180]

Justamente as legislações federais infraconstitucionais de regulação das atividades e organizações policiais possibilitam melhor compreender este movimento dúbio do Governo Vargas em relação às forças estaduais militarizadas. Por um lado, o Código dos Interventores,[181] instituído pelo Decreto nº 20.348, de 1931, estabeleceu como preceito da Administração dos estados a limitação de despesas com Polícias Militares, "organizando eficientemente a polícia civil". O preceito foi mais taxativo no artigo 24 do regulamento, que proibiu o gasto de "mais de 10% de despesa ordinária com os serviços de polícia militar" e vedou às polícias estaduais "dispor de artilharia e aviação" e a "dotação de armas automáticas e munições de cada corpo de cavalaria ou infantaria" em nível que excedesse unidades similares do Exército. Um ano após tomar o poder, era clara a preocupação de Vargas com a possível reação dos "pequenos

---

[179] BRASIL. Constituição da República dos Estados Unidos do Brasil (de 16 de julho de 1934).
[180] BRASIL. Constituição dos Estados Unidos do Brasil, de 10 de novembro de 1937.
[181] BRASIL. Decreto nº 20.348, de 29 de agosto de 1931.

exércitos estaduais" de unidades federativas revoltadas com a queda da Velha República.

Por outro lado, Getúlio avançou na profissionalização militarizada das polícias estaduais iniciada na virada do século, submetendo-a, porém, a interesses do Governo Federal, e não mais das oligarquias regionais. Ainda em seu Governo Provisório, Vargas editou a Lei do Ensino Militar pelo Decreto nº 23.126, de 1933, na intenção de estabelecer diretrizes gerais ao ensino de formação militar nos mais variados âmbitos, incluído o das polícias estaduais, padronizando as atividades educativas e garantindo a racionalização das escolas militares. Buscava-se uma "cultura mais técnico-profissionalizante" e a unidade de doutrinação dos novos quadros militares do país, adequadas aos interesses do grupo revolucionário de 1930. O próprio Decreto, em seu artigo 19, explicitou, em suas diretrizes gerais, o atendimento à "indispensável unidade de doutrina", consolidando nas forças públicas a metodologia de formação na qual "predominava o treinamento militar em detrimento da formação geral".[182]

À previsão constitucional das Polícias Militares se seguiu a Lei nº 192, de 17 de janeiro de 1936,[183] reafirmando seu caráter de reserva do Exército e definindo sua organização como competência não só dos estados, mas também da União. A nova legislação repetiu mecanismos de controle federal sobre as forças estaduais, como a limitação de efetivo e armamento em níveis inferiores ao Exército. Também criou novos, como a obrigação de que os comandantes das polícias fossem oficiais superiores e capitães

---

[182] CRUSOÉ JÚNIOR, Nilson Carvalho. O ensino militar na Era Vargas e a formação dos policiais militares da Bahia. Revista Educação em Questão, Natal, v. 33, n. 19, p. 207-229, set-dez 2008.

[183] BRASIL. Lei nº 192, de 17 de janeiro de 1936. Reorganiza, pelos Estados e pela União, as polícias militares sendo consideradas reservas do Exército.

do Exército, ou, caso originários das corporações policiais, tivessem passado pelo Curso de Escola de Armas do Exército ou da própria corporação. De um modo ou de outro, a União garantiu o controle sobre a formação de qualquer um que ocupasse tais postos. Paralelamente, o regulamento também se preocupou com a profissionalização e a militarização das forças estaduais, garantindo paridade entre os postos hierárquicos das polícias e das Forças Armadas e estabelecendo critérios de promoção para uma verdadeira carreira policial militar. Ao mesmo tempo, manteve limites a este processo, como as vedações à formação de artilharia, aviação e carros de combate, além de incumbir ao Exército o repasse de equipamentos e insumos às polícias. Além disso, a instrução dos quadros e da tropa da polícia deveria ser sempre dirigida por oficiais da ativa do Exército, reafirmando a tendência centralizadora da política de segurança pública de Vargas.

Assim, ao contrário do que se poderia pensar, Vargas não pôs um fim à história das Polícias Militares estaduais. Na verdade, a instrução militar destas forças foi até fortalecida por meio de diretrizes gerais e doutrinárias unificadas, consolidando o policiamento militarizado como política nacional de segurança pública a ser implantada em todas as unidades federativas do país. Como na Velha República, Vargas também sentiu a necessidade de utilizar as Polícias Militares no controle de conflitos sociais, e assim o fez. A dubiedade deste movimento reside no temor do Presidente em relação ao papel essencialmente político que estas corporações exerciam no regime anterior, como fiéis garantidoras da grande autonomia de que gozavam os governos estaduais naquela época. Como solução, Getúlio não pôs fim, mas reduziu o papel político das Polícias Militares ao centralizar e reformular a Polícia Civil, como veremos mais à frente, bem como adotou métodos não-policiais de lidar com o controle sobre as classes trabalhadoras, através de amplo sistema de garantias sociais e trabalhistas.

Militarismo sob controle federal: profissionalização militar avança com cautela por todas as forças estaduais do país

Este movimento hábil e conflituoso fica claro na análise de Dalmo Dallari[184] acerca dos caminhos tomados pela poderosa Força Pública paulista ao longo da Era Vargas. Isso porque São Paulo, "onde o Governador tinha a seu serviço a mais bem organizada milícia estadual brasileira", foi o principal foco de resistência à Revolução de 1930. Deflagrado o movimento em 3 de outubro daquele ano, as ordens do dia dos comandantes dos batalhões paulistas logo informaram as tropas da Força Pública dos movimentos sediciosos de Minas Gerais e outros estados "visando a invasão de São Paulo". Tempos antes, Júlio Prestes, então Presidente do Estado, já havia escoado mais recursos à corporação para a ampliação de sua Escola de Aviação, adquirindo seis novas aeronaves dos EUA. Com a notícia do início da marcha de Vargas do Rio Grande do Sul ao Rio de Janeiro, a Força Pública paulista concentrou seus esforços ao sul do estado à espera de uma batalha em Itararé que jamais aconteceu, vez que o Presidente da República, Washington Luiz, renunciaria ainda naquele mês.

A impossibilidade de resistir e a nomeação de interventor no governo estadual aumentaram a frustração da Força Pública paulista diante dos acontecimentos. O uso político de suas tropas na repressão ao movimento operário por parte do novo governo, outrora inimigo, só ampliaria esta irresignação nos próximos meses, levando às notícias de uma preparação de revolta armada ainda no fim daquele ano. Por tais razões, o interventor João Alberto trocou o comandante da Força, nomeando o general Góes

---

[184] DALLARI, 1977. p. 57-72.

Monteiro. A medida, por ora, controlou as chances de revolta, mas causou ainda mais descontentamento na tropa. Mesmo a dissidência da burguesia paulista que apoiou Vargas passou a mostrar sinais de frustração ao não conseguir assumir o Governo do Estado. Formou-se, assim, o cenário de superação de divergências entre elites paulistas diante do inimigo em comum, estopim da Revolução Constitucionalista de 1932. Neste momento, "a Força Pública do Estado desenvolveu ações de guerra de grande envergadura, ocupando, rapidamente, pontos estratégicos do Estado de São Paulo, utilizando várias armas, inclusive aviação, assumindo as características de verdadeiro Exército".

O movimento foi derrotado pelas forças federais e, como consequência, a influência da Força Pública paulista como instrumento político do estado entrou em declínio a partir de 1932. Nomeado em 10 de outubro desse ano, o novo interventor, Waldomiro Lima, eliminou importantes setores militares da corporação, como o Serviço de Material Bélico. Ao mesmo tempo, poucos oficiais da Força foram punidos pela participação no levante armado, clima de conciliação expandido com Armando de Salles Oliveira, interventor que assumiu em 1933 e revogou boa parte das sanções. Já como Governador eleito, em 1935, Armando criou uma Polícia Especial subordinada à Delegacia de Ordem Política e Social da Polícia Civil, afastando militares da função de policiamento político. Isso não impediria, porém, a atuação, ainda que mais discreta e na condição de auxiliar da Polícia Civil, da Força Pública na manutenção de ordem diante dos conflitos entre comunistas e integralistas entre 1935 e 1936.

Dallari faz outros apontamentos curiosos sobre este período. Por um lado, o efetivo da Força Pública foi gradativamente reduzido, caindo de 9.000 membros, em 1931, para 6.214 ao fim de 1936. Por outro, a despesa do estado com a corporação manteve-se praticamente inalterada entre 1934 e 1936. Isso deve-se ao fato de que, embora reduzida, a Força Pública passou por uma série de melhorias nos quartéis, recebendo novos uniformes e ampliando a grade de cursos oferecidos a seus profissionais, bem como melhorando o padrão de vencimentos de oficiais e praças. Para o autor, "melhorava-se em vários sentidos a milícia, ao mesmo tempo em que se reduzia seu papel como instrumento político".

Com indícios de novo golpe varguista e com a candidatura de Armando Salles à Presidência da República, a Força Pública paulista esboçou nova reorganização política quando, no início de 1937, o Governo do Estado fixou seu efetivo em 13.275 homens, mais do que dobrando o número de 6.214 membros estabelecido apenas dois meses antes. No mesmo momento, porém, as Polícias Militares estaduais foram incorporadas ao Exército Nacional diante da criação, pelo Governo Federal, do clima de eminente "perigo comunista" no Brasil, o que justificaria, ao fim daquele ano, a imposição do Estado Novo por Getúlio. Primeiramente vacilante, o Governador paulista, Cardoso de Mello Neto, afastou-se de Armando Salles para aproximar-se de Vargas, deixando claro que a Força Pública não interviria. Nomeado interventor em 26 de novembro de 1937, já sob o novo período ditatorial imposto, no mesmo dia, Cardoso determinou a aplicação do regulamento disciplinar do Exército à Força Pública, logo depois decretando a subordinação direta da mesma ao interventor federal.

Mas a redução da atuação política da polícia militarizada não significou o fim dessa função. Na verdade, com o advento do Estado Novo, Dallari afirma que "a Força Pública paulista passaria a atuar, nesse novo contexto, como força auxiliar do governo federal para impedir ou reprimir movimentos organizados contra a ditadura". Foram poucas as ações de grande vulto que precisaram desse auxílio durante o período, mas, quando aconteciam, era corriqueiro o uso da cavalaria da corporação contra manifestantes desarmados. Também se registraram muitas invasões da Força à sede do Centro Acadêmico XI de Agosto, da Faculdade de Direito de São Paulo, um dos maiores focos de resistência à ditadura varguista. Em 1943, estudantes chegaram a ser baleados no largo de São Francisco em uma dessas ações. Ao mesmo tempo, como lembra Pedroso, sobretudo a partir dos anos 1940, "a Guarda Civil passou a ocupar lugar de destaque no cenário do policiamento do Estado".[185] Nesse sentido, é interessante e exemplificativo o destaque que a atual Polícia Militar paulista dá, em seu site oficial,[186] ao "primeiro policiamento executado em estádios", no dia 3 de julho de 1934, pela Divisão de Reserva da Guarda Civil de São Paulo, auxiliar não-militarizada da Força Pública.

Em suma, a detalhada análise histórica do desenvolvimento da Força Pública paulista no pós-1930 mostra, de forma concreta, a dinâmica das Polícias Militares estaduais diante do poder centralizador do Governo Federal. De um lado, Vargas demonstra preocupação com a possibilidade destas corporações reviverem a autonomia das unidades federativas típica da Velha República, como esboçado na fracassada Revolução Paulista de 1932. Por outro, o mesmo Getúlio mantinha o processo de profissionalização militarizada dessas forças, ainda que com certos limites e marcada pela subordinação aos interesses da União, voltado para o controle de camadas revoltosas e opositores.

E nem mesmo a Brigada Militar do Rio Grande do Sul escaparia deste ímpeto centralizador do gaúcho Vargas. A afirmação causa estranheza quando se lembra que a Revolução de 1930 partiu de terras gaúchas com intensa participação de sua Brigada Militar estadual, mesma força que, dois anos depois, enviaria 2.393 homens para compor a frente Sul de combate à

---

[185] PEDROSO, op. cit., p. 88.
[186] POLÍCIA MILITAR DO ESTADO DE SÃO PAULO. História da PM.

Revolução Constitucionalista paulista.[187] Mas, como em São Paulo, os anos seguintes a 1930 foram marcados por atritos entre as elites descontentes da região e o Governo Federal. Às vésperas da imposição da ditadura do Estado Novo, ao lado dos paulistas, o governo estadual gaúcho, que apoiava a candidatura de Armando Salles, era o grande obstáculo aos planos de Vargas, e a atuação da Brigada estava no centro das preocupações do Presidente da República. Por isso mesmo, em janeiro de 1937, ele enviou seu Chefe do Estado Maior do Exército, Góes Monteiro, ao Rio Grande do Sul para se certificar de que as Forças Armadas poderiam cuidar da força estadual em caso de revolta. Em abril, a imposição de estado de sítio enfraqueceria o governador opositor Flores da Cunha. Acelerando o golpe do Estado Novo, Vargas federalizou a Brigada Militar rio-grandense e, apenas quatro dias depois, Flores da Cunha exilou-se no Uruguai.[188]

Isso não impediu que a força estadual gaúcha continuasse o processo de profissionalização e especialização militarizada iniciado ainda na Primeira República. Em 1935, a Brigada Militar incorporou o Corpo de Bombeiros e intensificou as atividades de policiamento ostensivo. Em 1940, com o efetivo do Centro de Instrução Militar, dos Batalhões de Caçadores e do esquadrão do 4º Regimento de Polícia Montada, a Brigada participou de manobras no Campo de Instrução de Saicã coordenadas pelo Estado-Maior do Exército. O intenso treinamento tinha o "objetivo de promover o aperfeiçoamento profissional da tropa" e contou com a presença do General Eurico Gaspar Dutra, então Ministro da Guerra, Góes Monteiro e o próprio Presidente da República. Em 13 de março de 1942, diante dos protestos populares contra os países do Eixo na 2ª Guerra, a polícia teve de

---

[187] BRIGADA MILITAR DO ESTADO DO RIO GRANDE DO SUL. História.
[188] SKIDMORE, op. cit., p. 48-49.

dispersar manifestantes que realizavam depredações na capital gaúcha. Com a intensificação deste tipo de protesto, a Brigada passou a manter destacamentos para a proteção de depósitos de petróleo, do aeroporto e de algumas indústrias que se tornaram alvo dos manifestantes.[189]

Este movimento do Governo Federal em relação às Polícias Militares estaduais, de cuidado em exercer controle e, ao mesmo tempo, incentivo à profissionalização militarizada se repetiu por todo o país. Em Minas Gerais, 1931 é marcado pela reorganização do ensino na Força Pública, com a criação do Batalhão Escola e do Curso de Educação Militar.[190] O desenvolvimento dessa estrutura levaria, em 1934, à implementação do Curso de Formação de Oficiais, no Departamento de Instrução, considerado o início da história da atual Academia de Polícia Militar. Em 1935, antes mesmo do regramento da Lei nº 192 editada no ano seguinte, o departamento já apresentava quadro de instrutores advindos do Exército Brasileiro. Já em 1939, aos moldes das Forças Armadas, a Justiça Militar seria instalada junto à Força Pública mineira.[191] Como se observará posteriormente, além da militarização, a especialização no policiamento ostensivo também passaria a ser traço importante deste processo.

No mesmo período, na Bahia, segundo Crusoé Júnior,[192] dentro da visão centralizadora do Governo Federal, novos projetos

---

[189] BRIGADA MILITAR DO ESTADO DO RIO GRANDE DO SUL. História.

[190] POLÍCIA MILITAR DO ESTADO DE MINAS GERAIS. Academia de Polícia Militar de Minas Gerais – Histórico.

[191] GONÇALVES, Heli José. Controle social e violência: uma análise da Polícia Militar de Minas Gerais. Dissertação (Mestrado em Desenvolvimento Social) – Universidade Estadual de Montes Claros, Programa de Pós-Graduação em Desenvolvimento Social/PPGDS, Montes Claros, 2012. p. 43-44.

[192] CRUSOÉ JÚNIOR, 2005. p. 116-130.

e fundamentos pedagógicos passaram a ser pensados para as instituições. Na polícia baiana, isso se manifestou através de um novo modelo "militarizante", com regras bem definidas de ascensão nas corporações e forte tendência tecnocrata, fortalecendo o mérito profissional ante as frequentes práticas de apadrinhamento, ainda que de forma discreta. Este movimento se deu de forma mais concreta a partir do Decreto Estadual nº 9.731, de 1935, criando o Centro de Instrução Militar e definindo critérios de promoção relacionados aos cursos oferecidos. O Centro dividia-se em três escolas, uma voltada à formação de oficiais, outra para sargentos e cabos e uma última para soldados. O Curso de Aperfeiçoamento de Oficiais tinha 10 cadeiras de formação técnica, como Infantaria, Cavalaria, Organização do Terreno e Topografia de Campanha. Já o de Formação de Oficiais Combatentes dividia-se em cadeiras de instrução geral, como português e aritmética, e de instrução militar. De forma semelhante se organizava o Curso de Oficiais de Administração.

No geral, a predominância das disciplinas nestes cursos era voltada para o treinamento militar, o que se repetia nas Escolas de sargentos, cabos e soldados. Era permitido que professores civis ministrassem as aulas de instrução geral, mas as cadeiras de instrução técnica deviam ser ocupadas por militares. O Decreto 11.588, de 1940, reformulou a instituição, que passou a se chamar Centro de Instrução Técnico-Profissional, expandido com a Escola de Candidatos, o Curso de Preparação de Alunos e o Curso de Aperfeiçoamento de Sargentos. Em 1943, novo Regulamento estabeleceu a Instrução Primária Elementar para alfabetização de praças. A estrutura da Força Policial também se modificava: seguindo os parâmetros da Lei Federal nº 165, de 1937, o Decreto Estadual nº 10.521, do mesmo ano, traçou verdadeiro plano de racionalização administrativa visando a articulação de órgãos públicos e o aprimoramento de mecanismos repressivos diante do "perigo vermelho". Da departamentalização dos serviços de polícia imposta por este decreto, surgiu, por exemplo, a Polícia de Choque.

A militarização, ao mesmo tempo incentivada e limitada pelo Governo Federal, atingiria até mesmo estados pouco afetados pela especialização policial vivida na Velha República. Em Goiás, o Decreto Lei nº 395, de 19 de dezembro de 1930, criou a Força Pública Militar de Goiás, auxiliar do Exército formada por 33 oficiais e 471 praças distribuídos em três companhias de infantaria, um pelotão extranumerário e um esquadrão de cavalaria. A militarização avançou com a Lei nº 750, de 1931, acordo assinado entre o Ministro da Guerra e o governo de Goiás. Antes marcada pela falta de profissionalismo, a Polícia Militar goiana entrou, nos anos 1930, em período marcado por maior controle estatal e submissão ao Exército Nacional. Inseridos no desejo centralizador de Vargas, "Exército e polícias deveriam garantir a sustentabilidade do novo governo, sendo modernos, com novas práticas que garantissem a segurança nacional e a ordem pública". Nessa linha, em 1939, o capitão do Exército Langleberto Pinheiro Soares assumiu o Comando Geral da Força Pública goiana e organizou o Departamento de Instrução Militar para formação técnica da tropa. Após, o Decreto Lei 3.394, de 1940, criou a escola especial para instrução elementar de praças e secundária de oficiais, administrada por Cícero Bueno Brandão, major da PM paulista, com ênfase "ao preparo técnico através das disciplinas de ordem unida, organização de terreno, topografia, instrução tática, material de armamento, tiro, instrução física e policial e maneabilidade". Paralelamente, o Departamento aprovou novo regulamento da Força Pública, consagrando o caráter de reserva do Exército e as funções de manutenção da ordem e da segurança pública do estado.[193]

---

[193] LUNCKES, Mariseti Cristina Soares. Os homens da ordem: uma nova Polícia Militar para os sertões de Goiás – (1930-1964).

Já no Paraná, sob o governo do interventor federal Afonso Alves Camargo, a Lei nº 2.753, estabeleceu a Escola Profissional Militar para preparar candidatos ao oficialato da Força Pública. No ano seguinte, sob a intervenção do general Mário Tourinho, o Decreto 1.761 criou o Centro de Preparação Militar, o qual, segundo a própria instituição, "pode ser considerado o vetor que apontava para a futura Academia Policial Militar do Guatupê". Enquanto este se voltou à formação de praças da corporação, o Centro de Preparação dos Oficiais da Reserva do Exército Brasileiro se ocupou da instrução do oficialato, o que perdurou até 1950, quando a Polícia Militar finalmente passou a contar com curso próprio para tanto.[194]

No Sergipe, onde o desenvolvimento das forças policiais se dera de forma lenta na Velha República, a década de 1930 marcou sua aceleração. Baseado no combate ao cangaço, função policial que também se intensificaria neste momento histórico, o interventor federal criou, em 1931, a Seção de Transmissões para desenvolver os serviços policiais na área da radiotelegrafia. Ao fim de 1936, o efetivo da corporação foi expandido para 33 oficiais e 823 praças e o Batalhão de Infantaria do Interior foi criado. No ano seguinte, nasceu a Companhia de Guardas, ampliando o desenvolvimento militar da força estadual. Ao longo da década, como narra a própria corporação, inúmeros combates seriam travados entre as unidades volantes da Polícia Militar de Sergipe e grupos de cangaceiros no interior do estado, até que o movimento de banditismo perdesse força com a morte do líder Lampião nas terras sergipanas de Angico, em 1938, pelas mãos de soldados alagoanos. A força ainda narra o uso de suas tropas durante a 2ª Guerra Mundial, quando "efetuou, dentro

---

In: Encontro Regional de História – Ofício do Historiador: ensino e pesquisa, 15, 2012, São Gonçalo. Anais.

[194] ACADEMIA POLICIAL MILITAR DO GUATUPÊ. Histórico.

de sua atividade fim, patrulhamentos na orla marítima, mantendo-se alerta em razão da atividade sinistra dos submarinos alemães na região costeira do Estado".[195] Aliás, o uso militar da força pública estadual para combater o cangaço e para o patrulhamento da costa brasileira durante a 2ª Guerra é igualmente narrado no site oficial da atual Polícia Militar de Alagoas dentre seus feitos históricos.[196]

Os casos acima somam-se a tantos outros país afora que mostram que o processo de profissionalização militarizada das polícias estaduais manteve-se na Era Vargas, ao contrário do que se poderia pensar diante da importância destas forças para a manutenção da Velha República suplantada por Getúlio. Embora com limites que as impediam de se tornarem mais fortes que o próprio Exército Nacional, norteadas pelo Governo Federal, as Polícias Militares estaduais seguiram seu movimento de especialização iniciado na virada do século. Igualmente, seu uso político como mecanismo de controle social sobre camadas revoltosas continuou a ser realidade, embora em grau menor do que se observava na Primeira República. Isto não quer dizer que Vargas tenha reduzido o caráter de controle social das polícias. Ao contrário, em seu ímpeto ditatorial, Getúlio aprimoraria mecanismos policialescos de vigilância política sobre a sociedade brasileira. A grande base de sustentação desta política, porém, não mais seriam as militarizadas tropas estaduais, mas o desenvolvimento centralizado da Polícia Civil nas unidades federativas, sobretudo dos departamentos de polícia política.

---

[195] POLÍCIA MILITAR DO ESTADO DE SERGIPE. Histórico.
[196] POLÍCIA MILITAR DO ESTADO DE ALAGOAS. Histórico.

A justificativa da segurança nacional: a essência da Era Vargas

Para entendermos este movimento, o contexto histórico, social e político no qual ele se insere é essencial. Nesse sentido, não é à toa que a Constituição de 1934 tenha sido a primeira a tratar, de forma expressa, do termo "segurança nacional", traço central da política varguista com reflexos diretos nas polícias do país. A partir de 1934, a segurança nacional passou a compreender tanto a segurança externa do país quanto a interna. Em Constituições anteriores, o conceito de segurança nacional, ainda que com outros nomes, ligava-se a ideia de guerra. Com a Carta de 1934, a concepção de guerra passou a abarcar também a travada contra a subversão política e social, ampliando os poderes do Presidente, que poderia decretar estado de guerra e suspender garantias constitucionais em casos de atentado à segurança nacional.

Além disso, foi criado o Conselho Superior de Segurança Nacional, presidido por Vargas, para zelar por todas as questões referentes ao tema, bem como, em 1936, o Tribunal de Segurança Nacional, órgão da Justiça Militar que deveria funcionar na vigência do estado de guerra. Ambos trabalhavam com base nas leis de crimes contra a ordem política e social e nas emendas constitucionais que incluíram a subversão das instituições políticas e sociais no rol da segurança nacional, autorizando a equiparação desta ao estado de guerra. Em 1937, a Constituição do Estado Novo fortaleceu ainda mais estes mecanismos. Sob o guarda-chuva da segurança nacional, estavam os crimes contra a segurança externa do país, cometidos por estrangeiros "que exercessem atividade nociva aos interesses de Segurança Nacional" e por aqueles que "tentassem uma mudança de ordem política ou social ou promovessem subversão". Estavam, também, os crimes contra o Estado, como aqueles contra a economia popular. Outras leis sobrevieram nos anos seguintes, ampliando o rol de crimes puníveis com a morte em tempos de guerra, regulando a aposentadoria compulsória de funcionários públicos e submetendo os que cometessem os crimes aqui descritos ao julgamento de um tribunal especial.[197]

Nas justificativas da Carta de 1937, a preocupação exagerada de Vargas com o tema da segurança nacional era mais esclarecida. O golpe do Estado Novo seria legitimado ao considerar "a Nação sob a funesta iminência da guerra civil" diante da perturbação da "paz política e social" e da "extremação de conflitos ideológicos". No centro destes argumentos, "o estado de apreensão criado no País pela infiltração comunista, que se torna dia a dia mais extensa e mais profunda, exigindo remédios, de caráter radical e permanente".[198]

Realmente, o golpe de 1937 se utilizou das mudanças pelas quais passava a política brasileira desde o início da década para buscar aparência de legitimidade. Como na Europa, a política no Brasil marchava para a radicalização a partir de um novo gênero de ativismo que superava o de constitucionalistas liberais e reformistas socioeconômicos. À esquerda, a ala legalista do Partido Comunista fundou a Aliança Nacional Libertadora (ANL), presidida por Luiz Carlos Prestes. Mais de 1.600 sedes da organização surgiram até 1935, baseadas em bandeiras como o cancelamento de dívidas imperialistas, a nacionalização de empresas e a liquidação de latifúndios. À direita, o fascismo integralista se formou na liderança de Plínio Salgado ao organizar milícias de camisas verdes que promoviam a violência nas ruas contra partidários da esquerda brasileira. Foram os "primeiros movimentos políticos nacionais de aguda orientação ideológi-

---

[197] PEDROSO, op. cit., p. 57-60.
[198] BRASIL. Constituição dos Estados Unidos do Brasil, de 10 de novembro de 1937.

ca", ao passo que a Aliança Liberal já não passava de grupos políticos locais unidos anteriormente pela mera derrubada da Velha República.[199]

Entre os dois grupos, vale destacar a ANL, que mudou de rumos a partir da entrada de Luiz Carlos Prestes, em 1934, e chegou a contar com algo entre 70 mil e 100 mil membros em 1935.[200] No dia 5 de julho daquele ano, ao comemorar o aniversário da primeira revolta tenentista de 1922, Prestes deu inflamado discurso pregando um "governo popular nacional revolucionário". Oito dias depois, a polícia invadiu o quartel-general da ANL e confiscou documentos que, mais tarde, serviriam como provas de suposto financiamento estrangeiro por comunistas, culminando no fechamento da Aliança por seis meses. Em novembro de 1935, militares revolucionários ligados ao Partido Comunista iniciaram um levante em Natal e Recife na chamada Intentona Comunista. Sem comunicação certeira com o movimento no Rio de Janeiro, ele foi facilmente suprimido pelo Governo. Vargas, por sua vez, "possuía agora a justificativa ideal para a repressão da esquerda: provas indiscutíveis do perigo de traição armada". Ainda em novembro, Getúlio conseguiu aprovar o estado de sítio junto ao Congresso, arrochou a Lei de Segurança Nacional e ampliou seus poderes constitucionais.[201]

A essas medidas, se seguiu uma onda de repressão a comunistas no Brasil. Com o estado de guerra equiparado ao estado de sítio prorrogado até 1937, o Congresso aprovava todas as medidas excepcionais impostas pelo Poder Executivo. Em janeiro de 1936, foi criada a Comissão Nacional de Repressão ao Comunismo. Em março seguinte, a polícia invadiu o Congresso para prender seis deputados que apoiavam a ANL. Em outubro,

---

[199] SKIDMORE, op. cit., p. 41-42.
[200] FAUSTO, 2006. p. 360.
[201] SKIDMORE, op. cit., p. 42-44.

o Tribunal de Segurança Nacional já iniciava os trabalhos para julgar aqueles que participaram da insurreição. Ele seria transformado em permanente no Estado Novo. Todo este cenário levaria ao golpe de setembro de 1937, justificado pelo fantasioso Plano Cohen, documento falsificado por integralistas e entregue ao Exército que simulava um plano de insurreição comunista no Brasil. Durante o processo, o poder da polícia da capital federal, sobretudo de seu chefe, Filinto Müller, cresceu de forma ilimitada, ganhando frequentes elogios do próprio Getúlio.[202]

Mas não se pode dizer que o golpe consumado em 1937 aconteceu da noite para o dia. Os ideais que o sustentaram, inclusive os de perseguição ideológica, foram sendo gestados desde a tomada de poder pelos revolucionários de 1930, como sustenta Cancelli.[203] Ela não deixa de reconhecer que o Estado liberal das décadas anteriores também se impusera de forma convencional, como qualquer outro Estado moderno, através do "monopólio da violência como força de persuasão". O golpe de 1930, porém, intensificou este monopólio, visando alçar sua ideologia como exclusiva na mobilização da população do país. Colocando este movimento brasileiro, ainda que recheado de particularidades, junto a outros totalitários da época, como a vitória de Mussolini na Itália, Cancelli afirma que, impulsionado "pela corroída imagem da Velha República", ele acabou com os partidos políticos, "o produto-típico da cultura política liberal". Assim, a fascistização do Estado brasileiro não se daria através de partidos, mas de iniciativa direta do Governo Vargas, o que seria plenamente consolidado a partir de 1937.

---

[202] FAUSTO, 2006. p. 360.
[203] CANCELLI, Elizabeth. O mundo da violência: a polícia da era Vargas. 2ª ed. Brasília: Editora Universidade de Brasília, 1994. p. 18-19.

Nesse ponto, aliás, Skidmore faz importantes ressalvas ao considerar o Estado Novo como uma "versão brasileira mais atenuada do modelo fascista europeu". Lembrando que a própria Ação Integralista Brasileira, abertamente fascista, seria suprimida junto com os partidos ao fim de 1937, ele aponta que Vargas não organizou nenhum movimento político que servisse de base de sustentação a seu governo autocrático. Na verdade, todos os grupos que exerciam alguma representatividade expressiva foram suprimidos à época, sobrando aos comunistas a repressão mais brutal. Por isso mesmo, o Estado Novo se formou como um "Estado híbrido, não dependente de apoio popular organizado na sociedade brasileira e sem qualquer base ideológica consistente", em outras palavras, "uma criação altamente pessoal" de Vargas.

Dos dois autores, ainda que com diferenças, se pode extrair que, desde 1930 e atingindo seu auge a partir de 1937, o Governo de Getúlio de fato se organizou de forma autocrática, reservando especial atenção aos mecanismos de repressão às organizações ideológicas, sobretudo as radicais, que pudessem representar qualquer tipo de entrave a seu projeto nacional. A repressão mais dura e enérgica seria voltada aos movimentos comunistas, como as próprias justificativas da Constituição do Estado Novo sugerem, mas organizações e figuras liberais e fascistas tampouco se viram livres de perseguição política à época. Sob o discurso da Segurança Nacional, Vargas passara a década de 1930 minando e perseguindo movimentos de oposição para abrir caminho até a consagração de seu projeto autocrático em 1937. E é justamente neste contexto que o desenvolvimento da Polícia Civil do período se insere, sobretudo no fortalecimento das polícias de ordem política e social.

No mundo, à época, analisando de forma geral o desenvolvimento de instituições de segurança pública, percebe-se o esforço dos Estados de estabelecer um duplo controle: o social, sobre os corpos, e o político, sobre as ideias. Neste objetivo, a ação das polícias se amplia da vigilância cotidiana e normativa para instâncias especializadas de ordenamento e controle, marcando o aparecimento das polícias Política e Social, verdadeiros espaços de registros especializados. A vigilância estatal passou a produzir formas de saber específicas a serviço do aparato policial, edificando seu poder a partir do "mito do policial especializado" e do "mito do crime e do criminoso". No momento, para a análise brasileira, vale debruçar sobre este segundo, compreendendo-se a edificação dos conceitos de criminoso social e político.[204]

O crime político, esboçado em legislações desde o século XIX, foi tornando-se cada vez mais amplo no século XX, inclusive confundindo-se com o social. Sua natureza tradicional compreendia, entre outras definições, infrações internas contra a Constituição, a forma de governo e os poderes e direitos políticos, e externas contra a independência da nação, a integridade do território e as relações entre Estados. Já o crime social era considerado aquele praticado contra o "sentimento jurídico universal", atingindo regimes jurídicos da propriedade privada, da família e do trabalho. Apesar das diferenciações, o temor pela segurança nacional na década de 1930 culminaria, em 1938, no Decreto-Lei nº 43, que definiu os crimes de ordem política e social de forma genérica e abrangente, preocupando-se mais com a aplicação legal punitiva às infrações. Esta sobreposição entre tais modalidades criminais diferenciadas já tinha efeitos práticos nas políticas de policiamento do país, levando, por exemplo, à criação da delegacia política de São Paulo ainda em 1924. A regulamentação do funcionamento da delegacia, por sua vez, transitaria, ao longo do tempo, pela perseguição ao criminoso político, social e econômico, reforçando a ideia de que,

---

[204] PEDROSO, op. cit., p. 54-55.

apesar das diferenças apontadas por vários autores, o delito político e o delito social eram indissociáveis.[205]

A partir de 1930, esta política se nacionalizaria, consagrando uma linha de ação e discurso que pautava a existência de um Estado violento suportado pelas ações policiais. Neste período, o poder da polícia era visto como "um caráter administrativo para a sociedade" e "pouco afável ao regime das limitações legais", e suas atividades como essenciais para efetivar um projeto político varguista que negava a luta de classes e a ordenação orgânica da sociedade. Em outras palavras, o aparato policial, capaz de exercer o controle social típico do momento histórico, agia para disciplinar o dia a dia de trabalhadores e negar a individualidade das pessoas a partir da imposição de parâmetros de disciplina. Assim, a polícia deixava para trás sua dimensão originária de busca pelo bem público, bem como sua própria dimensão tradicional burguesa de agente armado para repressão de crimes e desmandos do povo, para assumir o papel legal "de intervenção direta sobre o cidadão das multidões e de sua psique".[206]

Pedroso[207] vai no mesmo sentido ao analisar a polícia política como fundamental para o Estado autoritário que se construiu no Brasil pós-1930. A especialização do aparato policial político consolidou "uma sociedade na qual as diferenças ideológicas se superpuseram às diferenças sociais e étnicas, que foram prioridades em períodos anteriores". Isto não implica em dizer que a polícia passou a se preocupar só com crimes políticos, mas seria a partir deste estereótipo de criminoso que ela categorizaria todas as origens criminais e legitimaria a prisão e a punição, alçando a polícia ao papel de protagonismo na edificação do modelo político nacionalista então imposto ao país.

---

[205] Ibidem, p. 104-111.
[206] CANCELLI, op. cit., p. 22-32.
[207] PEDROSO, op. cit., p. 129-145.

Neste contexto, "a eficiência policial era medida pela sua capacidade de exercer o controle social, disciplinar a população e coletivizar as atitudes". A lógica policial passou a funcionar a partir do trabalho investigativo diário na busca por inimigos internos a serem identificados por seus comportamentos, daí a importância central para o desenvolvimento da segurança pública focado na Polícia Civil durante a Era Vargas.

Como na construção da ideia de Segurança Nacional e na justificativa para o golpe do Estado Novo, porém, um traço ideológico foi central na concepção vigilante e política das polícias: o combate ao comunismo, considerado por historiadores em geral como elemento essencial na edificação do Estado brasileiro nos anos 1930. Vargas conseguiu construir um imaginário popular de que o comunismo era "o elemento desagregador da sociedade, contra a moral e bons costumes". Na prática, porém, este combate serviu de pano de fundo para políticas autoritárias e injustas em relação às classes mais baixas, perseguindo não só comunistas, mas o movimento operário e as classes operárias como um todo, além de criminosos comuns. Inserido neste contexto, o aparato policial servia não só como bloqueio às práticas comunistas, mas também como verdadeira tentativa de limpeza dos inimigos sociais do regime. Um documento oficial de 1934 intitulado "Plano de defesa para a hipótese de um levante comunista no Estado", por exemplo, enumerou uma série de condutas gerais a serem seguidas pela polícia em caso de um levante político, tais como a prisão imediata dos veículos de notícias alarmantes, o controle de notícias telefônicas, a prisão de agitadores e a censura de correios e telégrafos.

A ideia do combate ao comunismo como pano de fundo para amplas ações de controle social fica clara na atuação do Tribunal de Segurança Nacional, um verdadeiro tribunal de exceção que facilmente passava por cima de qualquer regra processual de garantia de direitos aos acusados. Criado para julgar os revoltosos da Intentona Comunista de 1935, o Tribunal foi ampliando suas competências ao longo do tempo para exercer outros tipos de controle sobre a população. Crimes cotidianos contra a economia popular passaram a ser considerados como questão de segurança de Estado. Nesse sentido, são simbólicas as condenações pelo Tribunal em casos como a venda de um quilo de erva-mate acima do preço tabelado, o comércio ilegal de um tonel de gasolina ou o de farmacêutico que vendia remédios a "preços exorbitantes".[208]

Outra questão que mostra a abrangência da perseguição aos comunistas por Getúlio foi o tratamento dispensado aos estrangeiros. Esta política não era exatamente nova no Brasil, mas intensificou-se no período varguista. Pautada no sentimento nacionalista incentivado pelo governo, a polícia apresentava o estrangeiro como inimigo social a ser controlado. O exercício deste controle, sobretudo na entrada e saída de pessoas do país, acabou inclusive servindo ao processo de centralização do poder policial típico de Vargas, concedendo à Polícia Civil do Distrito Federal protagonismo nestas tarefas. Entre os estrangeiros, vale destacar a política dispensada aos judeus. Governo e polícia exploraram de forma intensa a "crença da direita internacional de que o judeu apátrida e cosmopolita tendia ao internacionalismo vermelho". Nos anos 1930, foram comuns circulares secretas limitando a entrada de "estrangeiros de origem semítica" no país e a troca de informações e alertas entre as polícias de Rio de Janeiro e Buenos Aires, capital argentina de grande comunidade judaica[209].

Nesta época, a eugenia era frequente nos discursos acadêmicos e políticos, agora, porém, relacionada ao nacionalismo típico do fascismo italiano. Uma política imigratória aberta seria

---

[208] CANCELLI, op. cit., p. 106-107.
[209] Ibidem, p. 121-130.

frontalmente contrária ao ideal varguista de "homogeneizar a população" e, por isso, várias políticas internas foram elaboradas para "abrasileirar os núcleos de colonização". Antes mesmo do Estado Novo, a Constituição de 1934 já havia estabelecido cotas máximas de entrada de imigrantes no país, mantidas na Carta de 1937. Já a Lei de Imigração de 1938 regulamentou o tema para favorecer as consideradas "boas correntes migratórias", em detrimento do "estrangeiro indesejável", e centralizou o serviço de registro de estrangeiros no Departamento de Imigração da Polícia Civil do Distrito Federal. Influenciado pela Escola Positivista, pela criminologia de Lombroso e por teóricos europeus e argentinos, o Brasil adotou uma "profilaxia da imigração", política xenófoba consistente em evitar que outros países enviassem para cá sua "população criminosa". Entre 1930 e 1945, 671 estrangeiros foram expulsos do Brasil.[210]

A concentração de poder policial no controle sobre estrangeiros será abordada de forma detalhada mais à frente, quando a reorganização das Polícias Civis for melhor especificada. O que se cumpriu mostrar, neste primeiro momento, é que, embora o combate ao comunismo fosse o ponto central do discurso oficial na imposição de medidas policialescas de controle social por parte do Governo Federal, fato é que este controle acabaria atingindo grupos sociais muito mais abrangentes do que apenas o de comunistas organizados. De movimentos operários a estrangeiros, todo e qualquer grupo que pudesse ter motivações para envolver-se em ações subversivas estaria na mira vigilante do Governo Vargas e de sua polícia e sujeito a uma situação de suspensão de direitos permanente.

A segurança nacional era um traço tão forte que impactou até as relações pessoais comuns da sociedade brasileira. Os instrumentos de propaganda governistas eram tão intensos que

---

[210] MORAES, op. cit., p. 84-114.

grande parte da população criou sentimento de engajamento no novo projeto de país. Houve verdadeira campanha cívica de caça a comunistas, com incentivo estatal às delações e à entrega de comunistas à polícia por pessoas comuns. Em sua obra, Cancelli[211] compila uma série de cartas enviadas por cidadãos à polícia e ao Gabinete do Presidente da República acusando vizinhos e colegas de trabalho de envolvimento com o comunismo. Por vezes, a perseguição chegava a ser utilizada como forma de vingança pessoal, já que muitas das prisões e investigações eram colocadas em prática sem qualquer prova. A campanha de caça a comunistas colocou cada cidadão brasileiro na posição de atento delegado ideológico do Estado. Foi a consagração total da política vigilante varguista, na qual a polícia tinha papel central.

A centralização das polícias criminais no Distrito Federal

A preocupação com a Segurança Nacional, centrada na perseguição ao comunismo, foi uma das principais bases doutrinárias do projeto político centralizador de Getúlio desde 1930. Ela legitimou o Estado policialesco e vigilante que Vargas construiria ao longo da década, sobretudo a partir do Estado Novo em 1937, colocando sob intenso controle social não apenas os comunistas, mas qualquer camada social que representasse alguma oposição a seu projeto. No centro deste controle, a Polícia Civil se desenvolveu e ampliou seus poderes através de um processo marcado, principalmente, por dois fatores: a estruturação das Delegacias de Polícia Política e Social e a centralização do comando na figura do Chefe de Polícia do Distrito Federal.

Este segundo ponto seguiu a linha das mudanças administrativas promovidas por Vargas desde o início de seu governo,

---

[211] CANCELLI, op. cit., p. 93-97.

como a submissão das forças estaduais militarizadas ao Exército Nacional. Na reorganização da Polícia Civil, é novamente Cancelli[212] quem apresenta um completo panorama histórico. Nomeado Chefe de Polícia do Distrito Federal após a vitória varguista em 1930, Batista Luzardo logo recompôs quase todo o quadro de delegados auxiliares e exonerou muitos dos delegados distritais. No ano seguinte, a contratação de dois técnicos do Departamento de Polícia de Nova Iorque para organizar o serviço especial de repressão ao comunismo deu o tom dos significados deste processo. A situação se repetiria nos demais estados, como em São Paulo, onde o Chefe de Polícia, Danton Coelho, já havia substituído quase todas as chefias do interior e a da Guarda Civil em meados de 1932.

As nomeações eram fruto da preocupação do novo regime em superar figuras públicas e autoridades que sustentavam o antigo, mas não bastavam novos nomes. Em janeiro de 1933, Vargas confirmou que o serviço policial do Distrito Federal ficaria sob sua inspeção suprema e sob a superintendência do Ministro da Justiça e Negócios Interiores. Na prática, isso instituiu a subordinação hierárquica direta do Chefe de Polícia ao próprio Presidente, bem explicitada na declaração de Filinto Müller, ocupante do cargo em 1937, quando, questionado sobre presos políticos sem processo formal, afirmou que prestava conta "somente ao Presidente da República". Entre 1933 e 1942, Filinto seria o único a ocupar a Chefia de Polícia do Distrito Federal, enquanto seis nomes passariam pelo Ministério da Justiça no mesmo período.

Esta ligação direta com a Presidência subvertia toda a hierarquia da Administração Pública. Formalmente, só órgãos da segurança pública imediata estavam subordinados à Chefia de Polícia da capital, como as variadas delegacias e diretorias,

---

[212] Ibidem, p. 48-102.

a Inspetoria e a Corregedoria da Polícia Civil. Na prática, ela também exerce sua autoridade sobre órgãos que, ao menos legalmente, deveriam estar na alçada do Ministério da Justiça, como penitenciárias, colônias penais, presídios e Polícia Militar do Distrito Federal. Desse modo, entre os anos 1930 e 1940, "a Chefia de Polícia do Distrito Federal suplantou a estrutura administrativa do Ministério da Justiça e exerceu um poder direto sobre os órgãos de repressão federais e estaduais".

Em claro esforço pela concentração total do poder repressivo nas mãos do Chefe de Polícia da capital, várias normativas foram constantemente publicadas. No Rio de Janeiro, todos os policiais ficaram proibidos de recolher presos aos presídios do Distrito Federal ou da Ilha Grande sem que a Chefatura assinasse o expediente. O Decreto 24.531, de 2 de julho de 1934, foi ainda mais radical: entre outras medidas, ele colocou sob a alçada da polícia a coação para que artistas cumprissem as determinações da censura. Já a criação do Serviço Especial de Identificação de Empregados Domésticos obrigou este tipo de trabalhador a cadastrar-se na Polícia Civil, mantendo controle sobre uma classe ainda fora da esfera dos sindicatos. Para aumentar o controle interno, Filinto Müller também colocou sob sua avaliação pessoal, e através de critérios genéricos, a ascensão funcional dos profissionais na carreira policial.

Mas a concentração de poder da Polícia Civil do Distrito Federal não se resumia ao território da capital, que espalhou sua influência por todo o país em um esforço de federalizar o controle das atividades policiais. Em 1933, criada a Diretoria de Publicidade e Comunicação, João Alberto, interino na Chefia do Rio de Janeiro, já apontava que o trabalho da polícia não mais se resumia à "norma cotidiana de prender e soltar criminosos e transgressores vulgares", esclarecendo que "a ação de uma polícia federal não pode ser local e mesmo no estrangeiro há serviços que, por sua própria natureza, não devem ficar à cargo da diplomacia". Com Filinto Müller, esta visão foi ainda mais desenvolvida através do Press Ofício, serviço que centralizou informações e aprimorou o contato diário da Polícia do Distrito Federal com os demais estados. Todas as noites, a Diretoria de Publicidade da polícia da capital passou a transmitir, via rádio, notícias de caráter oficial e policial. No ano seguinte, ela evoluiria para a Diretoria Geral de Publicidade, Comunicações e Transportes, "cérebro de operações" sob supervisão de Müller, que, além de funções de censura, ficaria responsável pelo contato com polícias estaduais e internacionais, controlando todo o fluxo de informações policiais do país.

Caminhando no sentido da federalização da Polícia Civil, o Congresso Nacional de Autoridades Policiais de outubro de 1936 cumpriu importância fundamental. Cancelli aponta que ele teria três principais objetivos: unificar o trabalho policial do país na definição do alvo político de suas ações e na figura da Polícia do Distrito Federal como central de informações; aproximar-se dos demais comandos estaduais; e prestigiar a figura de Filinto Müller. As teses aprovadas viabilizaram, de certa forma, a federalização da polícia no Brasil, formulando as bases do convênio assinado entre as Polícias Civis do Amazonas, Pará, Maranhão, Piauí, Ceará, Sergipe, Bahia, Rio Grande do Norte, Paraíba, Alagoas, Espírito Santo, São Paulo, Paraná, Santa Catarina, Goiás, Minas Gerais, Rio de Janeiro, Distrito Federal e do território do Acre. A partir daí, ficaram unificadas políticas cujo sentido era centralizar informações na sede da polícia da capital e padronizar regras referentes a estrangeiros.

Em sua completa análise, Cancelli ainda lembra que, em boa parte da Era Vargas, os estados foram dirigidos por interventores federais. Nesse sentido, é emblemática a ocasião em que o interventor João Alberto demitiu o Chefe de Polícia paulista, Vicente Rao, quando ele começou a lotear cargos entre membros do Partido Democrático. Por vezes, porém, o próprio

Chefe de Polícia do Distrito Federal intervia diretamente em conflitos de outros estados. Preocupado com o arquivamento do julgamento de um "extremista de perigosa atividade" em Maragogipe, na Bahia, Filinto Müller chegou a enviar ofício ao Ministério da Justiça para que fossem tomadas as "providências necessárias". Sem dúvidas, o grau de ingerência da Chefatura da Capital nos demais Poderes e estados foi extraordinário sob o governo de Getúlio.

Por fim, outro aspecto no qual houve grande concentração de poder na Polícia Civil do Distrito Federal foi o controle de estrangeiros. Nesse sentido, o Congresso Policial de 1936 teve, como um de seus principais temas, a entrada, permanência e expulsão de estrangeiros. Em convênio secreto entre policiais, Ministério das Relações Exteriores e Ministério do Trabalho e Emprego, ficou estabelecido que o modelo de processo de expulsão, naturalização, controle e permanência de imigrantes seria uniformizado a partir daquele utilizado pela polícia da capital, a qual também concentraria as informações relacionadas ao tema em todo o país. De igual maneira, o Decreto-Lei 406, de 1938, centralizou o serviço de registro de estrangeiros no Departamento de Imigração, colocando a Polícia Civil, sobretudo a do Distrito Federal, no centro das atividades de fiscalização e controle sobre imigrações "indesejáveis", tais como a de aleijados, mutilados, indigentes, ciganos, pessoas com algum tipo de doença, condenados por crimes políticos e pessoas que apresentassem risco à segurança nacional.[213]

Práticas de exclusão de estrangeiros não eram vistas só no Brasil, mas sim uma tendência mundial desde o fim da 1ª Guerra, quando a vigilância sistemática por meio de polícias e órgãos diplomáticos e consulares se generalizou. A ação contra os ditos "indesejáveis" era, essencialmente, realizada pelo policiamento

---

[213] MORAES, op. cit., p. 85-90.

interno, do qual resultava a expulsão, e pelo de fronteiras, do qual resultavam seus fechamentos. Nesta política de controle sobre estrangeiros, a troca de informações entre Estados preocupados com a "profilaxia da imigração" era constante.[214] No centro desta intensa comunicação, estavam as forças policiais.

Nestas atividades policiais, duas características da Era Vargas se sobressaem: o anticomunismo e o desalinhamento ideológico internacional. Nos acordos internacionais de combate ao comunismo, o governo brasileiro atuava em várias frentes, sem preferências do ponto de vista ideológico. Além da contratação de técnicos de Nova Iorque já citada, foram várias as trocas de informações entre Brasil e EUA, como o empréstimo de fichas sobre atividades subversivas em solo nacional ao Departamento de Estado norte-americano em 1936, ou o aceite do FBI, em 1938, em prestar assistência técnica à polícia brasileira no controle de estrangeiros. Igualmente, sob o regime fascista de Mussolini, a embaixada italiana costumava informar as autoridades brasileiras sobre elementos suspeitos, inclusive pedindo auxílio da polícia para a identificação de anarquistas saídos da Itália. Já as prisões de Luiz Carlos Prestes e Harry Berger contaram com a participação direta do serviço secreto britânico. Foi também da negociação pessoal entre Filinto Müller e o III Reich que, em 1936, se firmou pacto entre o Brasil e a Alemanha nazista tendo como peça central as atividades de controle e de combate ao comunismo da Polícia Civil do Distrito Federal e da Gestapo. No acordo, além da troca de informações, até mesmo a execução de comunistas e anarquistas foi regulada. Foi deste pacto, por exemplo, que resultou a expulsão e entrega de Olga Benário às autoridades nazistas.[215]

---

[214] Ibidem, p. 129-130.
[215] CANCELLI, op. cit., p. 82-92.

Mas Olga, que acabaria executada em campo de extermínio nazista na Alemanha, fora apenas o exemplo mais emblemático de uma verdadeira política de controle sobre imigrantes e comunistas no Brasil. Durante a Era Vargas, registraram-se 671 expulsões efetivadas no país. A maior parte delas, 517, para ser mais exato, antes mesmo do regime de 1937. Destaque para 1930, ano da tomada de poder por Vargas, e para 1936, ano dos preparativos para o golpe do Estado Novo, com, respectivamente, 139 e 154 expulsões. Pela efetividade das políticas de controle sobre entrada de imigrantes no país, estes números foram caindo com o tempo. Isso não impediu que o Governo Federal continuasse a implementar novas regras para a expulsão de estrangeiros, incluindo até mesmo grevistas nas hipóteses para tanto.[216] Durante todo o período, este controle seria exercido pela atividade constante e coordenada das Polícias Civis e do sistema de justiça brasileiro.

Sob o pano de fundo da segurança nacional, fosse na repressão ao comunismo, no controle sobre estrangeiros ou na vigilância diária sobre camadas populares, o ímpeto centralizador administrativo de Vargas se materializou na figura do Chefe de Polícia do Distrito Federal. Formalmente ou não, construiu-se uma verdadeira "supercompetência" da Chefatura da capital em assuntos que diziam respeito à segurança pública, à segurança nacional e mesmo àqueles que sequer estavam relacionados a alguma forma de segurança. Sem dúvidas, o desenvolvimento de toda a Polícia Civil brasileira estaria intimamente atrelado à instituição do Distrito Federal, não sendo nenhum absurdo dizer que, à época, o Brasil experimentou um processo de federalização de suas forças policiais. Ao lado deste fator centralizador, destacava-se o norte político a que se destinava este movi-

---

[216] MORAES, op. cit., p. 132-134.

mento, bem simbolizado pelo desenvolvimento das Delegacias de Polícia Política e Social tão típicas do período.

A hora e vez das polícias políticas

Primeiramente, deve-se dizer que as polícias políticas não foram criação de Getúlio no Brasil. Na Velha República, já havia trabalho de inteligência de segurança em departamentos da Polícia Civil, sobretudo em São Paulo e Rio de Janeiro. Vargas só o ampliou robustamente. Em segundo lugar, a polícia política tampouco foi exclusividade brasileira. Na Europa e nos EUA, ela já era traço típico da segurança pública desde o século XIX, inclusive nos mais variados regimes políticos. Em 1870, a *Sûreté* francesa mantinha até agentes no exterior, assim como a *Okhrana* russa em 1882. Ao fim da 1ª Guerra Mundial, o *Bureau of Investigation* norte-americano seguiu o mesmo caminho para, em contato com polícias de outros países, investigar nazistas, fascistas e comunistas. Em todo o mundo, aliás, este processo se intensificou a partir da 1ª Guerra e da Revolução Russa, chegando a países do próprio bloco comunista, que estruturaram polícias como a *Stasi*, a KGB e a NKVD, também responsáveis pela inteligência doméstica. A competência de tais polícias se ampliou pelo século XX, mesmo em países tidos como democráticos, onde elas passaram a ocupar espaço em atividades como o combate ao terrorismo e ao tráfico de drogas, paralelamente às funções de inteligência e segurança, como se deu com o FBI norte-americano até a criação da CIA em 1947.[217]

Superada a ideia de que este modelo policial seja exclusivo deste ou daquele modelo político, vamos analisar como ele se

---

[217] PACHECO, Thiago da Silva. Inteligência, segurança e polícia política no Estado Novo e na República de 1946. Revista de História Comparada, Rio de Janeiro, v. 12, n. 2, p. 84-115, 2018. p. 84-86.

desenvolveu no Brasil, de forma acelerada e central, ao longo da Era Vargas. Este processo, aliás, tampouco pode ser dissociado do processo de profissionalização e especialização da Polícia Civil que já havia se iniciado desde a virada do século, ainda na Velha República. Ou seja, ao lado do objetivo de combate a ideologias e movimentos políticos, o discurso tecnicista e científico continuaria sendo ponto estruturante do desenvolvimento destas instituições de segurança pública neste período histórico, agora incentivado pelo próprio Governo Federal em desígnios de âmbito nacional.

Este fenômeno, é claro, é visto com força no Rio de Janeiro. A reforma policial de 1933, buscando adequação ao modelo de repressão e vigilância desejado, remodelou o segmento dedicado à segurança política e social. Criada a Delegacia de Ordem Política e Social, ela se dividiu em duas secções. A Secção 1 (S-1), de ordem política, era voltada ao combate de ameaças representadas por integralistas, espiões internacionais, sobretudo alemães e italianos, e opositores de Vargas. Já a Secção 2 (S-2), de ordem social, preocupava-se com o controle sobre comunistas, sindicatos, associações, movimentos civis e propagandas anti-Vargas. Segundo relatórios, a primeira secção dedicava-se mais aos opositores de direita, enquanto a segunda, aos de esquerda. Entre 1932 e 1942, esta Delegacia produziu informações quase que exclusivamente ao próprio Presidente da República, e sua relação com o Tribunal de Segurança Nacional no exercício do controle social e político foi intensa.[218] Ao mesmo tempo, o processo de profissionalização seguia: o Decreto nº 22.232, de 1933, instituiu a Diretoria Geral de Investigações, embrião da futura polícia técnica, bem como a Escola de Polícia.[219]

---

[218] Ibidem, p. 88.
[219] MUNIZ; MUSUMECI, op. cit., p. 49.

Já em São Paulo, a polícia política era resquício da Velha República oligárquica, funcionando desde a fundação da Delegacia de Ordem Política e Social (Deops) em 1924, ligada ao Gabinete Geral de Investigações. Regulamentada em 1928, nos anos 1930, ela passou a ter como competências a prevenção e a repressão de infrações que atentavam contra a política, a República, a Constituição, a forma de governo e a segurança interna, entre outros. Ela também era responsável pelo processo de entrada de estrangeiros no país, pela fiscalização e estatísticas do trabalho e do movimento operário e pela repressão ao anarquismo e demais doutrinas de subversão social. Sob o regime varguista, é curioso observar como o Deops se dividiu em quatro delegacias especializadas em 1938: a de Ordem Política, a de Ordem Social, a de Explosivos e a de Estrangeiros. Dois anos após, o Decreto que transformou a Delegacia em Superintendência se justificava diante "das causas perturbadoras da paz internacional, tais como a luta de classes e de ideologias político-sociais", que ensejavam "definir e esclarecer melhor a orientação da política de segurança política e social", sobretudo na "fiscalização de entrada, permanência e saída de estrangeiros". Mais tarde, a criação do Serviço Secreto e da Delegacia de Ordem Econômica ampliariam ainda mais as competências do Deops.[220]

A história se repetiu na segurança pública mineira, onde o Decreto nº 10.023, de 1931, criou a Chefia de Polícia estadual. Entre seis delegacias especializadas previstas na Seção de Investigações e Capturas em Geral, além das ligadas a crimes específicos, como roubos e furtos, havia as destinadas a controlar costumes e jogos e à vigilância geral, explicitando o controle social que a polícia exerce. O controle político também estava no cotidiano da Polícia Civil, que, na Intentona Comunista, agiu na repressão ao movimento apreendendo boletins e realizando

---

[220] PEDROSO, op. cit., p. 112-120.

prisões preventivas. Pouco antes, em 1934, o serviço de identificação da polícia passara por grande reforma e reaparelhamento, além de ter recebido a incumbência de registrar empresas de publicidade e catalogar agremiações de caráter extremista. Em 1936, a polícia mineira recebeu um novo laboratório técnico para perícias microscópicas e toxicológicas. No ano seguinte, a criação do albergue policial em Belo Horizonte seria instrumento central para a fiscalização e controle da mendicância e de menores abandonados.[221]

Em terras gaúchas, este movimento ocorreu com mais intensidade a partir de 1937, quando a Delegacia de Ordem Política e Social foi regulamentada como setor independente e especializado. Na época, a fronteira com a Argentina e o Uruguai, com tendências de apoio ao Eixo, e a grande população de europeus e descendentes aproximaram o então Chefe de Polícia, Plínio Milano, do FBI norte-americano, que solicitou a designação de um agente dos EUA para "iniciar o processo de aperfeiçoamento da organização e do treinamento policial no Rio Grande do Sul". A proximidade era tanta que, em 1943, Plínio enviou memorando à agência dos EUA garantindo que o agente especial designado para trabalhar no DOPS teria acesso integral ao arquivo policial.[222] O Decreto que criou a Delegacia, aliás, também mencionou a recém-criada Escola de Polícia, fundada para instituir meios científicos e padronizados de combate e prevenção ao crime. Medicina, antropologia e sociologia eram algumas das disciplinas da Escola voltadas a "entender a mente criminosa", bem como o aprendizado sobre a utilização de téc-

---

[221] FUNDAÇÃO JOÃO PINHEIRO, op. cit., p. 91-104.
[222] BAUER, Caroline Silveira. O Departamento de Ordem Política e Social do Rio Grande do Sul (DOPS/RS): terrorismo de Estado e ação de polícia política durante a ditadura civil-militar brasileira. Revista Ágora, Vitória, n. 5, p. 1-31, 2007. p. 15.

nicas de papiloscopia e química forense. A Escola funcionou por dois anos inicialmente, efetivando-se somente em 1957. A revista "Vida Policial" também passou a ser editada em 1938, publicando, até 1946, artigos sobre técnicas policiais e assuntos culturais do período.[223]

Outro centro urbano histórico do país, Pernambuco viveu processo semelhante. Desde a criação da Secretaria de Segurança Pública, em 1931, seu aparato policial já contava com a Sessão de Ordem Política e Social, responsável pela vigilância e repressão a grupos associados, sindicalizados ou organizados em partidos. Ela foi transformada em Delegacia em 1935 e, embora dividida entre uma Delegacia de Ordem Social e outra de Ordem Política em 1937, as duas funções sempre se mantiveram integradas. Vale lembrar que, em 1935, Recife fora um dos principais focos da Intentona Comunista, o que levou à criação do Serviço de Repressão ao Comunismo. Curiosamente, através de intervenção do Governo Federal, ele foi extinto meses depois por se considerar que a Delegacia de Ordem Política era suficiente para tal objetivo. Estas duas delegacias especializadas possuíam amplo leque de funções: fiscalização desde armas até hotéis, censura de meios de comunicação, repressão de reuniões, apreensão de bens e objetos, realização de prisões e inquéritos, vigilância e repressão ao comunismo. Em 1939, foi instituído o Serviço Secreto e, no início da década de 1940, policiais do DOPS pernambucano chegaram a receber treinamento e capacitação de agentes internacionais, inclusive da Interpol, para aprimorar atividades de controle social e político.[224]

---

[223] POLÍCIA CIVIL DO ESTADO DO RIO GRANDE DO SUL. Livro de lembranças ACADEPOL – 83 anos (1937-2020).

[224] RICARDO, Arleandra de Lima. A DOPS em Pernambuco no período de 1945 a 1956: autocracia em tempos de "democracia?" Dissertação (Mestrado em História Social) –Pontifícia Universidade

Na Bahia pós-Revolução de 1930, mudanças estruturais na Polícia Civil também ocorreram. Destaque para o Decreto nº 8.226, de 1932, que reorganizou a Secretaria de Polícia e Segurança Pública para, entre outras medidas, definir algumas estruturas da Polícia Civil, entre elas, a Delegacia de Ordem Política e Social e o Departamento de Polícia Técnica. Mais tarde, em momento de profissionalização e modernização do ensino interno, o Decreto-Lei nº 171, de 1944, instituiria a Escola de Polícia.[225] Com os esforços de federalização do governo Vargas, na verdade, as décadas de 1930 e 1940 viveram uma conformação das polícias políticas como eixo central das Polícias Civis de cada unidade federativa do país. Em Alagoas, a DOPS foi criada pelo Decreto nº 2.887, de 1937. Um ano antes, a Lei nº 130, de 1936, já tinha criado órgão análogo no Ceará. Já no Espírito Santo, a iniciativa surgiu como mera função na criação do cargo de Delegado de Ordem Social, o qual evoluiria para verdadeira Delegacia entre 1935 e 1937. No Paraná, a DOPS nasceu do desmembramento de delegacias promovido pela Lei nº 77, de 1937. No Sergipe, a Lei nº 61, de 1936, criou a Delegacia Especial de Segurança Política e Social, que seria extinta três anos depois para dar lugar à Inspetoria Geral de Informações.[226]

No geral, o desenvolvimento através de profissionalização e especialização iniciado ainda na Velha República evoluiu, na Era Vargas, para a consagração do aparato policial de controle social e político tão típico desta época e observado em vários países. Este processo nacional não significa, porém, que as po-

---

Católica, São Paulo, 2009. p. 28-35.
[225] POLÍCIA CIVIL DO ESTADO DA BAHIA. Polícia Civil da Bahia: história, liderança e influências. Salvador: EGBA, 2018. 166 p. p. 21.
[226] SODRÉ, Caroline Almeida. Descrição, acesso e difusão dos acervos das DOPS no Brasil. Dissertação (Mestrado em Ciência da Informação) – Universidade de Brasília, Brasília, 2016. p. 100-121.

lícias brasileiras se dedicassem exclusivamente, neste período, a tais atividades de controle sobre grupos de oposição. Mas não se pode negar que é este aspecto que norteará, sobretudo ao longo dos anos 1930 e 1940, tanto o desenvolvimento das instituições de segurança pública do país, quanto as próprias noções de crime e criminoso construídas sob a visão positivista típica do período. Também é claro o grande espaço que as atividades de cunho político ocupavam no cotidiano policial brasileiro.

Mesmo a falha estatística criminal da época dá indícios fortes disso. Em 1934, o Cadastro Penitenciário e Estatístico do Brasil registrou 6.212 presos cumprindo condenação no país. Os números, porém, em nada se comparam com a realidade prisional brasileira da época: só na cidade de São Paulo, em 1938, 46.336 pessoas sofreram detenção policial ou correcional, quantidade anual que flutuou próxima disso até 1942, ano com 47.789 destas ocorrências. No mesmo ano, o interior paulista registrou 35.039 detenções, sendo 34% destas, ou seja, 11.761, para averiguações policiais. Outras 33% (11.473) resultaram de alcoolismo, 21% (7.528) de desordem e 3% (1.086) de ociosidade. Já no Rio de Janeiro, só a Casa de Detenção recebeu 4.541 presos em 1934, e 5.098 no ano seguinte. Em 1937, com a superlotação e os maus tratos na Casa, que recebia mais de 1.200 presos para pouco mais de 400 vagas, presos políticos realizaram rebelião, reprimida a pedido da Delegacia de Ordem Política e Social. Na época, o Governo Federal chegou a criar cárceres voltados exclusivamente para presos políticos, como a Colônia Agrícola de Fernando de Noronha, transformada em 1938 para receber "indivíduos reputados como perigosos à ordem pública, ou suspeitos de atividades extremistas".[227]

Ainda que, em várias questões políticas e sociais, a Era Vargas tenha representado mudanças radicais para o país, na organiza-

---

[227] CANCELLI, op. cit., p. 180-185.

ção policial, vemos a manutenção de características do regime anterior. Getúlio não rompeu com o controle político e social da Velha República. Ao contrário, o aprimorou intensificando o processo de especialização e profissionalização iniciado anos antes, agora, porém, de forma centralizada e nacional. De um lado, Vargas impôs limites ao crescimento da Polícia Militar e a submeteu ao Exército Nacional, mas seguiu estruturando a profissionalização militarizada de suas tropas. De outro, ampliou a importância do positivismo criminológico na especialização das Polícias Civis, centralizada na formação da polícia política através das recém-criadas Delegacias de Ordem Política e Social. Em ambos os casos, a política de controle social e político sobre camadas que representassem alguma ameaça ao projeto governista foi mantida, como ocorrera durante a Primeira República, agora justificada, sobretudo, pela segurança nacional e pelo combate ao comunismo.

Quando Vargas foi retirado do poder e o país entrou em momento histórico de consolidação democrática, podia-se esperar que as estruturas policiais enfim iniciassem novo processo de desenvolvimento e modernização amparados em valores igualmente democráticos. Por mais contraditório que possa parecer, porém, esta não seria a realidade no país. A manutenção de instituições policiais autoritárias em tempos de democratização ou de modernização, aliás, acompanharia a história brasileira até os dias de hoje, conforme veremos mais à frente. Não que o país não tenha, de fato, experimentado momento inédito de democratização entre a queda de Vargas, em 1945, e o Golpe Militar de 1964. Uma série de contrapontos de caráter democrático surgiriam no Brasil nos anos seguintes, mas a estrutura policial herdada da época varguista sofreria poucas mudanças. Até mesmo processos de especialização iniciados ainda na Velha República manteriam suas características, e isto teria consequências diretas e nefastas para a sociedade brasileira na década de 1960.

A corda bamba do primeiro período democrático brasileiro

É emblemático que Boris Fausto[228] considere Getúlio "um dos grandes vencedores das eleições de 1945". Beneficiado pela lei eleitoral, ele foi eleito senador pelo Rio Grande do Sul e por São Paulo e deputado por sete diferentes estados, optando pela cadeira gaúcha no Senado pelo PSD. Seu partido emplacou maioria absoluta nas duas Casas Legislativas federais, além do Presidente da República, o militar Eurico Gaspar Dutra, que assumiu ao fim de janeiro de 1946 e iniciou a nova Constituinte, afastada da Carta de 1937, "optando pelo figurino liberal-democrático", mas com caminho aberto para continuar o antigo modelo corporativo. Em linha semelhante, Skidmore[229] considera que, como em 1934, a nova Carta englobava, ao mesmo tempo, as esperanças dos constitucionalistas liberais e as daqueles favoráveis a um governo central forte. Por um lado, foram incluídos dispositivos com o objetivo de assegurar eleições livres e direitos cívicos. Por outro, jamais houve retorno ao sistema descentralizado pré-1930.

Nas estruturas policiais, as continuidades foram mais evidentes. À maneira da Carta de 1934, as Polícias Militares se consagraram em previsão constitucional, nas funções de "segurança interna e manutenção da ordem nos Estados, Territórios e Distrito Federal" e como forças auxiliares e reservas do Exército. Outro aspecto mantido foi a competência da União em legislar sobre "organização, instrução, justiça e garantias das policias militares" e seu uso pelo Governo Federal em caso de guerra ou mobilização.[230] Ou seja, dois aspectos importantes

---

[228] FAUSTO, 2006. p. 399.
[229] SKIDMORE, op. cit., p. 91.
[230] BRASIL. Constituição dos Estados Unidos do Brasil (de 18 de

que marcaram o desenvolvimento destas forças públicas durante a Era Vargas restaram mantidos: o caráter profissional militarizado e a submissão à União e ao Exército Nacional.

A posição das Polícias Militares no período é bem representada pelo caso paulista, onde, para manter a paz e a fidelidade das tropas ao governo provisório pós-queda de Vargas, o interventor Macedo Soares concedeu inúmeros benefícios a oficiais e praças da Força Pública. Nos anos seguintes, a Polícia Militar seguiu aumentando moderadamente seu efetivo e cuidando do aperfeiçoamento intelectual de seus profissionais, sobretudo no treinamento para atuar como auxiliar da polícia judiciária. Em anos de tensão, porém, seu uso político repressivo foi solicitado, como nas agitações operárias após o suicídio de Vargas ou na ascensão do líder trabalhista João Goulart à vice-presidência na chapa de Kubitschek. Com greves e passeatas parando São Paulo, Jânio Quadros, então Governador e sob intensa pressão federal, lançou a cavalaria contra os manifestantes com extrema violência, encerrando as revoltas. Neste clima, em 1956, Jânio ampliou a fixação do efetivo da força de 13.705 homens para 18.000. Às vésperas de nova agitação, em 1963, o Governador Adhemar de Barros, ferrenho opositor do Governo Federal ocupado por Jango, acresceu mais 10.000 membros à Força Pública, somando um efetivo de 30.000 homens. Ao mesmo tempo, praças e oficiais receberam aumento de vencimentos em nível bem superior ao de servidores civis e recursos financeiros excepcionais sustentaram treinamentos de guerra para a tropa. O uso da cavalaria contra movimentos grevistas e de trabalhadores se intensificou, levantando ameaças de intervenção federal pelo governo trabalhista. Na virada para abril de 1964, a for-

---

setembro de 1946).

ça estadual paulista desempenharia papel importante no golpe que instalaria a Ditadura Civil-Militar dos próximos 21 anos.[231]

Mas não se pode reduzir o papel da Polícia Militar do período ao âmbito político. Nesse sentido, a análise de Rolim[232] sobre o contexto paranaense pode ser enxergada numa perspectiva nacional, já que as mudanças na polícia do Paraná tinham plena sintonia com os debates da Conferência Nacional de Polícia de 1951, onde ganhou força a tese de que as Polícias Militares poderiam desempenhar papel mais relevante no policiamento ostensivo. Defendendo o aumento do efetivo das forças estaduais por critérios demográficos, apontou-se a necessidade de policiamento no interior dos estados. Outra necessidade discutida foi a unificação do comando policial, já feita pelo próprio Paraná três anos antes ao criar a Chefatura de Polícia e fortalecida na criação da Secretaria de Segurança Pública em 1962. Nesta linha, a tese aprovada na Conferência também se preocupou em subordinar a comando único as forças municipais de policiamento ostensivo. Muitos dos debates da Conferência de 1951 já faziam parte da realidade do cotidiano policial no país: preocupações com a uniformização e padronização das Polícias Militares e na definição clara de seu papel já haviam sido reguladas dois anos antes no Paraná, pelo Decreto nº 5.434, que estabeleceu o uso obrigatório de uniforme com insígnias e distintivos, e pelo Decreto nº 241, que instituiu o Estatuto dos Servidores Militares do Estado.

Melhorias de vencimentos e oferecimento de planos de assistência médica também foram registrados na tropa paranaense ao longo dos anos 1950 como forma de atrair candidatos mais qualificados, enquanto a formação destes profissionais sofria

---

[231] DALLARI, 1977. p. 73-77.
[232] ROLIM, Rivail Carvalho. O policiamento e a ordem: histórias da polícia em Londrina: 1948-1962. Londrina: Eduel, 2013. p. 124-140.

algumas mudanças. O Governo Estadual paranaense passou a inspirar-se na preparação das tropas paulistas e do Distrito Federal, onde o programa de ensino era composto por 80% de instruções técnicas de policiamento e somente 20% de conteúdos exclusivamente militares. Dessa forma, em 1958, o Governo do Paraná enfatizava que seus soldados ficariam aptos para o desempenho da função policial, mas sem que descuidassem do preparo militar como força reserva do Exército. O policiamento "Cosme e Damião", composto por duplas de policiais circulando a pé pelas ruas, foi uma novidade da época inspirada em seu suposto sucesso no Distrito Federal, chegando até mesmo a cidades do interior como Londrina. Ao mesmo tempo, a polícia adquiria metralhadoras de mão, tipo Madeson, calibre 45. Em agosto de 1953, a Folha de Londrina noticiou que, em um mês, várias prisões por motivos de vadiagem, mendicância, desordens, embriaguez e para mera averiguação haviam sido realizadas, enquanto o Comandante da Polícia Militar afirmava que as ações de revista da sua tropa focavam-se na zona do meretrício, em bailes públicos e em "pessoas suspeitas na calada da noite".

Processo semelhante ao de Minas Gerais, onde, a partir de 1950, a Polícia Militar instituiu o programa de Instrução Policial, voltado para a segurança pública e o policiamento ostensivo urbano a pé ou motorizado. Sem excluir o treinamento militarizado, o candidato passou a receber outras formas de preparo voltadas às técnicas policiais, inclusive a instrução noturna, período em que a maioria dos delitos ocorria. O Manual de Instrução Policial Básica, aprovado em 1962, mostrou grande preocupação com o convívio dos policiais com a sociedade civil, dispondo sobre procedimentos legais, técnicos e psicológicos nos tratos que envolviam o trabalho policial militar. Também ressaltou a importância das ações preventivas, ao mesmo tempo que dispunha sobre o uso da força discricionária quando necessária. No policiamento cotidiano, o cassetete e o revólver calibre 38 eram mais comuns, mas alguns agrupamentos especiais se utilizavam de armamento mais pesado. Este processo todo não impediria que, a partir de 1962, a Polícia Militar mineira passasse por intenso treinamento militarizado que a transformasse em força combatente com papel importante no Golpe de 1964.[233]

Estava sendo gestada uma visão de segurança pública em que as Polícias Militares agiam não só no controle político de repressão a movimentos operários de grande vulto. Já ao fim dos anos 1940, começou a se criar um sistema de segurança pública no qual a Polícia Militar teria presença mais intensa no cotidiano da sociedade brasileira, como verdadeira polícia ostensiva ao lado das Guardas Civis. Apesar de atividades cada vez mais voltadas ao policiamento comum, o caráter militar de organização e profissionalização foi mantido. Era o início da consolidação deste sistema híbrido de segurança pública, que mescla estruturas de policiamento diário com características de força auxiliar do Exército, tão típico do Brasil até os dias de hoje e que traria consequências ao ambiente político do país nos anos 1960.

Já no âmbito civil, a Constituição de 1946 reduziu substancialmente as prescrições relativas à Segurança Nacional se comparada à anterior. Extinto o antidemocrático Tribunal de Segurança Nacional um ano antes, a competência para julgar atentados contra a existência, a segurança e a integridade do Estado e contra a guarda e o emprego da economia popular foi repassada a juízes e tribunais previstos na nova Carta. Nesta, a "Segurança Nacional" passou a ser regulada não mais em título próprio, mas junto a outras disposições, em certa redução de sua importância. O Conselho de Segurança Nacional ficou

---

[233] VIEIRA, Fabio Antunes. De policiais a combatentes: a PM de Minas e a identificação com a DSN em meados do século XX. Dissertação (Mestrado em Desenvolvimento Social) – Universidade Estadual de Montes Claros, Montes Claros, 2007. p. 44-47.

mantido, destinado ao estudo de problemas relativos à "Defesa Nacional", como concessões de terras, aberturas de vias de comunicação, construções de estradas internacionais e estabelecimento de indústrias de interesse à "segurança do país". Pautada na redemocratização, a nova Constituição garantiu a liberdade de pensamento e ação, porém continuou a não tolerar propaganda de guerra e processos violentos com o objetivo de subverter a ordem política ou social.[234]

Ao menos constitucionalmente, é possível perceber que as preocupações acerca da segurança nacional pareciam perder espaço na conformação do novo cenário político nacional para outras de caráter democrático. Na prática, ainda que com novos mecanismos típicos das democracias exercendo algum contraponto, vários resquícios autoritários de controle social oriundos das velhas políticas de segurança nacional continuaram agindo no Brasil. Mesmo com a retomada da política partidária e com as novas garantias de liberdades civis, a narrativa anticomunista seguiu como ponto central na política do país, e, nesse contexto, o aparato policial brasileiro manteve seu papel vigilante sobre camadas possivelmente revoltosas.

Tal narrativa se manteve sobre reflexos da realidade. De volta à legalidade, o mais forte Partido Comunista da América Latina conseguia mesmo representar uma oposição implacável ao Governo Dutra, principalmente após os surpreendentes resultados nas últimas eleições, conquistando 15 cadeiras na Assembleia Constituinte. Choques entre comunistas e a polícia eram constantes e Prestes, em março de 1946, chegou a declarar que apoiaria a União Soviética em caso de guerra entre os países. Dois meses depois, Dutra expurgou todos os funcionários públicos filiados ao PCB. Nas eleições suplementares de 1947, o PCB aumentou ainda mais seu espaço, consolidando-se como quarta

---

[234] PEDROSO, op. cit., p. 61-62.

maior força partidária do país com 17 deputados, 1 senador, 46 legisladores estaduais e 18 distritais. Em São Paulo, os resultados do PCB superaram até a UDN. Percebendo não lidar mais com uma incipiente força comunista como a do fracassado levante de 1935, Dutra usou a repressão. Em decisão judicial que coincide com o início da Guerra Fria, considerado de caráter antidemocrático, o PCB foi declarado fora da lei e suprimido mais uma vez, medida apoiada por Exército e constitucionalistas liberais. Logo depois, a Confederação dos Trabalhadores do Brasil seguiu o mesmo caminho, com o Governo Federal intervindo em 143 sindicatos "para eliminar os elementos extremistas".[235]

O contexto da Guerra Fria deu sobrevida ao discurso anticomunista ao mesmo tempo em que o Brasil enfim se abria a certos aspectos democráticos. Este cenário cedeu espaço para a continuidade de outros mecanismos de controle político e social. Em relação à imigração, por exemplo, "não houve sequer indícios de uma transição democrática". Em 1945, o Brasil até reabriu a imigração pelo Decreto-Lei nº 7.967, redefinindo a situação jurídica do estrangeiro. Tal regulamento, porém, manteve vários antigos entraves de cunho nacionalista, como o sistema de cotas e as diretrizes de proteção ao trabalhador nacional, de "branqueamento da população" e de rejeição aos indesejáveis, como o "indigente ou vagabundo", os tidos como não saudáveis e os nocivos à ordem pública, à segurança nacional ou à estrutura das instituições. Ainda que anistiados do crime de "prática de comunismo" pelo Decreto, a decisão não revogou a expulsão dos estrangeiros assim rotulados. Mesmo após 1945, as publicações da Revista de Imigração e Colonização seguiram impregnadas por ideais racistas e eugênicos típicos do nazifascismo.[236]

---

[235] SKIDMORE, op. cit., p. 94.
[236] MORAES, op. cit., p. 94-95.

Embora o autoritário Tribunal de Segurança Nacional tivesse sido extinto e o tema tivesse perdido espaço no Texto Constitucional, políticas de controle pautadas pela segurança nacional foram mantidas no Brasil da Guerra Fria. Este contexto, é claro, impactava diretamente as estruturas de segurança pública, que manteriam boa parte dos aspectos conformados na Era Vargas. Pacheco[237] lembra que, pouco antes da queda de Getúlio, a Polícia Civil do Distrito Federal havia sido reformulada pelo Decreto-Lei nº 6.378, transformando-se no Departamento Federal de Segurança Pública (DFSP), consagrando sua federalização e formalizando sua esfera de atuação local e nacional no policiamento marítimo, aéreo e de fronteiras. Em 1946, ao contrário do que se poderia esperar com a queda de Vargas, os poderes do DFSP foram ampliados pelo Decreto-Lei nº 9.353, lhe concedendo jurisdição sobre qualquer crime contra a segurança do Estado e de suas estruturas sociais e trabalhistas. A polícia do Distrito Federal passou a exercer formalmente papel de proeminência frente às demais polícias estaduais, como "espécie de Polícia Federal com autoridade reconhecida em todo o território nacional".

A estrutura centralizada da Polícia Civil brasileira que viabilizou o regime anterior foi mantida, assim como dispositivos vigilantes típicos da polícia política, como a própria Divisão de Polícia Política e Social (DPS) do Distrito Federal. Ainda em 1946, o Decreto-Lei nº 9.775-A criou uma instituição específica para atividades de inteligência doméstica: o Serviço Federal de Informações e Contra Informações (SFICI), integrante do Conselho de Segurança Nacional e chefiado por militares, com a função de "gerenciar a atividade de coleta e processamento de dados, bem como a produção de informações pertinentes à Defesa e interesses do Estado brasileiro". A SFICI, porém, só sairia

---

[237] PACHECO, op. cit., p. 94-98.

do papel em 1956, sob o Governo de Juscelino Kubitschek. Antes disso, se conformou uma estrutura com as Seções de Segurança Nacional de cada Ministério subordinadas ao Conselho de Segurança Nacional. Ao fim dos anos 40, Pacheco considera que o Conselho consolidou um papel de gerenciador e avaliador de informações, enquanto o trabalho de Segurança Interna era levado a cabo pela Polícia Política.

Há vários registros de atividades policiais de cunho político no Brasil pós-1945. Em 1949, documentos sigilosos do Conselho continham pedido de informação à polícia, bem como informações do DOPS paulista, acerca de atividades comunistas em São Paulo. Em 1951, há registro de envio de informações da polícia do Distrito Federal ao Conselho sobre elementos comunistas. Em 1955, o Conselho requereu à Divisão de Polícia Política informações sobre associações que poderiam fazer parte do extinto Partido Comunista, obtendo confirmação de relações destas com a Polônia e a Tchecoslováquia em ações de propaganda comunista em solo brasileiro. Para Pacheco, a criação do SFICI, diminuiria esse protagonismo da Polícia Política na inteligência doméstica. Analisando documentações sigilosas de 1959, quando o Serviço já funcionava plenamente, ele afirma que o Ministério da Justiça e a Seção de Segurança Nacional tornaram-se mais receptores de informações por parte do Conselho do que fornecedores. Subordinada àqueles dois, a Polícia Política assumiu função mais operacional e judiciária do que propriamente operadora de inteligência. A importância do SFICI, por outro lado, foi crescente, e, logo em 1956, o Governo Juscelino enviaria três militares e um policial para realizar estágio na CIA, modelo para o novo serviço, e no FBI norte-americano.

De forma semelhante, as Delegacias de Ordem Política e Social espalhadas pelo país também continuaram seus trabalhos de controle. Em Pernambuco, esta instituição perdurou ao longo de todo o período com diferentes denominações: Inspetoria de Ordem Política, Econômica e Social a partir de 1946, Delegacia Auxiliar entre 1948 e 1957, voltando à nomenclatura DOPS de 1961 até sua extinção em 1990. A participação desta divisão na II Conferência de Polícia Nacional, em 1958, dá a exata dimensão das atividades por ela realizadas ao longo do período. Na tese apresentada ao evento, destacavam-se os perigos da "infiltração comunista" justificados por uma série de documentos apreendidos do PCB nos anos anteriores. Parte dos documentos também evidenciavam as ações de repressão policial. Ao 6 de janeiro de 1956, sob Governo Federal transitório de Nereu Ramos e "nova orientação" de trabalho voltada à "repressão mais eficiente" aos Comitês ligados ao PCB, a polícia realizou várias ações contra associações e células comunistas no Recife e no interior do estado. A ação era considerada a maior do tipo desde a derrota da Intentona em 1935. Quatro meses depois, já sob a presidência de Juscelino, a polícia realizaria novas apreensões no Comitê Provisório Regional[238].

Em Minas, a Polícia Civil também continuou seu processo de desenvolvimento e especialização contando com divisões de controle político e social. O Decreto-Lei nº 147 organizou a Chefia de Polícia em diversos órgãos, entre eles, as Delegacias Especializadas de Ordem Pública, de Ordem Econômica, Fiscal de Costumes e Jogos e de Vigilância Geral e Repressão à Vadiagem, além dos Serviços de Registro de Estrangeiros e de Polícia Técnica. Em 1954, a Delegacia de Ordem Pública chegou a mudar de endereço pelo crescente número de presos, mesmo ano em que seriam criadas, dentro dela, as seções de ordem política e social, de armas, munições, explosivos e produtos químicos agressivos e a especial de vigilância. Também neste ano, a Casa de Correção registrou superlotação superior a 370 detentos, frente a apenas 100 vagas. A ação política da Polícia Civil mineira ganhou mais

---

[238] RICARDO, op. cit., p. 35-48.

força a partir de 1960, quando o DOPS denunciava a organização de movimentos grevistas e a Delegacia de Vigilância Especial fiscalizava diariamente pontos de embarque e desembarque de Belo Horizonte para localizar membros do Partido Comunista. Neste ano, o DOPS expandiu o setor de radiocomunicação através de uma nova estação central na capital e outras três em Governador Valadares, Uberlândia e Montes. Eram momentos que antecediam o Golpe Militar de 1964.[239]

Atividades policiais de controle social e político também seguiram intensas no estado de São Paulo entre 1946 e 1964. No acervo digitalizado do Estado de São Paulo, é possível encontrar inúmeras fichas, boletins e documentações do DEOPS no período, muitas dando conta do trabalho de vigilância sobre organizações e pessoas tidas como subversivas ou com ligações com movimentos comunistas. É o caso da investigação registrada em 17 de julho de 1950 como "descontentamento reinante da Empresa de Transportes Coletivos, de Sorocaba", na qual informa um dos "reservados" do DEOPS paulista confirma que um protesto contra o aumento de passagens teria sido "lançado nos meios comunistas locais e liderado pela tecelã Salvadora Lopes Peres, conhecida agitadora comunista". Há até casos de investigação sobre pessoas que sequer aparentavam integrar alguma organização política, como o de Fulgencio Ribeira, taxista que, segundo relatório de 21 de julho de 1950, apenas pleiteou indenizações de cunho trabalhista na Junta de Conciliação e Julgamento e procurou colegas que depusessem a seu favor. O próprio relatório afirma que nada se podia saber a respeito de assuntos políticos, "nem mesmo se é simpatizante do comunismo", concluindo que, "para uma apuração mais conclusiva", seriam necessários mais dias de serviço, "inclusive campana".[240]

---

[239] FUNDAÇÃO JOÃO PINHEIRO, op. cit., p. 91-104.
[240] ARQUIVO PÚBLICO DO ESTADO DE SÃO PAULO. Dossiês

Exemplos desta continuidade eram observados em todo o país. Em Alagoas, o Decreto-Lei nº 3.189, de 1946, não só manteve, como reformulou o DOPS criado nove anos antes. No mesmo ano, o Espírito Santo decretou a unificação da Delegacia de Ordem Política e Social com a Delegacia de Estrangeiros e as 1ª e 2ª Auxiliares para formar a Delegacia Especializada de Ordem Política e Social. Em 1953, nova lei regularia as atividades desta delegacia capixaba, à qual deveria competir a repressão aos crimes que atentassem contra a ordem política e social e a economia regular, entre outros, a fiscalização de hotéis, habitações coletivas e embarques e desembarques no território, o controle sobre a fabricação de armas e explosivos, o registro de estrangeiros e a execução dos serviços secretos da Polícia Civil. Já no estado sergipano, ao fim do Estado Novo, foi criada a Inspetoria de Ordem Social, a qual perdurou até 1973.[241]

A manutenção generalizada do pleno funcionamento das polícias políticas no país levanta a questão: como se dava a dinâmica contraditória entre aparatos tipicamente autoritários e mecanismos que surgiam na sociedade brasileira com o avanço democrático vivido? A Carta de 1946 ampliou direitos e liberdades civis para cidadãos brasileiros, ao passo que, na prática, o contexto da Guerra Fria manteve vivas estruturas de controle social e político justificadas pela segurança nacional. Pois esta convivência entre instituições democráticas e repressivas, em verdadeiro sistema de pesos e contrapesos, seria marca recorrente e contraditória da própria democracia brasileira, tanto no momento de seu nascimento, quanto nos dias de hoje.

Pacheco[242] tece uma acurada análise sobre este cenário geral. Lembrando que o país vivia, sim, uma experiência demo-

---

Comunismo. Dossiê Comunismo – Vol. 21 (doc. 2713 a 2832), 1950.
[241] SODRÉ, op. cit., p. 100-121.
[242] PACHECO, op. cit., p. 98-104.

crática, com Assembleia Constituinte soberana, "direitos civis garantidos, separação de poderes assegurada, liberdade de imprensa e governantes eleitos por voto direto e secreto", ele afirma que, na República de 1946, a Polícia Política estava sujeita a ter de prestar contas a outras instâncias democráticas. Em 1948, por exemplo, o deputado Café Filho solicitou informações sobre a emissão de Atestados de Ideologia pela polícia, solicitando saber sua base legal, sua obrigatoriedade para o ingresso no serviço público e se estes restringiam suas negativas apenas aos comunistas. Os questionamentos baseavam-se na nova Constituição e tiveram repercussão nos jornais "O Mundo" e "Folha Carioca". Igualmente, quando membra da Associação Feminina do Distrito Federal fora assassinada no início dos anos 1950, os jornais noticiaram as consequentes manifestações contra a violência policial.

Eram novos tempos e, "com a maior abertura da imprensa, as práticas policiais estavam expostas à opinião pública e às críticas de jornais e revistas", novas pressões externas que surtiam efeitos. Após o questionamento aos Atestados de Ideologia, por exemplo, o Delegado de Segurança Social, José Picorelli, se viu obrigado a minimizar os fatos, justificando que estes não passavam de simples comprovantes de antecedentes, o que seria prática comum de polícias modernas pelo mundo, como nos EUA. As explicações não convenceram e, em 1952, mais uma vez na presidência, agora de forma democrática e alinhado ao trabalhismo, Vargas sancionou a Lei 1.667, proibindo a exigência destes atestados.

Para além da maior liberdade de manifestação e de imprensa, a efetiva separação de poderes colocou não só o Legislativo, mas também o Judiciário como possível limite à atuação das polícias. Extinto o Tribunal de Segurança Nacional, o novo regime democrático conseguiu impor algumas restrições ao trabalho policial através do próprio sistema jurídico existente, tais como o sigilo de correspondência, a inviolabilidade de residência, a livre defesa do acusado e o *habeas corpus*. Este último, aliás, era tão significativo que chegou a gerar reclamações entre agentes das polícias políticas de São Paulo e Recife, que encaminharam relatórios ao Conselho de Segurança Nacional criticando o instrumento, "um entrave para seu trabalho". Casos como o do homem chamado José Leite, preso em 1961 por propaganda subversiva e colocado em liberdade por meio de *habeas corpus*, finalmente eram realidade, muito embora, absolvido em primeira instância, ele fosse acabar condenado no Supremo.

Esta condenação mostra que, se, por um lado, instituições e liberdades democráticas impunham limites ao poder das polícias, por outro, estas próprias liberdades tinham limites impostos pela realidade política do país. Pacheco aponta que algumas contradições punham em xeque as garantias que avançaram no Brasil neste período. Na mídia, por exemplo, a isenção jornalística se tornava frágil em contextos em que grandes empresas de comunicação e governos mantinham interesses em comum. O pensamento político de boa parte da imprensa se alinhava a setores conservadores da sociedade brasileira, opondo-se a muitas das ideias advindas dos setores de trabalhadores, situação que tampouco é estranha aos dias de hoje.

Com a ameaça do getulismo trabalhista repaginado à esquerda, a mídia brasileira chefiou o discurso antigetulista em momentos chave da República de 1946, deliberadamente misturado ao anticomunismo. Havia "emparelhamento de interesses entre Polícia Política e grande mídia no tocante a voltar a opinião pública contra o inimigo interno que seria o comunismo, o qual estaria por trás das políticas trabalhistas", diminuindo a possibilidade de constrangimento destas atividades policiais pelo trabalho idôneo da imprensa. O pensamento conservador atingia igualmente o Judiciário, como vimos no caso concreto acima citado, assim como o Legislativo, que, embora tivesse algum poder de constrangimento, nunca possuiu mecanismo congressual de controle sobre estas atividades policiais em tempos democráticos.

Desta forma, neste breve período democrático brasileiro entre o fim do Estado Novo e o Golpe Militar de 1964, as políticas e instituições de segurança pública passaram por poucas mudanças estruturais. Na verdade, sob justificativas de segurança nacional, foram mantidos os aparatos policiais típicos de uma visão de controle social e político, como as polícias políticas no âmbito civil e as tropas militarizadas estaduais. Políticas paralelas relacionadas à segurança pública também mantiveram características de períodos autocráticos, como o Conselho de Segurança Nacional ou as leis xenófobas e eugênicas de trato aos estrangeiros. O contexto da Guerra Fria era a justificativa perfeita para a manutenção da narrativa anticomunista, pano de fundo para uma política de controle abrangente que atingia variadas camadas populares.

Ao mesmo tempo, houve, de fato, grande avanço em liberdades e garantias civis que ofereciam contraponto democrático a estas formas estatais autoritárias e policialescas. A liberdade de imprensa, a separação de poderes e a volta de meios jurídicos de defesa contra o poder público exerceram papel importante neste período de avanço democrático. Porém, mesmo tais contrapontos devem ser analisados com certas ressalvas, vez que o discurso conservador e a narrativa anticomunista permeavam também estes meios tidos como democráticos. Havia, assim, um complexo sistema de pesos e contrapesos na nova democracia brasileira, mas era rotineiro que estes pendessem para um dos lados.

A alternância de poder típica do período, aliás, era fator de forte influência neste equilíbrio. Pacheco[243] resume bem a situação ao afirmar que "a relação entre a Polícia Política e o Pre-

---

[243] PACHECO, op. cit., p. 108-111.

sidente da República era melhor ou pior o quanto o chefe de Estado coadunava-se com o universo de valores policial". São emblemáticas as declarações elogiosas de Cecil de Borer, chefe do Setor de Investigações no Distrito Federal, ao presidente Dutra que, militar, tinha "noção da importância da Inteligência para a segurança do país". Igualmente simbólicas são as reclamações do mesmo sobre a falta de verbas para o trabalho de inteligência sob o governo de João Goulart, inclusive acusando-o de financiar comícios do Partido Comunista, enquanto negava-se a enviar informações pedidas pela recém-criada Polícia Federal subordinada a Jango.

Situação semelhante havia ocorrido anos antes, com o já trabalhista Vargas recebendo boletins totalmente defasados por parte de Renato Lahmayer, então chefe do Serviço de Informações da Polícia Política. Kubitschek também sofreria com a oposição dentro da própria polícia, sobretudo de membros alinhados com a UDN, como o próprio Borer que, em processo conspiratório, promoveu escutas telefônicas que pudessem impedir a posse do Presidente e as repassou ao opositor Brigadeiro Eduardo Gomes. Para Pacheco, esta relativa autonomia da Polícia Política neste período era resultante da fragilidade dos órgãos de controle público sobre as atividades policiais. Apesar dos avanços na consolidação de um Estado democrático de direito, as práticas de exceção mantinham-se no cotidiano policial. Esta fragilidade cobraria seu preço nas décadas seguintes, conforme veremos a seguir.

A MILITARIZAÇÃO DO COTIDIANO POLICIAL NA DITADURA CIVIL-MILITAR

Os anos 1960 se iniciaram com o esgarçamento da jovem democracia brasileira. A fragilidade destes tempos, é verdade, já vinha dos últimos anos. As crises de 1954, após a morte de Getúlio, e de 1955, quando houve forte conspiração para impedir que Juscelino assumisse a Presidência, haviam mais do que evidenciado as tendências golpistas de grupos políticos ligados à UDN e o crescente poder de intervenção das Forças Armadas na política brasileira. De igual modo em 1961, na renúncia do Presidente Jânio Quadros após apenas sete meses no cargo, quando setores militares chegaram a barrar a posse do trabalhista João Goulart, o que, em contrapartida, deu início à Campanha da Legalidade encabeçada por Leonel Brizola. A solução parlamentarista daria fim ao conflito ainda naquele ano e, em 1963, o povo escolheria pela volta do presidencialismo, recuperando Jango os poderes de seu cargo.

A doutrina de segurança nacional no fechamento do regime

Ainda que uma minoria suplantada pela decisão da cúpula, a ação dos militares que tentaram barrar a ascensão de Jango é uma boa introdução ao período que se avizinhava. Boris Fausto[244] afirma que eles "viam nele a reencarnação da República sindicalista e a brecha por onde comunistas chegariam ao po-

---

[244] FAUSTO, 2006. p. 442-453.

der". Na China, quando Jânio renunciou, a justificativa para o veto da volta de Goulart ao Brasil pelos Ministros militares do governo foi, como sempre, a segurança nacional. Mas Jango conseguiu tomar posse e sua presidência, de fato, representava a volta da política chamada "populista" no país. Seu governo visava se basear em ampla articulação na qual o Estado seria o eixo central da aliança que deveria unir "oficiais nacionalistas das Forças Armadas e os intelectuais formuladores das políticas do governo, a classe operária organizada e a burguesia industrial nacional". As ideologias que o sustentariam seriam o nacionalismo e as reformas de base, leque de medidas que compreendia a reforma agrária, a reforma urbana, a ampliação de direitos políticos a analfabetos e inferiores das Forças Armadas e políticas de maior intervenção estatal na economia, como a nacionalização de empresas. Propostas que passavam longe de representar a construção de uma sociedade socialista, visando apenas a modernização do capitalismo e a redução das profundas desigualdades sociais do país. Ainda assim, as classes dominantes em geral, inclusive a burguesia industrial com a qual Jango contava, opuseram forte resistência a elas.

Do outro lado, a ala conservadora das Forças Armadas já vinha se reorganizando há mais tempo. Criada em conjunto com uma missão dos Estados Unidos que permaneceu no Brasil entre 1948 e 1960, a Escola Superior de Guerra foi fundada em 1949 para treinar "pessoal de alto nível no sentido de exercer funções de direção e planejamento de segurança nacional" e elaborar um "método de análise e interpretação dos fatores políticos, econômicos e militares que condicionam o conceito estratégico". Os cursos eram frequentados também por civis, estreitando os laços destes conservadores com militares. A Escola encabeçou a formulação de uma nova doutrina embalada pelos tempos de Guerra Fria, acelerada e delineada, mais tarde, pela preocupação com a ascensão de Fidel Castro ao poder na Revolução Cubana. Nascia, assim, a Doutrina de Segurança Nacional, baseada na ideia de que, diante da guerra revolucionária que se implantava no mundo subdesenvolvido para implantar o comunismo, as Forças Armadas deveriam "ter um papel permanente e ativo, tendo por objetivo derrotar o inimigo, garantindo a segurança e o desenvolvimento da nação".

Não seria estranho que, desde o início dos anos 1960, com a ascensão do trabalhista Jango ao poder, algumas Polícias Militares já estivessem iniciando verdadeiros treinamentos de guerra. Em São Paulo, há informações confirmadas pelo capitão Luiz Sebastião Malvásio de que, desde 1963, diante dos desentendimentos entre o Governador Adhemar de Barros e o Presidente Jango, a Força Pública já se preparava para a ação armada contra o governo federal, realizando exercícios de sobrevivência na selva e preparo físico e psicológico mais rigoroso. Quando movimentações golpistas se iniciaram em 31 de março, antes de saber a posição das unidades do Exército em São Paulo, a polícia já estava a postos para defender o governo estadual de qualquer ataque vindo de forças que apoiassem a permanência de Jango. O embate, é claro, jamais aconteceu, vez que o Comando do II Exército logo apoiou o golpe.[245]

Em Minas Gerais, ponto de partida para o movimento golpista de 1964, dois anos antes, já havia negociações planejando a tomada de poder envolvendo as Forças Armadas, os governos estaduais mineiro e capixaba e suas polícias estaduais, preocupadas com o livre acesso ao porto de Vitória em caso de deflagração de guerra civil. O baixo efetivo de tropas federais em Minas era um entrave, e a solução pensada pelos golpistas foi o envolvimento sistemático da Polícia Militar neste processo. Assim, a PM mineira abandonou os treinamentos voltados às práticas policiais de segurança pública introduzidos nos anos 1950

---

[245] DALLARI, 1977. p. 76-77.

para voltar-se a uma preparação de combate. Seu efetivo saltou de 11.396 membros, em 1960, para 18.000 à época da deposição de Jango em 1964, um crescimento extraordinário quando se leva em conta que, entre 1932 e 1954, ele havia variado de 8.537 para 9.316 policiais. Quando o golpe se iniciou na última noite de março de 1964, a Polícia Militar mineira exerceu ações coordenadas com as tropas do Exército, como o 10º Batalhão de Infantaria da PMMG, que recebeu missão em caráter de urgência para se deslocar de Montes Claros a Paracatu para fechar a possível entrada de um Batalhão de Guardas Presidenciais do Exército Brasileiro em Minas.[246]

O golpe se consolidou rapidamente e os poucos focos de resistência logo foram eliminados sem grandes combates bélicos, instalando uma Ditadura Civil-Militar que duraria longos 21 anos. Nas justificativas de legitimidade ao movimento, mais uma vez, a segurança nacional e o combate ao comunismo foram protagonistas. Incluída nesta narrativa, a atuação das polícias no auxílio às Forças Armadas mostrou o futuro reservado às políticas de segurança pública do país. Sem reformular estruturas policiais, o breve e frágil período democrático brasileiro pagou o preço pela manutenção dos entulhos autoritários de seu aparato repressivo. Mantidas em funcionamento em plena democracia, as Polícias Militares e as polícias políticas do país encontraram, de novo, terreno fértil para práticas autocráticas e ditatoriais, agora sem o contrapeso de um sistema de garantias e direitos civis constitucionais.

A Doutrina de Segurança Nacional permeou as ações e estruturas do novo regime desde o início, e a nova Constituição de 1967 regulou com destaque o tema, recuperando e ampliando traços da Carta de 1937, igualmente marcada pela segurança nacional. O artigo 89 passou a prever a segurança nacional

---

[246] VIEIRA, op. cit., p. 100-109.

como responsabilidade de toda pessoa natural ou jurídica, vinculando os cidadãos à defesa e conservação da nação política para, em tom de advertência, "impor à sociedade civil o apoio às práticas daquele governo autoritário". A União, responsável pelo planejamento da segurança nacional e da ordem política e social, poderia intervir nos estados para conter perturbações da ordem, e o Presidente teria a capacidade de expedir decretos com força de lei sobre o tema. As Polícias Militares, responsáveis pela segurança interna e pela manutenção da ordem, mantiveram-se como forças auxiliares do Exército, e a competência para legislar sobre sua organização, efetivo, instrução, justiça e garantias continuou sendo da União. O conceito de segurança nacional foi melhor definido por lei, no mesmo ano, como garantia da consecução dos objetivos nacionais contra antagonismos internos e externos. Ou seja, segurança interna e externa foram igualmente abarcadas, incluindo a repressão da guerra psicológica adversa e da guerra revolucionária subversiva. O conceito foi expandido com a emenda à Constituição de 1969, estabelecendo como crime os atos praticados no exterior que produzissem ou tentassem reproduzir resultados em território nacional. O Conselho de Segurança Nacional também ganhou maior dimensão política, podendo estabelecer objetivos nacionais permanentes e bases para a política nacional.[247]

Sem nunca ter saído do campo político brasileiro, a segurança nacional voltou a ocupar posição de destaque na escolha dos caminhos políticos do país. Agora, em um cenário de "guerra total" pautado na justificativa de efetivar os objetivos nacionais, representados pelos valores ocidentais cristãos e democratas, pelo caráter nacional brasileiro e pela preservação da soberania, todos estes supostamente ameaçados pelo comunismo. Neste combate, não havia distinção entre a política inter-

---

[247] PEDROSO, op. cit., p. 62-64.

na e externa, já que o inimigo estava dentro e fora do país, e tampouco deveria haver limites à violência empregada em sua eliminação. Em plena Guerra Fria, com apoio dos Estados Unidos, esta linha política se espalhou por toda a América Latina legitimando ditaduras militares nas quais a regra era a prática institucionalizada de violações aos direitos humanos. O Brasil, aliás, adotou uma posição isolacionista em relação ao Direito Internacional dos Direitos Humanos. Na verdade, a própria Doutrina de Segurança Nacional reforçava o negacionismo do Governo Federal diante das denúncias internacionais sobre a prática de tortura no país, vez que estas eram desacreditadas pelas propagandas militares como campanhas de intriga e difamação apoiadas por países comunistas como China ou Cuba.[248]

Foi neste cenário que as forças policiais brasileiras entraram em nova fase de desenvolvimento. Antes de melhor observar este processo, porém, vamos aprofundar a análise de outros desdobramentos institucionais e políticos que impactaram diretamente no cotidiano policial do país sob o novo comando autocrático. Isso porque não foi apenas no aparato policial que as práticas ditatoriais se fizeram sentir. Mais que isso, a narrativa de segurança nacional justificou o fechamento total do regime, e seria justamente através destas medidas autoritárias que a polícia basearia todo o seu trabalho de perseguição e repressão típico deste período marcado pela violação sistemática de direitos e garantias.

O fechamento do regime foi imposto através de decretos e, principalmente, dos Atos Institucionais (AI) que se seguiram ao longo dos anos. O AI-1, baixado dias depois da tomada de poder, suspendeu imunidades parlamentares e autorizou a cassação de mandatos e a suspensão de direitos políticos pelo comando militar. Os governadores de Pernambuco e Sergipe fo-

---

[248] MORAES, op. cit., p. 138-148.

ram retirados do cargo. A suspensão da vitaliciedade de juízes e da estabilidade de servidores por seis meses também facilitou o expurgo de opositores da máquina pública do país. Em junho, nova lei impôs exigências burocráticas que dificultavam o exercício do direito de greve. Apesar do fechamento, as eleições estaduais foram mantidas para 1965, e, mesmo que algumas candidaturas contrárias ao regime tivessem sido vetadas, a oposição obteve vitórias importantes em Minas, Guanabara, Brasília, Santa Catarina e Mato Grosso. Menos de um mês depois, o AI-2 foi baixado para estabelecer eleições indiretas para a Presidência, seguido pelo AI-3, que expandiu a decisão para Governadores. Estes instrumentos também aumentaram o poder legislador do Presidente em matéria de segurança nacional, a qual ganhava interpretação cada vez mais extensa. Mais impactante fora a extinção dos partidos políticos pelo AI-2, forçando o bipartidarismo de ARENA e MDB no país. Em 1966, após sofrer novas cassações e ser fechado por um mês, o Congresso foi reconvocado pelo AI-4 para aprovar a nova Constituição de 1967, a qual ampliou os poderes do Executivo.[249]

O recrudescimento da ditadura gerou respostas contrárias na sociedade, sobretudo no período presidencial de Costa e Silva, entre 1967 e 1969. Em 1968, explodiram greves operárias em Contagem e Osasco e, como nos EUA e na França, manifestações estudantis ocuparam as ruas do Brasil. Numa destas, em março, no Rio de Janeiro, o estudante Édson Luis foi morto pela Polícia Militar, o que provocou passeata com mais de 100 mil pessoas organizada pela UNE. Já na ilegalidade, a organização estudantil teria novecentos membros presos em Congresso realizado em São Paulo. Igualmente, setores da Igreja Católica

---

[249] FAUSTO, 2006. p. 463-475.

passaram a denunciar a Doutrina de Segurança Nacional como uma política fascista.[250]

Nesta época, começaram a surgir os primeiros focos de resistência armada contra a ditadura. Em 1967, o mais famoso deles surgiu quando Carlos Marighella rompeu com o PCB e fundou a Aliança de Libertação Nacional. A este, se somaram outros como a AP, o Movimento Revolucionário 8 de Outubro (MR-8) e a Vanguarda Popular Revolucionária (VPR), a qual contava com militares de esquerda. A partir de 1968, eles passariam a agir com atentados contra membros do regime e expropriações para financiar a luta armada. Diante da efervescência da oposição, a ditadura acelerou o fechamento autoritário: em dezembro de 1968, o AI-5 iniciou "um novo ciclo de cassação de mandatos, perda de direitos políticos e expurgos no funcionalismo", e estabeleceu, na prática, a censura e a tortura estatais como sistemáticas.[251]

Estavam inaugurados os chamados "Anos de Chumbo" da Ditadura brasileira, período em que, principalmente sob o governo Médici, as violações a direitos humanos atingiram seus níveis mais elevados. Não que a tortura já não estivesse sendo imposta antes, mas, a partir deste momento, sob os argumentos de segurança nacional e de combate ao comunismo, ela se tornou, de fato, uma verdadeira política pública. No centro desta política, não estariam apenas os organismos repressivos das Forças Armadas, mas as próprias instituições de segurança pública do país, que, mesmo em período democrático, mantiveram boa parte de suas estruturas policiais criadas em tempos autocráticos ou oligárquicos.

---

[250] ANSARA, Soraia. Memória política, repressão e ditadura no Brasil. 1ª ed., 1ª reimpr. Curitiba: Juruá, 2009. p. 147-148.
[251] FAUSTO, 2006. p. 477-480.

O know how das polícias civis à serviço da ditadura militar

As Polícias Civis estaduais, cujas Delegacias de Ordem Política e Social operaram plenamente no controle sobre subversivos mesmo durante a democracia, foram mantidas pela Ditadura Civil-Militar como verdadeiras polícias políticas. Mais que isso, com a tomada de poder pelos militares, elas passaram a contar com um aparato ainda mais complexo e organizado de repressão. Pacheco[252] aponta que a Polícia Política brasileira atendia duas demandas centrais ao governo ditatorial: uma de caráter secreto, na produção de informações para o sistema de inteligência doméstica, e outra de caráter jurídico, na condução do processo legal como instrumento de criminalização de opositores. Sem limites claros, práticas extralegais como torturas, assassinatos e sequestros eram sistemáticas no cotidiano desta polícia.

No aspecto secreto, já em 1964, o governo criou o Sistema Nacional de Informações (SNI) para substituir o antigo SFICI. Em torno do novo órgão, atuavam as seções de inteligência das três Forças Armadas e das Polícias Militares, Divisões de Segurança e Informações dos ministérios civis e os Departamentos de Ordem Política e Social de cada estado. Neste sistema, os DOPS exerciam papel complementar, oferecendo o aparato técnico, judicial e burocrático típico de uma polícia judiciária e investigativa em atividades estranhas aos militares das Forças Armadas, além de seus prontuários produzidos ao longo de décadas de repressão a subversivos. Apesar de coletarem dados através de violação de correspondências, grampos telefônicos e infiltração de agentes, esta não era a principal função dos DOPS no período, mais concentrada no SNI. Aos DOPS cabia,

---

[252] PACHECO, op. cit.

principalmente, a tarefa de análise e processamento dos dados colhidos, daí a importância do arquivo policial destes departamentos, que recebiam e forneciam dados de interesse à repressão política num fluxo constante de informações.

Já no aspecto jurídico, os DOPS cumpriam função essencial ao regime ditatorial. Como órgãos da Polícia Civil, eles possuíam experiência nas práticas de polícia judiciária, ou seja, ao contrário dos militares, os DOPS sabiam manejar com habilidade a produção de inquéritos a serem encaminhados à Justiça. E os militares compreenderam muito bem que "o *know how* policial no tocante à produção de inquéritos seria um instrumento fundamental para obter prisões na justiça, travestindo, desta forma, o regime de legalidade". Esta habilidade gerou uma política de controle sobre opositores não só através da produção de condenações. A própria investigação policial já constituía uma forma de dominação, por exemplo, em prisões cautelares injustificadas e prolongadas realizadas sem provas. Além disso, submeter alguém a um procedimento investigativo, como depoimentos ou interrogatórios, era uma maneira do regime intimidar e constranger opositores, imputando-os um estigma de criminoso.

Nesta análise de Pacheco sobre o papel dos DOPS na Ditadura, vemos que o próprio regime, por vezes, se preocupava em revestir seus atos autocráticos de alguma legitimidade. É interessante perceber que as figuras do policial especializado e da técnica policial serviam como espécie de "verniz legal" para ações completamente descoladas de qualquer objetivo democrático. Tendo como base de suas atividades um instrumento tão inquisitorial como o inquérito, a polícia política, de certa forma, criava verdades que justificassem as narrativas de segurança nacional que sustentavam o governo ditatorial. Isso não significa, porém, que o cotidiano policial estivesse sempre preocupado com a aparência legal de suas atividades. Na verdade, a prática de ilegalidades pela polícia era sistemática e gritante.

O material de ensino dos cursos da Escola Nacional de Informações, por exemplo, recomendava que as operações de neutralização de subversivos fossem especialmente agressivas, devendo haver preocupação apenas com a integridade de pessoas inocentes e transeuntes. Preservar a vida dos subversivos e apresentar alguma justificativa para as operações não estavam entre as preocupações. Por isso mesmo, e, diga-se, contando com a conivência de parcela da sociedade, métodos ilegais como tortura, detenções ilegais e desaparecimentos forçados passaram a fazer parte do cotidiano policial. Este caráter ficou bastante evidente com a criação dos Destacamentos de Operações de Informações/Centros de Operações de Defesa Interna (DOI-CODI), ramificações da polícia política.[253]

Os DOI-CODI nasceram de uma experiência anterior: a Operação Bandeirantes (OBAN). Criada em 1968, em São Paulo, ela foi uma verdadeira parceria entre o setor público, através de militares e policiais, e o privado, representado por empresas nacionais e estrangeiras que ofereciam os recursos financeiros necessários para sua operacionalização. Rearticulada em 1970, a OBAN deu origem aos DOI-CODI, diretamente vinculados aos comandos do Exército e integrando repressores de nível federal, estadual e municipal. A ação de policiais e militares envolvidos nesta organização, muitas vezes, lembrava a dos próprios grupos clandestinos de oposição, utilizando codinomes e outras formas de ocultação de identidade. A tortura e os desaparecimentos forçados eram práticas sistemáticas entre os membros do DOI-CODI.[254]

Além destas estruturas formais, na Ditadura, também surgiram e se expandiram os chamados "esquadrões da morte", ge-

---

[253] MORAES, op. cit., p. 143-145.
[254] NETTO, José Paulo. Pequena história da ditadura brasileira (1964-1985) [livro eletrônico]. 1ª ed. São Paulo: Cortez, 2014. p. 122.

ralmente integrados por policiais que, agindo fora da própria legalidade autoritária, dedicavam-se ao assassinato de criminosos comuns nas grandes cidades, muitas vezes encomendados por empresários.[255] Este traço importante mostra que a violência de Estado não era direcionada só a opositores políticos do regime, o que abordaremos melhor mais à frente. No momento, estes apontamentos demonstram que as estruturas policiais flutuavam entre a busca de aparência legal para suas atividades repressivas e o acobertamento destas através de ações e organizações totalmente à margem da lei.

Outro aspecto do trabalho da Polícia Civil na Ditadura foi a intensa cooperação internacional com sistemas policiais e de inteligência estrangeiros. "Os Estados de Segurança Nacional que adotaram o terrorismo de Estado como forma de dominação política" foram uma característica bem comum ao contexto da Guerra Fria. Na América Latina, sobretudo no Cone Sul, a promoção deste terror foi realizada pelas ditaduras civil-militares "mediante o uso ilimitado da violência institucional e com a ajuda técnica dos Estados Unidos através de equipes e assessores especializados para uma maior eficácia dos métodos repressivos". Na comunhão de interesses entre estes Estados, a atuação repressiva conjunta com aparatos policiais de diferentes países se expandiu após o golpe de 1964. Esta atuação extrafronteiriça se legitimava pela ideia de "fronteira ideológica" pregada pela Doutrina de Segurança Nacional. Vez que o inimigo poderia ser interno ou externo, a ação dos Estados não poderia se limitar a fronteiras territoriais. Criou-se a ideia de que o Cone Sul era um grande território ameaçado pelo comunismo e, por isso, as forças de cada país deviam unir esforços para além de seus limites.[256]

---

[255] MORAES, op. cit., p. 145.
[256] BAUER, op. cit., p. 10-12.

Situação bem simbolizada pela Operação Condor, acordo que previa a organização conjunta de forças repressivas e uniu órgãos de Argentina, Brasil, Bolívia, Chile, Paraguai, Peru e Uruguai, além do Governo norte-americano. Primeiramente, ela se materializou através da integração de um banco de dados sobre pessoas e organizações de oposição na América Latina. Depois, ações conjuntas nos territórios de países membros começaram a ser realizadas, inclusive com troca de prisioneiros e envio de agentes. A última etapa compreendeu a formação de equipes que atuassem em qualquer parte do mundo no extermínio de opositores. O alcance da Operação Condor foi tamanho que atentados contra opositores da ditadura argentina foram executados não só em Buenos Aires, mas também em Washington e Roma. Embora pudesse ter participação mais discreta, forças brasileiras também possuem relatos ligados ao acordo. É o caso do sequestro dos uruguaios Universindo Rodríguez Díaz e Lilian Celiberti Rosas de Cariego, além de seus dois filhos, pelo DOPS do Rio Grande do Sul em novembro de 1978, numa ação que visava atingir o *Partido por la Victoria del Pueblo*.[257]

Com a cooperação internacional, a expulsão e entrega de estrangeiros a autoridades de outras ditaduras era corriqueira. Foram 1.023 expulsões de estrangeiros só entre 1964 e 1981, muitas ligadas a países da América do Sul. As historicamente xenófobas leis de imigração brasileiras foram expandidas no período: o Decreto-Lei nº 417, de 1969, não só manteve a previsão para mendigos e vadios, como ampliou as hipóteses de expulsão de estrangeiros e estabeleceu procedimento sumaríssimo para tanto, muitas vezes bastando o inquérito policial para embasar a decisão. No mesmo ano, o Decreto-Lei nº 941 regulou a expulsão do estrangeiro que atentasse "contra a segurança nacional, a ordem política ou social, a tranquilidade ou moralidade pú-

---

[257] Ibidem, p. 20-26.

blica e à economia popular". Mas a Ditadura levou a política de Segurança Nacional às últimas consequências quando previu o banimento de seus próprios cidadãos através do AI-13. Esta situação em que o regime colocava cidadãos contestadores como falsos brasileiros demonstra que, "em contextos autoritários, a vítima é ou se torna estrangeiro".[258]

Além de operações conjuntas e expulsão de estrangeiros, outras formas de cooperação internacional no cotidiano das Polícias Civis brasileiras foram o financiamento e a ajuda estrutural, nas quais o Governo dos EUA teve grande relevância. O investimento norte-americano na estrutura repressiva brasileira através do acordo USAID foi notório. Na Polícia Civil pernambucana, segundo relatório de 1965 do Secretário de Segurança Pública, técnicos e instrutores americanos chegaram a ser designados e financiados pela USAID para ministrarem três cursos intensivos de quarenta horas cada um na Escola de Polícia do estado.[259]

Com ou sem influência e financiamento norte-americanos, o desenvolvimento das Polícias Civis foi caráter importante da Ditadura brasileira. No centro deste processo, a atuação dos departamentos de policiamento político na repressão aos opositores do regime foi o grande destaque do cotidiano policial em cada estado. No Rio de Janeiro, o Departamento Geral de Investigações Especiais (DGIE), nome dado ao DOPS a partir de 1975, ano da fusão com o estado da Guanabara, reorganizou sua documentação em 58 eixos temáticos. O Setor Estudantil compilou trabalhos policiais de 1965 a 1982, consistindo em fi-

---

[258] MORAES, op. cit., p. 151-171.

[259] SILVA, Marcília Gama da. Informação, repressão e memória: a construção do Estado de exceção no Brasil na perspectiva do DOPS-PE (1964-1985). Tese (Doutorado em História) – Universidade Federal de Pernambuco, Recife, 2007. p. 62-63.

chas e relatórios sobre estudantes e professores e suas atividades culturais e políticas, como a disputa do diretório acadêmico da Faculdade Nacional de Filosofia, em 1966, por uma chapa esquerdista. Já o Setor Sindical, que funcionava desde 1938, produziu documentos até 1976 e, no período ditatorial, vasculhou antecedentes políticos de trabalhadores organizados e vigiou reuniões sindicais. Criado no mesmo ano do golpe, o Setor Terrorismo se ocupou da repressão aos movimentos de resistência armada que começaram a surgir no país. A maior parte de sua documentação foi produzida entre 1969 e 1972, marcando o auge e o declínio destes grupos no Brasil.[260]

Mas, para a Comissão Nacional da Verdade,[261] "de todos os Departamentos de Ordem Política e Social do país, nenhum foi mais atuante do que o DOPS de São Paulo". Valioso aos militares pelo apoio que recebia de elites econômicas, por seus técnicos experientes no monitoramento sobre a oposição e pelo mais estruturado arquivo do país, suas ações de infiltração e uso de informantes se destacaram desde o início do regime, como no 30º Congresso da UNE, em Ibiúna, em 1968, quando o DOPS soube com antecedência das informações da atividade. Neste agitado ano, o DOPS/SP inchou ao receber policiais oriundos do Departamento de Investigações sobre Crime Organizado (DEIC), passando a usar na repressão a subversivos métodos normalmente empregados no combate à criminalidade comum. A Comissão aponta que, antes de 1964, a tortura já era rotineira na atividade policial de repressão ao crime comum, mas, após 1968 e o início dos "anos de chumbo", os métodos de tortura se generalizaram, atingindo muitos presos políticos. Mesmo pessoas sem qualquer ligação política ou delituosa acabaram víti-

---

[260] PACHECO, op. cit., p. 195-197.
[261] BRASIL. COMISSÃO NACIONAL DA VERDADE. Relatório da Comissão Nacional da Verdade. v. 1. Brasília: CNV, 2014. p. 161-166.

mas destas práticas cruéis, como Marcos Arruda, torturado em 1970 após se encontrar com uma dentista que pertencia à Ação Libertadora Nacional. Em um dos casos mais emblemáticos da história da Ditadura no país, foi sob a liderança do DOPS paulista que policiais torturaram frades da Igreja Católica para chegarem até Marighella, assassinado em 1969.

Em Minas Gerais, o DOI-CODI foi instalado no prédio da Avenida Afonso Pena em 1970. Seus inquéritos eram formalizados pelo DOPS mineiro, que também atuava em prisões, investigações e interrogatórios que, muitas vezes, acabavam em torturas e assassinatos. Mas o relatório da Comissão da Verdade de Minas Gerais mostra que não apenas a Polícia Política fora espaço para este tipo de violência sistemática. Mesmo na Delegacia de Furtos e Roubos, criada como unidade autônoma em 1964, presos políticos se misturavam a presos comuns onde eram submetidos à tortura. Nesta unidade, o ex-sargento da Aeronáutica João Lucas Alves, militante da Colina, foi torturado até a morte no ano de 1969.[262] Na mesma época, a Polícia Civil do estado também passou por intenso processo de interiorização e modernização, como a Lei Orgânica de 1969, que objetivou maior racionalidade e melhores meios de atuação para a instituição, bem como a valorização de seus servidores. Já a Escola de Polícia passou por ampla reformulação, transformando-se na Academia de Polícia já em 1966, e oferecendo cursos técnicos e profissionais de graus médio e superior a partir de 1972. A década de 1970, aliás, marcou a intensificação do aparelhamento das estruturas tecnológicas da polícia, com

---

[262] MINAS GERAIS. GOVERNO DO ESTADO. Comissão da Verdade em Minas Gerais [recurso eletrônico]: Relatório/Governo do Estado. Belo Horizonte: COVEMG, 2017. p. 309-312.

serviços de radiotelegrafia, central de PABX e a microfilmagem de prontuários criminais.[263]

No Espírito Santo, a experiência prévia das Delegacias de Ordem Política e Social na repressão a subversivos também foi utilizada pelas Forças Armadas. Ao fim dos anos 1960, houve um grande aumento no fluxo de informações sobre suspeitos na DOPS capixaba, que passou a lidar com volume bem maior de pedidos de busca e apreensão. Há muito material referente ao monitoramento da ala progressista da Igreja Católica entre 1974 e 1985, sobretudo das atividades pastorais e das Comunidades Eclesiais de Base. A imprensa também era alvo diário, como nos casos da Associação Capixaba de Jornais do Interior e do Sindicato de Jornalistas, que tiveram representantes e diretores fichados pelo DOPS do estado.[264]

Há, ainda, estados em que a análise da atuação das Polícias Políticas foi prejudicada, uma vez que, já em tempos democráticos, estas instituições dificultaram o acesso a documentações oficiais sobre o período da ditadura. Alguns relatos históricos, porém, passam uma dimensão dessas atividades. Na Bahia, por exemplo, em agosto de 1968, a repressão a uma passeata estudantil foi marcada pelo trabalho coordenado entre Polícia Civil, DOPS, Polícia Militar, Polícia Federal e Guarda Civil. Naquela noite, após um dos alunos da UFBA ser baleado, estudantes reunidos em frente ao restaurante universitário abordaram uma figura suspeita e, ao tomarem-lhe os documentos, descobriram tratar-se de agente infiltrado do DOPS baiano que fazia espionagem.[265] Neste mes-

---

[263] FUNDAÇÃO JOÃO PINHEIRO, op. cit., p. 105 e ss.
[264] BAPTISTA, Leonardo. A polícia política em tempos de Ditadura Militar (1964-1985): a atuação da Delegacia de Ordem Política e Social no Espírito Santo. PerCursos, Florianópolis, v. 21, n. 46, p. 217-243, mai./ago. 2020. p. 230-239.
[265] BRITO, Antônio Mauricio Freitas. Salvador em 1968: um breve

mo período, a Polícia Civil do estado iniciou forte processo de modernização administrativa, sobretudo a partir de 1975, com o Estatuto do Servidor Policial Civil que implantou o sistema de carreira profissional. Várias reformas aconteceram nos anos seguintes, almejando a qualificação das pessoas e a cientificidade da investigação. Policiais baianos eram enviados para cursos em outros estados e até mesmo no exterior e o Fundo Especial de Reequipamento Policial foi criado em 1976.[266]

No Pará, há registros da imprensa de que, após o golpe de 1964, mais de 50 pessoas foram presas sob a acusação de subversão ou corrupção, boa parte a partir da atuação da Polícia Civil como auxiliar dos militares. É o caso das diligências do DOPS paraense que resultaram, no dia seguinte ao golpe, nas prisões de Raimundo Waldemar Coelho, João Moura da Costa e Agostinho Rodrigues, tidos como líderes comunistas pela imprensa.[267] No Maranhão, o DOPS nasceu da transformação da Divisão de Ordem Política e Social em Delegacia através da Lei Delegada nº 23, de 1969. Suas funções foram reguladas no ano seguinte, pelo Decreto nº 4.077, estabelecendo competências para captar informações, apurar penalmente temas de ordem política e social, e manter fichário atualizado de personalidades políticas e sociais e de pessoas adeptas de ideologias proibidas pela Constituição. Já no Paraná, o DOPS foi desmembrado em

---

repertório de lutas estudantis universitárias. In: ZACHARIADHES, Grimaldo Carneiro. Ditadura militar na Bahia: novos olhares, novos objetos, novos horizontes. Salvador: EDUFBA, 2009. v. 1, p. 89-114. p. 105.

[266] POLÍCIA CIVIL DO ESTADO DA BAHIA. Polícia Civil da Bahia: história, liderança e influências. Salvador: EGBA, 2018. 166 p. p. 38-47.

[267] FONTES, Edilza Joana. O golpe civil-militar de 1964 no Pará: imprensa e memórias. OPSIS, Catalão, v. 14, n. 1, p. 340-360, jan./jun., 2014. p. 353.

duas Delegacias, de Ordem Política e de Ordem Social, pelo Decreto nº 4.884, de 1978.[268]

Exemplos que, somados, mostram a dimensão do serviço repressivo exercido pelas Polícias Civis em todo o país. Sem dúvidas, a atuação destas forças na perseguição, tortura, intimidação e assassinato de opositores foi ponto central para o projeto de poder instaurado em 1964. Porém, é preciso notar que, ao menos até aqui, não foram apontadas grandes diferenças estruturais para outros tempos da história brasileira. A atuação das Polícias Civis estaduais como Polícias Políticas não era novidade: desde os anos 1920, Delegacias de Ordem Política e Social eram realidade no país. Tampouco a influência das ideologias de Segurança Nacional nas forças de segurança pública era algo inédito: desde a Era Vargas esta era, em graus variados, uma constante brasileira. O que se pode apontar de realmente diverso neste período é, talvez, o altíssimo nível organizacional e estrutural a que foram levadas algumas das características e instituições não inéditas deste período ditatorial, como as próprias Polícias Políticas e a ideologia de Segurança Nacional, a prática sistemática da tortura e o terrorismo de Estado.

Outro ponto diverso que merece destaque é a submissão deste aparato repressivo às estruturas militares do país. Esta, na verdade, é talvez a principal característica a ser analisada, vez que dela decorrem consequências sentidas até hoje no sistema de segurança pública brasileiro. Embora contasse com ampla participação de setores civis, o comando da Ditadura era essencialmente militar, pertencente às Forças Armadas. Ao contrário da ditadura varguista, em que o destinatário final da produção de informações para fins repressivos era o próprio Getúlio, um civil, e, abaixo dele, o Chefe de Polícia do Distrito Federal, outro civil, no regime imposto em 1964, esta posição era ocupada

---

[268] SODRÉ, op. cit., p. 100-121.

por indivíduos e instituições militares. Não à toa, ao lado dos tradicionais DOPS, o "híbrido" DOI-CODI e os puramente militares CIE, CENIMAR e CISA tiveram papel protagonista no exercício de funções típicas de polícia política, inclusive nas sistemáticas torturas, assassinatos e desaparecimentos forçados.

Isto implica dizer que, na Ditadura Civil-Militar, embora extremamente atuante, a Polícia Civil dividia atribuições com instituições militares que, agora, exerciam funções antes estranhas a elas. Esta característica não se limitou às tarefas de policiamento político e foi ainda mais radical em outro setor da segurança pública: o policiamento ostensivo cotidiano. As Polícias Militares estaduais até realizavam atividades deste caráter e, ao longo dos anos 1940 e 1950, algumas delas ampliaram o projeto curricular no tocante às práticas tipicamente policiais. Mas, no geral, o emprego destas tropas militares seguia concentrado no controle de distúrbios de maior vulto, e elas eram vistas mais como auxiliares do trabalho da Polícia Civil, podendo ser por esta requisitadas. Como regra, eram as Guardas Civis, subordinadas ao Chefe da Polícia Civil, que realizavam o policiamento cotidiano das cidades. Esta situação mudaria ao fim dos anos 1960, quando as Polícias Militares ganharam uma dimensão inédita de atuação.

A militarização do cotidiano policial brasileiro

Como apontado, algumas Polícias Militares já haviam retomado o fortalecimento de suas estruturas antes mesmo do golpe de 1964, instadas por governadores que se opunham a Jango. Com a tomada de poder pelas Forças Armadas, não é estranho, portanto, que este movimento tenha se acelerado ainda mais nos anos seguintes. Mais do que isso, o Brasil passou a observar verdadeiro processo de militarização de seu sistema de segurança pública. Não se trata apenas de movimento semelhante ao da República Velha, quando as tropas estaduais foram reaparelhadas com o objetivo principal de fazer frente ao poder político do Governo Federal. Na Ditadura Civil-Militar, estas forças cumpririam funções e atividades que garantiriam a presença constante dos militares no cotidiano da sociedade civil.

Nesse sentido, é interessante voltar à análise dos primeiros Atos Institucionais do governo pós-golpe. O AI-1 lançou as bases do aparato repressivo-jurídico ao prever "inquéritos e processos visando à apuração da responsabilidade pela prática de crime contra o Estado ou seu patrimônio e a ordem política e social ou de atos de guerra revolucionária" como instrumentos diferenciados.[269] Em 1965, o AI-2 incluiu como competência da Justiça Militar o julgamento de civis que cometessem crimes contra a segurança nacional ou as instituições militares, substituindo "segurança externa do País" por "segurança nacional", com a Ditadura dando interpretação cada vez mais ampla a este conceito. Ela também deveria julgar crimes contra o Estado e a ordem política e social previstos na Lei nº 1.802, de 1953.[270] Em um regime de Doutrina de Segurança Nacional, isto desenhou um cenário em que todo e qualquer opositor poderia ser submetido à investigação e ao julgamento por militares, o que começou a se materializar através da figura dos Inquéritos Policiais Militares (IPM). Aplicados para apurar crimes de subversão e corrupção, os IPMs iniciaram uma operação de limpeza nos momentos iniciais da Ditadura, atingindo, de forma totalmente arbitrária, sindicalistas, políticos, editores, artistas, professores, estudantes, servidores, religiosos e, claro, militares. Muitos foram punidos com prisões, cassações de direitos políticos e perda de empregos. A Comissão Geral de Investigações (CGI) contabilizou, só entre maio e novembro de 1964, 1.100 IPMs.[271]

---

[269] BRASIL. Ato Institucional nº 1, de 9 de abril de 1964.
[270] BRASIL. Ato Institucional nº 2, de 27 de outubro de 1965.
[271] NETTO, op. cit., p. 79.

Mas a militarização da segurança pública não parou aí. Aliás, ainda que os IPMs tenham sido muito usados, o regime sabia bem da necessidade de contar com a experiência das Polícias Civis no manuseio dos inquéritos policiais tradicionais. Assim, a militarização continuou avançando de outras formas, para além da intervenção nas funções de polícia judiciária e política. Destaque para o Decreto-Lei nº 317, de 13 de março de 1967,[272] que, na prática, submeteu as Secretarias de Segurança Pública dos estados ao Exército Nacional, obrigando o Comando das Polícias Militares a ser ocupado por "oficial superior combatente, do serviço ativo do Exército". Ele ainda foi além neste movimento ao criar a Inspetoria Geral das Polícias Militares (IGPM). Parte do Ministério da Guerra e dirigida por General de Brigada, a IGPM teria funções centrais na organização das tropas estaduais: orientar e fiscalizar a instrução militar, estabelecer limites aos armamentos e veículos utilizados e cooperar com os governos estaduais no planejamento geral do dispositivo das forças policiais. Por fim, o Decreto previu que o regulamento disciplinar das Polícias Militares fosse "redigido à semelhança do Regulamento Disciplinar do Exército" e que seu efetivo ficasse submetido à Justiça Militar.

Não é coincidência a nova norma ter sido editada no mesmo dia do Decreto-Lei nº 314, que definia crimes contra a segurança nacional e a ordem política e social. É clara a relação desta política de controle rígido sobre as estruturas policiais e de seu uso como mecanismo de controle político e social com a Doutrina de Segurança Nacional. Isto tampouco foi inédito na história brasileira: este movimento de controle e militarização já fora observado em outros momentos no país, igualmente impulsionado por justificativas de segurança nacional. A estruturação de um órgão centralizador como o IGPM foi novidade, mas

---

[272] BRASIL. Decreto-Lei nº 317, de 13 de março de 1967.

apenas representou a acentuação deste processo pré-existente. A mudança mais impactante nos trabalhos da Polícia Militar, na verdade, estava em estágio inicial no Decreto-Lei nº 317. Seu artigo 2º enfim especificou a tradicional função de "manutenção da ordem pública e segurança interna" das Polícias Militares: ela compreendia as competências de "executar o policiamento ostensivo", "atuar de maneira preventiva" na dissuasão de situações em que a ordem poderia vir a ser perturbada e "atuar de maneira repressiva" em casos em que a perturbação já estivesse em curso.

Antes da Ditadura de 1964, a Polícia Militar possuía papel secundário na área da segurança pública, ficando, em geral, aquartelada nas cidades. O papel ostensivo, inclusive no controle do trânsito, ficava primordialmente com as Guardas Civis, enquanto o investigativo era afeito a estruturas da Polícia Civil ligadas à atuação dos delegados de polícia. A partir de 1969, quando a repressão política atinge seu auge no país, as funções policiais se alteram: é o momento em que as Polícias Militares enfim saem de seus quartéis para lançarem-se cotidianamente às ruas com o objetivo de fazer o papel do policiamento ostensivo e da manutenção da ordem pública.[273]

O Decreto de 1967 até havia previsto a função ostensiva da Polícia Militar, mas não revogou a previsão de que outras forças policiais também o fizessem. Só dois anos depois esta situação se resolveu, através dos Decretos-Lei nº 667 e nº 1.092. O primeiro, de julho de 1969, estabeleceu a reorganização das Polícias Militares e dos Corpos de Bombeiros estaduais. Boa parte dele repetiu regulações já impostas desde 1967, principalmente as relacionadas à subordinação da PM ao Exército. A grande

---

[273] ZAVERUCHA, Jorge. Relações civil-militares: o legado autoritário da Constituição brasileira de 1988. In: SAFATLE, Vladimir; TELLES, Edson (orgs.). O que resta da ditadura: a exceção brasileira. São Paulo: Boitempo, 2010, p. 41-76. p. 56.

diferença foi trazida em seu artigo 3º, que incluiu a previsão da Polícia Militar "executar com exclusividade" a função de policiamento ostensivo, "ressalvadas as missões peculiares das Forças Armadas e os casos estabelecidos em legislação específica".[274] Cerca de seis meses depois, também esta ressalva foi reduzida, limitando-se aos casos em que as Forças Armadas atuassem.[275] Em outras palavras, a partir de 1969, em regulamento que persiste até hoje, ficou estabelecido que as Polícias Militares estaduais deveriam ser as únicas forças policiais do país com funções ostensivas.

A medida teve efeito prático quase imediato em todo o Brasil, já que, nos estados, eram preferencialmente as Guardas Civis, subordinadas e auxiliares à Polícia Civil, que exerciam o policiamento ostensivo. Desprovidas de sua principal competência, elas passaram a ser extintas ou incorporadas a outras forças. Em São Paulo, por exemplo, o Decreto-Lei nº 217, de 1970, extinguiu a militarizada Força Pública e a Guarda Civil, incorporando seus efetivos à recém-criada Polícia Militar do Estado de São Paulo.[276] A situação foi no sentido contrário dos anos anteriores, quando a Guarda Civil paulista anexava continuamente novas funções de policiamento, como a Polícia Feminina e a Polícia Marítima e Aérea ainda no ano de 1968.[277]

Situação parecida com a de Minas Gerais, onde a Guarda Civil, como departamento da Polícia Civil, conferia a esta a oportunidade de atuar em todo o ciclo de combate ao crime, da prevenção à investigação. Atuando em Belo Horizonte, Juiz de Fora, Uberlândia e Uberaba, a Guarda mineira passava por intenso processo de valorização desde os anos 1940, sobretudo

---

[274] BRASIL. Decreto-Lei nº 667, de 2 de julho de 1969.
[275] BRASIL. Decreto-Lei nº 1.072, de 30 de dezembro de 1969.
[276] SÃO PAULO. Decreto-Lei nº 217, de 08 de abril de 1970.
277 PEDROSO, op. cit., p. 89.

a partir de 1956. Em 1962, dois anos antes do Golpe Militar, ela contratou mais 500 profissionais para ampliar seu efetivo. Mas, com as mudanças impostas pela Ditadura, o Governo estadual publicou a Lei nº 12.503, de 1970, extinguindo a Guarda Civil e deixando em aberto a opção de seus profissionais se incorporarem à Polícia Civil ou à Militar.[278] A situação se repetiu Brasil afora. Na Bahia, a Lei nº 3.056, de 1972, criou, dentro do Quadro de Pessoal da Secretaria de Segurança Pública, uma parte suplementar formada pelos cargos de Inspetor, Sub-Inspetor e Agente de Polícia, extinguindo a Guarda Civil baiana.[279] Já a Guarda Civil de Teresina, existente desde março de 1937, foi integrada à Polícia Civil do Piauí em 1970.[280]

O país consolidava uma divisão de funções padrão, na qual, em âmbito estadual, as Polícias Civis ficavam restritas a atividades de polícia judiciária e as Militares, a ostensivas. Um sistema de segurança pública baseado no ciclo fracionado de policiamento em vigor até hoje. Mas a nova função primordial das PMs não as excluiu da tarefa de repressão política. Se, por um lado, o regime nunca dispensou o *know how* das forças civis no manuseio de inquéritos e arquivos policiais para fins políticos, por outro, ele também sabia das utilidades que a experiência da PM na repressão e no controle de multidões revoltosas poderia ter. Por isso mesmo, tais funções continuavam expressas nos Decretos baixados entre 1967 e 1969.

Portanto, junto à dedicação ao policiamento ostensivo cotidiano, as forças militares estaduais continuaram agindo ativamente na repressão a passeatas, manifestações e greves

---

[278] FUNDAÇÃO JOÃO PINHEIRO, op. cit., p. 105 e ss.
[279] POLÍCIA CIVIL DO ESTADO DA BAHIA. Polícia Civil da Bahia: história, liderança e influências. Salvador: EGBA, 2018. p. 27.
[280] POLÍCIA CIVIL DO ESTADO DO PIAUÍ. Polícia Civil do Estado do Piauí.

oposicionistas, sobretudo a partir do revoltoso ano de 1968. O assassinato do estudante Edson Luís de Lima Souto em manifestação universitária em março daquele ano, por exemplo, veio das mãos de policiais militares do Rio de Janeiro. Em sua missa de 7º dia rezada na Candelária, o grande público que compareceu acabou perseguido e agredido pela Cavalaria da PM e por agentes do DOPS na saída do local. Em julho, a greve da Cobrasma, em Osasco, terminou após a ocupação da fábrica pela PM paulista, ocasionando a prisão de mais de 100 operários, alguns deles torturados. Ao fim de agosto, a Universidade de Brasília também foi alvo de ocupação pela Polícia Militar do Distrito Federal.[281] Neste exercício de repressão política, as PMs não se dedicavam só ao controle de multidões, participando, inclusive, de atividades de inteligência e infiltração. É o exemplo do Major infiltrado entre estudantes da FAFIRE e da Universidade Católica que, em setembro de 1968, após descoberto e detido pelos universitários, entregou relatório ao Comando da PM pernambucana informando o ocorrido e suas descobertas sobre os preparativos dos mesmos para a manifestação que aconteceria no dia seguinte.[282]

Esclarecida a continuidade de seu papel de repressão política, analisemos melhor os significados da exclusividade da Polícia Militar sobre a função ostensiva de policiamento no Brasil. Mesmo recheada de peculiaridades brasileiras, esta medida não estava de todo descolada de mudanças que ocorriam inclusive em países mais desenvolvidos. Na verdade, como mostra Zago,[283] a partir da década de 1970, começou a se impor nos Estados Unidos e na Europa uma experiência de verdadeira "guerra ao crime, mediante a proclamação de um estado de emergência

---

[281] NETTO, op. cit., p. 114-117.
[282] SILVA, op. cit., p. 167-169.
[283] MORAES, op. cit., p. 176-181.

na frente policial e penal", resultando no aumento significativo de suas populações carcerárias. Não era tanto a criminalidade que se transformava, mas o olhar que a própria sociedade dirigia a certas perturbações e camadas sociais discriminadas. Nos Estados Unidos, por exemplo, pessoas negras e imigrantes latino-americanos foram os mais atingidos por essa nova visão. Como consequência, tais países iniciaram um processo de superação do previdenciarismo penal e da criminologia correcionalista típicos do Estado de Bem-Estar Social, ou seja, deixaram para trás a ideia da intervenção penal como forma de "cura" ou reinserção do criminoso. Surgiram, então, novas criminologias que, dentro da lógica bélica, voltavam-se mais à exclusão e à eliminação destes. É o que Zago chama de "criminologia do outro", ou seja, a apresentação do criminoso como inimigo que não pode ser gerido, devendo ser combatido "militarmente", em um estado de guerra permanente, até que seja neutralizado.

A nova linha de pensamento teve influências por todo o Ocidente, mas, em países subdesenvolvidos como o Brasil, que sequer completaram a formação do Estado de Bem-Estar e viviam sob ditaduras civil-militares, seus efeitos devem ser enxergados mais profundamente. Em nosso regime autoritário, esta nova criminologia foi bem representada pela guerra contra a subversão e pela demonização do traficante de drogas. Uma conjugação de dois mundos que impacta, até os dias de hoje, o cotidiano policial do país. No âmbito policial, a mistura entre a repressão criminal e a repressão política gerou afinidades ideológicas de agentes inconformados com "as garantias que controlam o exercício do poder punitivo no Estado de Direito", bem ilustradas na formação dos "esquadrões da morte". No âmbito civil, o encontro de presos comuns, majoritariamente pobres que sofriam torturas cotidianas das delegacias, com presos políticos, muitos intelectualizados de classe média, formou "um sistema penal subterrâneo, conjugando a repressão política com o encarceramento das classes torturáveis". Em outras palavras, o Brasil incorporou postulados da Doutrina de Segurança Nacional no sistema de segurança pública, dispondo de uma polícia militarizada voltada à eliminação de seus inimigos. Esta confusão entre os dois âmbitos de segurança na Ditadura é apontada por muitos autores. Telles[284] assevera que a Polícia Militar do período não só assimilou a Doutrina de Segurança Nacional, como atuou diretamente na repressão política. Como consequência, o conceito de guerra interna transbordou para a atividade cotidiana policial, contaminando o trato com a criminalidade comum pela filosofia do combate ao inimigo em detrimento do exercício regular da função policial. Lins[285] também aponta que, dentro desta confusão de conceitos, subversivos não seriam os únicos sujeitos a arbitrariedades e violações de direitos humanos do regime de exceção. Já Adorno[286] lembra que a política de segurança nacional não atingiu só as polícias, mas o próprio sistema penitenciário que, com diretrizes de contenção a qualquer custo da oposição política e da criminalidade, viu a superlotação de seus presídios neste período.

A incorporação da Doutrina de Segurança Nacional pelas Polícias Militares em suas práticas cotidianas se mostrou até em seus regulamentos. Esta mistura ficou mais explícita no Decreto nº 66.862,[287] de 1970, editado pelo Governo Federal para impor

---

[284] TELLES, Maria Eugênia Raposo da Silva. Proposta para uma nova política de segurança pública. Revista Brasileira de Ciências Criminais, São Paulo, v. 16, p. 291, out. 1996.

[285] LINS, Bruno José Rijo Lamenha. Breves reflexões sobre segurança pública e permanências autoritárias na Constituição Federal de 1988. Revista de Direito Brasileira, São Paulo, v. 1, p. 173, jul. 2011.

[286] ADORNO, Sérgio. Políticas públicas de segurança e justiça penal. Cadernos Adenauer IX, Rio de Janeiro, ano IX, n. 4, p. 9-28, jan. 2009. p. 23.

[287] BRASIL. Decreto nº 66.862, de 8 de julho de 1970.

o novo Regulamento para as Polícias Militares e os Corpos de Bombeiros Militares. Antes mesmo de estabelecer regramentos, o R-200, como ficou conhecido, definiu conceitos centrais para o novo sistema de segurança pública que se formava. Um destes foi o de policiamento ostensivo, definido como "ação policial em cujo emprego o homem ou a fração de tropa engajados sejam identificados de relance, quer pela farda, quer pelo equipamento, armamento ou viatura". Estas ações compreendiam os policiamentos ostensivo normal, urbano e rural, de trânsito, florestal e de mananciais, ferroviário, rodoviário, portuário, fluvial, lacustre, de radiopatrulha terrestre e aérea e de segurança externa dos estabelecimentos penais.

Preocupado com a incumbência das PMs de atuar na manutenção da ordem, prevenindo e reprimindo casos em que ela fosse perturbada, o R-200 também esclareceu o significado de "perturbação da ordem": ações que possam comprometer "o exercício dos poderes constituídos, o cumprimento das leis e a manutenção da ordem pública, ameaçando a população e propriedades públicas e privadas". Dentre estas, o novo regramento fez questão de destacar especificamente as "atividades subversivas, agitações, tumultos, distúrbios de toda ordem, devastações, saques, assaltos, roubos, sequestros, incêndios, depredações, destruições, sabotagem, terrorismo e ações de bandos armados nas guerrilhas rurais e urbanas". Além disso, houve também a definição ainda mais específica da "grave perturbação ou subversiva da ordem" como aquela que ensejaria operações militares que escapassem da capacidade estadual.

A consequência desta mistura de conceitos na prática policial militar cotidiana é bem exemplificada em pesquisa realizada por Nascimento[288] acerca da instituição paulista. Em 1970, for-

---

[288] NASCIMENTO, Gabriel dos Santos. Violência fardada: a Polícia Militar do estado de São Paulo na ditadura civil-militar (1964-1982).

madas por equipes motorizadas de quatro homens armados, as Rondas Ostensivas "Tobias de Aguiar" (ROTA) foram criadas, primordialmente, para cumprirem a função de Ronda Bancária na repressão aos assaltos a bancos realizados por grupos guerrilheiros. Com a derrocada da resistência armada ao longo dos anos 1970, a ROTA foi mantida em atividades de policiamento e repressão ao crime comum, sendo, até hoje, reconhecida pelo grande número de mortos em suas operações. Também eram comuns, nos boletins policiais, as menções elogiosas a policiais militares envolvidos em atos de repressão política, tais como o pedido de promoção do soldado Djalma da Silva por sua colaboração na ação que assassinou Marighella.

Junto a estas atividades, outras de repressão ao crime comum apareciam, como o pedido de promoção do cabo Jorcelino da Silva e do soldado Edwin Obst pela captura de uma perigosa quadrilha de assaltantes liderada pelo criminoso de alcunha "Caveirinha". As páginas da imprensa também dão dimensão da atuação da PM em casos cotidianos, como em 1979, quando se noticiou que a corporação paulista, preocupada com "trombadinhas" do centro da capital, começou a dispor de policiais à paisana com treinamento em caratê para fazer a patrulha da região e impedir os criminosos, geralmente menores de idade. A morte do torcedor José da Silva, em 1973, espancado por oito soldados após uma invasão de campo, retrata bem o cenário policial do momento quando, questionado, mesmo sem provas, o Comando da PM alegou se tratar de um subversivo. Este último caso demonstra como as justificativas políticas se faziam presentes até mesmo nos abusos cometidos em atividades de policiamento comum.

Dentro deste novo contexto da segurança pública brasileira, é fácil perceber o porquê da escolha da Ditadura em tornar o policiamento ostensivo uma atividade exclusiva das Polícias Militares. Primeiramente, se havia a ideia de permear as instituições com a Doutrina de Segurança Nacional nascida no berço das próprias Forças Armadas, nada mais "adequado" do que outra instituição igualmente militar para realizar as tarefas de policiamento cotidiano. Além disso, dentro do conceito de guerra permanente contra inimigos internos, possuir enorme efetivo militarizado exercendo as funções de policiamento ostensivo, justamente o policiamento mais presente, vigilante e infiltrado no dia a dia da sociedade civil, seria de enorme utilidade para os desígnios autoritários do regime brasileiro.

A polícia da ditadura declara guerra às drogas

Enxergando inimigos em todos que pudessem contestar a ordem vigente, fossem criminosos políticos ou comuns, a Ditadura encontrou o meio de ter a sua disposição verdadeira máquina de guerra, doutrinada e treinada militarmente, presente diariamente nas ruas do país. Mas essa visão de segurança pública levaria a outro traço do período ditatorial, tão marcante e atual quanto a militarização do policiamento ostensivo: o início da política de "guerra às drogas". Deve-se dizer, porém, que a Doutrina de Segurança Nacional e o militarismo não são as únicas explicações para isso. A influência e a interferência que o governo dos EUA exercem ao redor do mundo, sobretudo na América Latina, foi fator essencial para esta nova linha que colocou o combate ao tráfico de drogas no centro das políticas de segurança pública do país.

Isto não significa que os anos 1970 inauguraram a visão criminal sobre o consumo de entorpecentes no Brasil ou no mundo. Até mesmo as Ordenações Filipinas dos tempos coloniais proibiam a posse de algumas substâncias, como o ópio, por pessoas sem licença para uso profissional. Tais leis, porém, eram distantes da realidade diária do Brasil colonial, que costumava resolver tais conflitos com disposições locais. Mesmo sob o Código Criminal do Império de 1830, o tema continuou sendo mais objeto de posturas municipais, como a proibição da venda e do uso do "pito de pango" no Rio de Janeiro, considerada o primeiro ato legal proibitivo da maconha no Ocidente. Já o Código Penal de 1890 previu a punição do comércio de substâncias venenosas, ainda ligada à ideia de delito profissional praticado por boticários.[289] A questão é que estas legislações não dispunham de "massa normativa que permita extrair-lhe uma coerência programática específica", o que só mudou quando, em 1912, o Brasil subscreveu o protocolo suplementar da Conferência Internacional do Ópio, realizada em Haia. Dois anos depois, o Decreto nº 2.861 sancionou Resolução do Congresso Nacional aprovando a adesão. A partir daí, se iniciou o "modelo sanitário" de política de drogas, assim chamado porque, além de se basear na ideia do viciado como um doente, se aproveitava de técnicas higienistas.[290]

Em outras palavras, inaugurou-se um "sistema médico-policial" no qual muitas das medidas tinham caráter extremamente invasivo em relação aos usuários de drogas, como obrigatoriedade de tratamento, internação compulsória ou interdição de direitos, mas a conduta de simples uso não chegou a ser criminalizada. Somente em 1932 a posse ilícita foi considerada deli-

---

[289] RIBEIRO, Maurício de Melo. A evolução histórica da política criminal e da legislação brasileira sobre drogas. Boletim do IBCCRIM, São Paulo, ano 24, nº 286, p. 5-8, set. 2016.
[290] BATISTA, Nilo. Política criminal com derramamento de sangue. Revista Brasileira de Ciências Criminais, São Paulo, vol. 20, p. 129, out. 1997.

tuosa, o que se estendeu ao uso em 1938, mas este cenário logo foi revogado pelo Código Penal de 1940, que reduziu substancialmente o número de verbos incriminadores e descriminalizou o consumo.[291] Neste período, vemos que o tema das drogas manteve-se em segundo plano, vez que a "irrelevância estatístico-criminal do tráfico e do abuso de drogas não atrai a atenção dos juristas, dos criminólogos e mesmo dos legisladores".[292]

A partir dos anos 1970, mudanças na política norte-americana refletiram em todo o mundo, sobretudo na América Latina. Houve uma transferência do problema doméstico de países consumidores de entorpecentes, como os EUA, para países produtores ou rotas do comércio de drogas mundial, institucionalizando o discurso jurídico-político da criminalização. Globalizou-se um modelo genocida de segurança pública que levava à criação de guerras internas e endurecimento de fronteiras. Nos EUA, o tema foi alçado à importância de segurança nacional, relacionando-se a problemas econômicos e ao discurso de segurança externa no país. O papel do México como fornecedor de ópio e da América do Sul como rota da heroína e produtora de cocaína fez a política de repressão às drogas norte-americana se internacionalizar, com dedicação especial a países latinos, através de recomendações de agências internacionais e tratados no sentido de centrar a ação na prisão de traficantes. Esta política imperialista teve reflexos no Brasil que, em 1968, equiparou a conduta do usuário de drogas a do traficante através do Decreto-Lei nº 385. No ano seguinte, o país estabeleceu a fiscalização policial sobre laboratórios que manuseassem substâncias entorpecentes. Já a legislação de 1971 deixou clara a influência da Doutrina de Segurança Nacional na nova política de drogas, prevendo como dever de todos a colaboração com o combate

---

[291] RIBEIRO, op. cit.
[292] BATISTA, op. cit.

ao tráfico e ao uso de substâncias entorpecentes. Ela também estendeu o procedimento sumário de expulsão de estrangeiros utilizado para crimes contra a segurança nacional aos imigrantes envolvidos com o uso ou o tráfico de drogas.[293]

De fato, documentos do DOPS do Rio de Janeiro chegaram a relacionar o uso de tóxicos e a subversão. As drogas passaram a ser vistas pelo governo como estratégia comunista da Guerra Fria para "solapar as bases morais da civilização cristã ocidental", devendo ser enfrentadas com métodos e dispositivos militares. A criminalização dos entorpecentes reunia elementos bélicos e religiosos-morais, criando uma guerra sem restrições, "na qual os fins justificam os meios". Visão consolidada pela Lei nº 6.368, de 1976, que endureceu medidas contra o tráfico, aumentando penas, condicionando o direito de apelação ao recolhimento à prisão e criminalizando até mesmo uma suposta apologia às drogas. Apesar da linha dura, ao menos o usuário fora separado novamente do traficante, mas manteve-se criminalizado. A partir deste novo "modelo bélico", a droga se converteu no grande eixo "sobre o qual se pode reconstruir a face do inimigo (interno) também num compatriota", ou seja, passou a ter a funcionalidade de possibilitar exercício de maior controle social penal máximo sobre as classes marginalizadas, situação que se acentuaria com as políticas econômicas neoliberais dos anos 1980.[294]

Boris Fausto[295] faz apontamento certeiro que, indiretamente, ajuda a entender melhor esta questão social por trás da guerra às drogas. Diante da aguda crise econômica no país, o plano de estabilização proposto pela Ditadura dependia de grandes sacrifícios por parte da sociedade. Assim, a imposição de um regi-

---

[293] MORAES, op. cit., p. 181-186.
[294] BATISTA, op. cit.
[295] FAUSTO, 2006. p. 473.

me autoritário foi fator facilitador para colocá-lo em prática. Em uma democracia plena, o êxito do plano dependeria de acordos e concessões recíprocas por parte dos variados grupos sociais do país. Com mecanismos de repressão típicos de estado de exceção, o governo conseguiu "tomar medidas que resultaram em sacrifícios forçados, especialmente para a classe trabalhadora, sem que esta tivesse condições de resistir". Nesta dinâmica, conseguimos enxergar a relação das desigualdades sociais e das escolhas econômicas da elite do país com o recrudescimento da violência policial, principalmente a partir do contexto neoliberal que se instalaria no Brasil a partir do fim da década de 1970.

Por enquanto, ressalta-se como a nova política de guerra às drogas abriu campo ainda maior para a militarização da segurança pública brasileira, possibilitando a constituição de camadas pobres e marginalizadas como inimigos internos a serem combatidos com tanta dedicação quanto os próprios subversivos. A relação entre a Doutrina de Segurança Nacional e a nova linha de repressão ao tráfico de entorpecentes é clara nesse sentido e, novamente, manter uma tropa militarizada realizando o policiamento ostensivo cotidiano nas ruas se encaixava perfeitamente a mais esta política de controle social imposta pela Ditadura. Vigilante e em contato direto e diário com a sociedade civil, a Polícia Militar tinha na subversão e nas drogas a justificativa para cometer toda série de violações a direitos e garantias das pessoas de forma rotineira, conformando um intenso sistema de controle social sobre classes que poderiam representar algum risco à ordem imposta pelo regime.

A conturbada reabertura democrática

Mas como este sistema perdurou até os atuais tempos, tidos como democráticos? A Ditadura Civil-Militar chegou ao fim nos anos 1980 e o país reingressou em um sistema democrático pautado na representatividade de eleições diretas. Este acontecimento, porém, não se deu da noite para o dia. Na verdade, diante da crescente pressão popular, cada vez mais comovida com desmandos e violações promovidas pelo regime brasileiro, o processo de reabertura se deu de forma prolongada e controlada desde a segunda metade dos anos 1970. Para entendermos a continuidade dos aparatos autoritários do sistema de segurança pública brasileiro mesmo após a redemocratização do país, é crucial analisar este período.

Ele se iniciou com a eleição de Geisel à Presidência, em 1974, o qual desejava uma reabertura política "lenta, gradual e segura". Mas Boris Fausto[296] faz comentário acertado ao dizer que a abertura se daria, na verdade, de "forma lenta, gradual e insegura", já que o processo foi marcado pelo constante risco de retrocesso diante da "linha dura" dos militares. O momento histórico tampouco pode ser enxergado como mera vontade do próprio regime, já que a oposição também começou a dar sinais de vida. Nas eleições legislativas daquele ano, a ARENA conquistou só pequena maioria na Câmara Federal e os resultados do MDB foram acachapantes em centros urbanos. Havia grande efervescência também entre movimentos sociais: sindicatos rurais foram de 625 em 1968, para 2.144 em 1980, e os trabalhadores rurais sindicalizados, de 2,9 milhões em 1973, para 5,1 milhões em 1979. Este movimento tinha forte influência da Comissão Pastoral da Terra, organizada pela Igreja Católica.

A Igreja, aliás, teve papel central na luta pela redemocratização do país. Desde o fim do Concílio Vaticano II, em 1964, e das Conferências de Medellín e Puebla, com o avanço da chamada teologia da libertação, ela vinha se abrindo à participação de leigos e se comprometendo com setores mais pobres e marginalizados. Já nos anos 1960, surgiram as Comunidades Eclesiais

---

[296] FAUSTO, 2006. p. 489-498.

de Base (CEBs), as quais, durante a Ditadura, viraram espaços protegidos para a reunião e organização de grupos de esquerda e movimentos clandestinos que combatiam o regime. Só entre 1968 e 1985, estima-se o crescimento de 40 mil para 70 mil CEBs no Brasil.[297] Outro foco de luta que ressurgiu com força foi o movimento operário, com destaque para a concentração de trabalhadores no ABC paulista. Em 1978, só São Bernardo possuía cerca de 125 mil operários na indústria mecânico-metalúrgica, com impressionante taxa de 43% de sindicalização. Um ano antes, junto com Diadema, seria lá o foco da campanha de correção salarial da qual emergiu a figura de liderança do então sindicalista Luis Inácio da Silva, o Lula. A campanha abriu caminho para as grandes greves dos dois anos seguintes, como a de 1979, quando 3,2 milhões de trabalhadores cruzaram os braços no país todo.[298]

Com toda a pressão popular, em 1979, a Lei de Anistia acabou por possibilitar a volta de muitos brasileiros exilados e a libertação de tantos outros oposicionistas que ainda se encontravam presos. Seguida a ela, em 1982, o pluripartidarismo voltou à cena política do país, inclusive com a formação de partidos criados por núcleos de movimento popular, como o PT. Foi se consolidando a ideia de aparente democracia, numa espécie de autorreforma do regime militar que conduzia o país à redemocratização, mas sem maiores rupturas no interior da própria estrutura burguesa. Impulsionado pelas manifestações populares massivas por eleições diretas, o regime enfim seria suplantado pela ainda indireta eleição de Tancredo Neves pelo PMDB.[299]

Apesar deste processo de reabertura, desde que o novo cenário de oposição começou a se desenhar nos anos 1970, a Ditadura

---

[297] ANSARA, op. cit., p. 166-167.
[298] FAUSTO, 2006. p. 499-500.
[299] ANSARA, op. cit., p. 150-153.

decidiu manter suas respostas repressivas e autocráticas, sobretudo as policiais. Aliás, a continuidade da repressão foi um dos motivos mobilizadores da própria oposição. A prática de tortura seguiu de forma sistemática mesmo após o declínio da resistência armada no país. Já em 1975, sob o Governo Geisel, após comparecer ao DOI-CODI paulista, o jornalista Vladimir Herzog foi assassinado. Apesar dos claros sinais de tortura e execução, sua morte foi apresentada como suicídio por enforcamento. O caso gerou comoção nacional e o culto ecumênico celebrado por Dom Paulo Evaristo Arns na Catedral da Sé reuniu milhares de pessoas em ato com forte tom político. Em 1976, outro assassinato em condições parecidas gerou mais revoltas na sociedade civil: o metalúrgico Manuel Fiel Filho teve sua morte encoberta por mais uma falsa versão de suicídio. Os acontecimentos pressionaram Geisel a trocar o Comando do II Exército. Casos de tortura diminuíram, mas a violência policial continuou, como em setembro de 1977, quando a Polícia Militar invadiu a PUC de forma violenta para impedir reunião da UNE.[300]

Se, por um lado, a pressão popular levou Geisel a trocar comandos do Exército, por outro, no âmbito policial, o Pacote de Abril abriu a porta para mais arbítrios e violações. Estas emendas não só alteraram a lei eleitoral, criando a figura do "Senador biônico" para frear o crescimento do MDB, como também competências do Judiciário: o julgamento de policiais militares foi retirado da alçada dos tribunais civis, passando à instância de tribunais especiais constituídos por oficiais das próprias polícias. Uma clara medida de corporativismo para proteger policiais envolvidos em crimes ou casos de abuso em tempos de reabertura. Não à toa, as manifestações operárias citadas sofreram dura repressão, como a ocupação de uma fábrica da Volkswagen por 2 mil policiais armados com cavalaria e blindados em 1979. Vio-

---

[300] FAUSTO, 2006. p. 491-492.

lência que se seguiu nos tempos de Figueiredo, quando a greve dos metalúrgicos de São Paulo, no mesmo ano, acabou com o assassinato do operário Santo Dias da Silva. No segundo semestre, Orocílio Martins Gonçalves, em Belo Horizonte, Benedito Gonçalves, em Divinópolis, e Guido Leão Santos, em Betim, todos operários, também seriam assassinados pela repressão.[301]

Em suma, apesar da reabertura e do aumento gradual de liberdades para a sociedade civil, o Governo manteve o aparato policial sem alterações democráticas e em pleno exercício nas atividades de repressão política. Com Figueiredo, último presidente da época ditatorial, a redemocratização continuou a ser perturbada pela "linha dura". Bombas explodiram em jornais da oposição e na Câmara Municipal do Rio de Janeiro, uma carta-bomba foi enviada ao presidente da OAB, matando sua secretária, e o bispo de Nova Iguaçu, Dom Adriano Hypólito, e o jurista Dalmo Dallari sofreram sequestros. Junto a isso, Figueiredo agiu para retirar da oposição uma de suas grandes lutas: em agosto de 1979, a Lei de Anistia aprovada pelo Congresso também acenou à linha-dura dos militares ao perdoar "crimes de qualquer natureza relacionados com crimes políticos ou praticados por motivação política", abrangendo os próprios agentes públicos responsáveis por torturas, assassinatos e desaparecimentos forçados impostos pelo regime.[302]

A Ditadura imposta pelo Golpe de 1964 ia chegando ao fim com um rastro de mortes até hoje sem explicação. Unindo esforços da sociedade civil, a Comissão Nacional da Verdade conseguiu ao menos reparar o direito à memória de 434 mortos e desaparecidos durante o período, mas enfrentou dificuldades de acesso à informação por parte das próprias Forças Armadas brasileiras que, mesmo após a redemocratização, continuou

---

[301] NETTO, op. cit., p. 175-200.
[302] FAUSTO, 2006. p. 504-505.

impondo obstáculos às investigações sobre as arbitrariedades do regime caído. Por isso mesmo, a própria Comissão admite que a lista de vítimas da Ditadura não se esgota em seu relatório final, encontrando-se aberta para investigações futuras de casos ainda sem explicação oficial.[303]

E são fortes os indícios de que estes números finais ainda estão aquém da realidade repressiva do período. Só um levantamento da Comissão Pastoral da Terra dá conta de 1.781 assassinatos de camponeses entre 1964 e 1993, sendo que apenas 29 foram a julgamento e 14 resultaram em condenações. De forma semelhante, o Movimento dos Trabalhadores Rurais Sem Terra registrou 1.188 assassinatos entre 1964 e 1986.[304] A própria Comissão Nacional da Verdade estima em 8.350 o número de indígenas mortos "em decorrência de ação direta de agentes governamentais ou da sua omissão" no período investigado, boa parte destes durante a Ditadura Civil-Militar. Aliás, a Comissão estabelece justamente o ano de 1968 como o marco que divide dois períodos distintos desta violência: no anterior, as mortes ocorriam mais por omissão estatal, enquanto o pós-68 seria marcado pela ação direta de agentes públicos.[305]

Além da letalidade da repressão a opositores, a violência contra pessoas pobres justificada pelo combate à criminalidade comum também dá mostras claras de que o número de vítimas letais da ditadura ainda está longe de ser esclarecido. Um relatório[306] da Embaixada dos EUA no Rio de Janeiro sobre os

---

[303] BRASIL. COMISSÃO NACIONAL DA VERDADE. Relatório da Comissão Nacional da Verdade. v. 3. Brasília: CNV, 2014. p. 26-29.
[304] SÃO PAULO. COMISSÃO DA VERDADE DO ESTADO DE SÃO PAULO. Relatório da Comissão da Verdade do Estado de São Paulo. Tomo II.
[305] BRASIL. COMISSÃO NACIONAL DA VERDADE. Relatório da Comissão Nacional da Verdade. v. 2. Brasília: CNV, 2014. p. 205.
[306] BRASIL. COMISSÃO NACIONAL DA VERDADE. Documento

"Esquadrões da Morte" aponta cerca de 800 assassinatos, entre 1968 e 1971, com possíveis ligações a estes grupos, sendo 200 destes, ao longo de dois anos, apenas em Niterói, e outros 182, em período de um ano e meio, em São Paulo. O relatório afirma que muitos enxergavam estes esquadrões como uma ferramenta bruta, mas efetiva, no controle das camadas pobres da população, sobretudo nas favelas, consideradas mais propensas a comportamentos fora da lei. O medo causado pelas ações truculentas e assassinatos, dessa forma, impediria que estas populações cometessem crimes contra as classes mais altas. O documento ainda mostra surpresa com o fato de que grandes jornais, como O Estado de São Paulo e Jornal do Brasil, noticiavam mortes ligadas aos esquadrões de forma até compreensiva.

A Embaixada ainda apontava seis características que costumavam ser comuns nestes crimes cometidos por policiais: as vítimas, no geral, eram criminosos comuns; as vítimas costumavam sofrer vários disparos com armas de grosso calibre enquanto estavam amarradas; os corpos eram deixados em locais desertos no início da manhã; gravavam símbolos dos esquadrões e frases incriminando as vítimas junto aos corpos; os jornais eram avisados de onde poderiam encontrar os corpos; e a polícia não questionava suspeitos e o caso era encerrado por falta de evidências. Em São Paulo, o relatório ainda acrescentava mais um ponto comum: de 143 vítimas atribuídas ao Esquadrão da Morte, ao menos 120 estariam supostamente envolvidas com o tráfico de drogas. A Embaixada também salientava que novos símbolos, para além do tradicional "EM" seguido da caveira, começaram a surgir nos anos anteriores, dando mostras de que outros esquadrões semelhantes estavam sendo formados.

O relatório norte-americano levanta questões importantes para o debate acerca do desenvolvimento da segurança pública

---

11 – Esquadrão da Morte.

no país. Em seu conteúdo, fica clara a incorporação pelas polícias da ideia de que o crime deve ser tratado de forma bélica, e o criminoso, eliminado. A Doutrina de Segurança Nacional teve efeitos nas políticas de segurança pública, fortemente permeadas pela chamada "ideologia do inimigo". O assassinato de criminosos comuns e de pessoas pobres de regiões marginalizadas se tornou prática rotineira enxergada como política de redução de índices criminais, contando, inclusive, com apoio da imprensa e de parte da sociedade. O curioso é notar que, neste mesmo período, porém, as taxas gerais de violência passariam por aumento explosivo ao lado do recrudescimento da própria violência estatal.

Nesse sentido, em levantamento sobre a região metropolitana de São Paulo, Manso[307] observa, além do aspecto quantitativo, a mudança do próprio caráter dos homicídios ao longo desse período. Entre 1920 e 1960, a região até apresentava índices de violência letal reduzidos, abaixo de 5 casos por 100 mil habitantes, ainda que a população tivesse sextuplicado neste mesmo tempo, sendo difícil apontar uma relação entre a violência letal e a expansão populacional. À época, eram predominantes homicídios ligados a problemas familiares e com características passionais. O cenário mudaria na década de 1960, com índices já considerados internacionalmente elevados, por volta de 10 homicídios a cada 100 mil habitantes. Além disso, se, em 1965, 64% dos assassinatos ocorriam dentro das residências, este número cairia para 45% em 1975. Os homicídios em São Paulo passaram a ocorrer mais nas vias públicas, com corpos de vítimas amanhecendo nas ruas depois de alvejados pela madrugada.

---

[307] MANSO, Bruno Paes. Crescimento e queda dos homicídios em SP entre 1960 e 2010: uma análise dos mecanismos de escolha homicida e das carreiras no crime. Tese (Doutorado em Ciências Políticas) – Universidade de São Paulo, São Paulo, 2012. p. 14-76.

Manso analisa que, em dado momento da urbanização paulistana, "os homicídios deixam de ser vistos como um problema para se transformarem em instrumento que supostamente permite lidar com os problemas advindos desse processo de urbanização". Na execução desta nova tarefa, primeiro os policiais civis, por meio do esquadrão da morte, e depois os policiais militares e justiceiros são os mais citados como responsáveis. Principalmente a partir dos anos 1980, a Polícia Militar de São Paulo passou a usar sistematicamente os assassinatos como forma de "controle territorial da desordem", e a violência e os homicídios se territorializaram nas periferias paulistanas. Se, em 1960, os homicídios ocupavam o quarto lugar entre mortes ocorridas por causas externas, em 1985, eles assumiriam a primeira posição. Já em 1980, a taxa de homicídios em São Paulo havia escalado para 20,3 a cada 100 mil habitantes. Ainda assim, este número a colocava só como a nona capital mais violenta do país, dando uma dimensão de como este problema escalou por todo o país durante a Ditadura.

Apesar deste cenário policialesco, a estrutura de segurança pública do país pouco foi atingida pelo processo de reabertura. É bem verdade que ao menos os Departamentos e Delegacias de Ordem Política e Social chegaram ao fim de suas longas histórias. No Ceará, o acervo de documentos do arquivo público do estado registra atividades do DOPS só até 1985. No Espírito Santo, o mesmo ocorreu em meados da década de 1980, e os arquivos da Delegacia foram transferidos para a Polícia Federal em 1991. Já em Goiás, lei estadual sobre a estrutura da Secretaria de Segurança Pública de 1987 já não mais previa a existência de DOPS. No Maranhão, a Delegacia foi extinta apenas em 1991, por força da Lei nº 5.332, mesmo ano em que o Paraná decretou o fechamento de sua polícia política. Já o DEOPS paulista foi extinto ainda durante o processo de reabertura, por meio do

Decreto 20.728, de 1983.[308] No geral, o que se viu pelo Brasil foi o fechamento destas estruturas de polícia política ao longo dos anos 1980 e começo dos anos 1990, enquanto o país reorganizava sua recuperada democracia.

No âmbito policial militar, porém, o movimento observado foi no sentido contrário. Enquanto o regime de exceção se distendia, o Governo Militar aprovava novos decretos e regulamentos que reforçavam o poder e o caráter militar destas polícias estaduais. Também a submissão destas forças ao Exército Nacional foi mantida, sobretudo com a icônica edição do Decreto nº 88.540 de 1983. Na ocasião, o Governo Federal se via rodeado por focos grevistas de movimentos operários por todo o país em julho. Reagindo à interferência estatal nos sindicatos, marcou-se greve geral para o dia 21 daquele mês, tendo como novidade a pauta política de rechaço à agenda econômica do governo e ao FMI. Na véspera do protesto, o Decreto tratou novamente da subordinação das PMs ao Exército, em clara pressão para comprometer os governos estaduais com a repressão aos movimentos populares.[309] A norma regulamentou a convocação das Polícias Militares pelo Governo Federal, prevista desde o Decreto-Lei nº 667, de 1969, nos casos de grave perturbação da ordem. Outras normas semelhantes viriam naquele mesmo ano. O Decreto-Lei nº 2.010[310] alterou o Decreto-Lei nº 667 para ampliar as previsões de convocação ou mobilização das Polícias Militares pelo Governo Federal. Além disso, apesar de estabelecer a prioridade de membros da própria corporação em assumir o Comando das PMs, a nova norma submeteu a escolha ao crivo do Ministro do Estado do Exército, bem como ainda deixou em aberto a possibilidade de o posto ser ocupado por oficial do Exército.

---

[308] SODRÉ, op. cit., p. 100-121.
[309] NETTO, op. cit., p. 209.
[310] BRASIL. Decreto-Lei nº 2.010, de 12 de janeiro de 1983.

Mas a mais relevante das normas editadas em 1983 foi o Decreto nº 88.777, que aprovou novo regulamento para Polícias Militares e Corpos de Bombeiros. Mantendo alguns aspectos, o novo R-200 deu novos significados a conceitos centrais das funções da Polícia Militar. O conceito de "perturbação da ordem", por exemplo, permaneceu o mesmo, contudo, deixou de ser especificado com termos como "atividades subversivas". Por outro lado, nada mudou no conceito de "grave perturbação ou subversão da ordem". Já ao termo "policiamento ostensivo", o Regulamento adicionou que ele seria realizado "objetivando a manutenção da ordem pública".[311] Desse modo, ao mesmo tempo em que, por reflexos dos novos tempos, o R-200 deixou de citar taxativamente as atividades subversivas como objeto de repressão, foi clara a preocupação em colocar a manutenção da ordem no centro das atividades diárias das Polícias Militares, misturando-as com o policiamento ostensivo, além de manter a previsão de intervenção militarizada em casos graves de perturbação da ordem.

Para a Comissão Estadual da Verdade de São Paulo,[312] o novo R-200, vigente até hoje, regulamentou a natureza híbrida policial e militar da PM, priorizando "a manutenção da ordem pública em detrimento da prevenção à violência e à criminalidade, ou seja, da proteção à vida". A Polícia Militar não foi adaptada ao regime democrático, mantendo-se "mais como força de ocupação territorial e controle político violento contra a população pobre". Outro ponto destacado pela Comissão foi o fato de que, ainda que os DOPS acabassem extintos, as P-2, divisões de inteligência e "vigilância política à serviço da

---

[311] BRASIL. Decreto nº 88.777, de 30 de setembro de 1983.
[312] SÃO PAULO. COMISSÃO DA VERDADE DO ESTADO DE SÃO PAULO. Relatório da Comissão da Verdade do Estado de São Paulo. Tomo I, Parte 1.

repressão aos opositores da ditadura" pertencentes às Polícias Militares, foram mantidas e ampliadas. Mais do que isso, o novo Regulamento estabeleceu que elas ficariam integradas ao Sistema de Informações do Exército.

Isso implica dizer que as PMs ficaram obrigadas por lei a repassar informações coletadas pelos seus sistemas de inteligência ao comando do Exército Nacional, que passaram a ter acesso inclusive a informações sensíveis sobre os próprios governadores, colocando em xeque o princípio federativo. Manteve-se, assim, um sistema de inteligência e vigilância sobre cidadãos altamente militarizado que escapa a qualquer controle civil, até mesmo ao das Assembleias Legislativas. Exemplo notório desta estrutura antidemocrática foi o de 1996, quando se revelou que a P-2 da PM brasiliense espionava sindicalistas, ativistas do MST e membros do Partido dos Trabalhadores, que, na época, governava o Distrito Federal.[313]

Como é possível perceber, mesmo em momentos finais de distensão, o governo ditatorial, de certa forma, preparou terreno para que os mecanismos de controle social e de práticas de exceção na área da segurança pública fossem mantidos em tempos democráticos. Regulamentos e decretos federais deste período buscaram fortalecer o sistema que consagrou o policiamento militarizado e ligado ao Exército no dia a dia das cidades brasileiras durante a Ditadura Civil-Militar. Não que esta situação fosse imutável, logicamente, vez que o processo de redemocratização do país se intensificaria com a Constituinte ao fim dos anos 1980, facilitando um ambiente de debates públicos e disputas entre diferentes projetos políticos, inclusive acerca da administração sobre as instituições policiais. Porém, a Carta enfim publicada em 1988 foi um verdadeiro banho de água fria aos anseios de democratização do sistema de segurança pública brasileiro.

---

[313] ZAVERUCHA, op. cit., p. 54.

A PROBLEMÁTICA "REDEMOCRATIZAÇÃO" E AS VELHAS POLÍCIAS DA NOVA REPÚBLICA

A distensão do regime ditatorial brasileiro se deu de forma lenta e gradual como um todo, culminando na Constituinte ao fim dos anos 1980. Em meio a este movimento, porém, percebeu-se o esforço das Forças Armadas e do Governo Federal em manter as estruturas de segurança pública do país, marcadas pelas políticas repressivas e de controle social e político sobre a população. Ao contrário do que se poderia imaginar, a construção da nova Magna Carta brasileira deixou praticamente intocado este sistema securitário. Na verdade, ela até o fortaleceu ao tornar a estrutura policial estadual de ciclo fracionado entre militares e civis uma matéria de status constitucional. Desse modo, a Constituição Cidadã, assim conhecida por de fato ter ampliado direitos e garantias antes tolhidos pelo período autoritário, acabou por consagrar de vez a arquitetura de segurança pública nacional consolidada pela Ditadura Civil-Militar.

As influências militares e a manutenção da arquitetura ditatorial da segurança pública na Constituição Cidadã

Zaverucha[314] analisa que, embora muitos temas tenham recebido tratamento progressista pela Constituição, o mesmo não

---

[314] ZAVERUCHA, op. cit., p. 41-57.

se observou nas relações civil-militares por ela reguladas, mantendo-se muitas das prerrogativas militares antidemocráticas do período anterior e, inclusive, adicionando novas. "Os políticos optaram por não questionar devidamente o legado autoritário do regime militar", vez que, apesar de descentralizar poderes e estipular importantes benefícios sociais tipicamente democráticos, as cláusulas relacionadas às Forças Armadas, às Polícias Militares, ao Judiciário e à segurança pública restaram praticamente idênticas. Mais do que simbólico que a Comissão Constituinte de Organização Eleitoral Partidária e Garantia das Instituições, que se encarregou dos capítulos ligados às Forças Armadas e à segurança pública, tenha sido presidida pelo senador Jarbas Passarinho, coronel da reserva e ex-ministro nos governos de Costa e Silva, Médici e Figueiredo, que fora um dos signatários do AI-5 em 1968.

Assim, no que concerne à organização policial, a Constituinte foi marcada pela interferência militar e de outras forças de segurança. Porta-voz da Subcomissão de Defesa do Estado, da Sociedade e de sua Segurança, o deputado Ricardo Fiúza trabalhou fortemente para evitar que o Exército perdesse o controle sobre as Polícias Militares, mantendo a relação de força auxiliar que destoa de outros países democráticos que também possuem polícias militarizadas, geralmente subordinadas ao Ministério do Interior, da Justiça ou da Defesa, mas apenas com caráter de reserva do Exército. As sessões de debates organizadas por Fiúza também apresentaram forte desequilíbrio, com apenas 2 dos 28 convidados sendo representantes da sociedade civil: o presidente da OAB e o diretor do Núcleo de Estudos Estratégicos da Universidade de Campinas. Os demais estavam entre representantes das Forças Armadas, do Conselho de Segurança Nacional, das Polícias Militares, dos Corpos de Bombeiros, das Polícias Civis e da Polícia Federal, tendo grande prevalência a presença militar.

Não à toa, o Texto Constitucional final manteve forte influência do militarismo nas políticas e estruturas institucionais de segurança pública brasileira. Zaverucha assevera que a Carta de 1988 cometeu o erro de reunir no mesmo Título "Da Defesa do Estado e das Instituições" os capítulos que tratam do Estado de Defesa e do Estado de Sítio, das Forças Armadas e da Segurança Pública. Foi a constitucionalização da estrutura autoritária em que organizações militares atuam em atividades de polícia e defesa civil. Desse modo, "as polícias continuaram constitucionalmente, mesmo em menor grau, a defender mais o Estado que o cidadão", mantendo-se a visão política em que os bens do Estado têm mais relevância do que a vida e os bens dos cidadãos. A Constituição Cidadã misturou questões de segurança externa com as de segurança pública, tornando a militarização constitucionalmente válida.

Além disso, o polêmico artigo 142 da Carta, ainda hoje incitado por movimentos antidemocráticos do país em momentos de tensão política, consagrou às Forças Armadas o papel de garantidoras da lei e da ordem. Inicialmente, o poder de requerer a intervenção militarizada em assuntos domésticos fora concedido ao Judiciário e ao Legislativo. Sem maiores regulações, o juiz iniciante de uma pequena cidade ficava com a mesma atribuição que o próprio Supremo Tribunal para tanto. Foi o que aconteceu já em novembro de 1988, quando o magistrado do 3º Distrito de Volta Redonda solicitou o emprego das forças do Exército para garantir a reintegração de posse da Companhia Siderúrgica Nacional. A ação culminou no assassinato de três operários, ensejando a demanda por reformas deste mecanismo. Assim, a Lei Complementar nº 69, de 1991, passou a regular que apenas Senado, Câmara dos Deputados e STF poderiam realizar os pedidos de intervenção, restando ao Executivo o poder de veto. Como na ditadura, o uso de tropas nacionais para intervir em assuntos domésticos voltou a ficar centralizado no Poder

Executivo. As regulações se seguiram nas próximas décadas e as intervenções tiveram grande impacto nas próprias políticas de segurança pública do país, sendo um expediente constitucional e militar empregado de forma costumeira já em democracia.

No aspecto estrutural e institucional da segurança pública, junto à baixa clareza do Texto Constitucional, a falta de regulação do parágrafo 7º do artigo 144, que disciplina o funcionamento de cada órgão de segurança, reforçou que as corporações policiais continuassem sujeitas a antigas legislações redigidas em tempos ditatoriais. Ao lado disso, manteve-se a supremacia da Polícia Militar em contingente, adestramento e poder de fogo em relação à Polícia Civil, que não recebeu de volta as atribuições perdidas no regime militar. Ficou "consolidada a militarização da área civil de segurança, pois a Polícia Militar encarrega-se do policiamento ostensivo e do trânsito", além do Corpo de Bombeiros cuidar do controle de incêndios e acidentes em geral. A já citada submissão do sistema de inteligência das Polícias Militares ao Exército desde 1983 é outro ponto estrutural herdado do período da Ditadura.

Com estes bons pontos de Zaverucha, vemos que o ambiente de discussão e debates acerca da construção do sistema de segurança pública brasileiro no processo de redemocratização sofreu grandes influências de grupos militares diretamente envolvidos com o regime ditatorial anterior. Isto não significa, logicamente, que este sistema se manteria de forma imutável e estática ao longo das décadas seguintes, sobretudo quando se leva em conta que o novo momento histórico do país era realmente aberto a contrapesos democráticos que fomentavam o debate público acerca da própria estrutura estatal brasileira. Assim, criou-se o cenário em que a arquitetura policial arcaica consolidada durante a Ditadura Civil-Militar estava mantida, mas agora sujeita ao contraponto típico do Estado democrático de direito.

Aqui, temos alguns pontos importantes para entender o desenvolvimento do sistema de segurança pública na atualidade. Primeiramente, impossível ler o trecho acima sem fazer alguma relação com o período histórico compreendido entre os anos de 1945 e 1964. Guardadas as proporções e as especificidades de época, aquelas décadas foram igualmente marcadas pela coexistência de um aparato policial herdado do regime autocrático anterior com garantias e mecanismos tipicamente democráticos conquistados com a queda da ditadura varguista. Naquele período, a democracia brasileira em construção falhou ao não suplantar as estruturas policiais centralizadas, a polícia política e o aparato militarizado estadual, muito embora elas estivessem, naquele momento, com atuação minimamente limitada por princípios legalistas e democráticos, como a liberdade de expressão e de imprensa ou o maior acesso à Justiça. Isto teve relações com o consequente golpe de 1964, o qual contou com a participação ativa destas estruturas arcaicas. Claro que cada período histórico guarda suas peculiaridades, mas esta linha de pensamento é igualmente importante para a análise do sistema de segurança pública vigente dentro do contexto do Estado democrático de direito brasileiro nos tempos atuais.

Esta constatação, por sua vez, se desenrola em duas de suma importância. Por um lado, tem-se que, talvez de forma mais desenvolvida que a do período pós-1945, o cenário político e social brasileiro está novamente aberto ao debate público, o que compreende, consequentemente, a disputa de diferentes projetos de Estado e de sociedade por variados atores sociais. Por outro, a própria manutenção do sistema de segurança pública e do aparato policial como mecanismos com claras características de controle social demonstram que esta disputa não se dá de maneira totalmente livre ou igual, encontrando limites na própria estrutura autoritária ainda presente em pleno Estado democrático de direito. Desse modo, a disputa sobre conceitos vagos como ordem e segurança pública ou sobre a própria caracterização da polícia não se dá de forma equilibrada entre os diversos atores que a compõem.

Logicamente, este cenário não se limita à área da segurança pública, mas é nela que ele se manifesta de forma mais acentuada. Bueno, Poncioni, Godinho e Oliveira Junior[315] analisam que, embora a Constituição de 1988 tenha definido a participação e a iniciativa populares como práticas e valores centrais ao Estado na gestão de políticas públicas, o direito à segurança acabou ficando de fora dos temas que deveriam sujeitar-se ao estabelecimento de conselhos ou instâncias participativas. Esta característica também pode ser vista como resquício dos tempos ditatoriais, vez que a ideologia militar, ao tratar da segurança como algo secreto e restrito às Forças Armadas e às polícias, levou ao isolamento das instituições policiais e ao distanciamento desta matéria para os cidadãos comuns. A segurança pública, desse modo, continuou mais vista como faculdade do Estado do que como direito de todos.

Travado de forma lenta e incipiente no Brasil em redemocratização, este debate também se desenrolava em muitos outros países no mesmo momento. Denominada "controle comunitário" nos EUA, ou "prevenção comunitária" na Inglaterra, a agenda de reforma policial típica da época, em suas perspectivas conservadora ou progressista, estava destinada a romper com a longa cadeia burocrática das atividades de aplicação da lei e a descentralizar as unidades policiais para o nível local. Este movimento questionava, justamente, a ideia de que o iso-

---

[315] BUENO, Samira. et al. Instituições participativas e policiamento comunitário: referencial teórico e revisão da literatura. In: OLIVEIRA JUNIOR, Almir (Org.). Instituições participativas no âmbito da segurança pública: programas impulsionados por instituições policiais. Rio de Janeiro: IPEA, 2016. p. 19-54. p. 23-33.

lamento da sociedade civil no tema da segurança pública era necessário à separação entre público e privado e ao combate à corrupção e ao patrimonialismo, algo tão característico das antigas relações entre polícia e população. Em outras palavras, o insulamento das polícias finalmente passava a ser visto como obstáculo ao controle externo destas, pois tornava sua atuação cada vez mais "autorreferida, discricionária e, possivelmente, violenta". Já no Brasil, somente nos anos 2000 esta visão arcaica começaria a ser, ao menos em partes, superada, o que explicaria as pouquíssimas mudanças sofridas pelo aparato policial brasileiro antes disso.

Além da falta de espaço para debate e participação popular, os problemas do processo de redemocratização da estrutura policial brasileira se agravaram pelo modo raso e vago com que a Constituição tratou o próprio sentido de segurança pública. É pouco densa, semântica e ideologicamente, a definição deste termo como mera atividade "exercida para preservação da ordem pública e da incolumidade das pessoas e do patrimônio", carecendo da precisão necessária para pautar um modelo securitário realmente focado no movimento de ruptura na direção democrática. O único grande debate sobre o tema, no âmbito Constituinte, girou em torno do sistema policial brasileiro, favorecendo a visão institucionalizada que define a segurança como questão exclusiva de polícia. Como consequência, a disciplina constitucional acerca desta área se limitou a estabelecer o rol de atribuições de cada organização policial. A defesa da ordem pública, conceito fluído e carente de definição legal precisa em toda história jurídico-institucional brasileira, se eternizou como termo legitimador de "práticas securitárias seletivas e arbitrárias, independentemente da instauração democrática da Nova República".[316]

---

[316] LINS, op. cit.

De forma parecida, Bueno, Lima e Mingardi[317] afirmam que a análise histórica das várias Constituições brasileiras demonstra que a segurança pública sempre se colocou como um conceito aberto. Até 1988, o termo só havia sido constitucionalizado na Carta de 1937, e, mesmo após, nenhuma delas chegou a realmente defini-lo. Mesmo o atual se limitou a enunciar quais instituições seriam responsáveis por provê-lo. Desse modo, a Constituição Cidadã teve avanço tímido na construção de novo conceito para a segurança pública, apenas opondo-o ao de segurança nacional. Historicamente, porém, os autores consideram que as polícias brasileiras foram instrumentalizadas, apesar de nunca realmente absorvidas, pela doutrina de segurança nacional, cabendo a elas o papel mais ligado ao controle da ordem interna. Sem contrapontos claros na nova Constituinte, o conceito de "segurança interna" da Carta de 1967, continuou central na formação da agenda política de segurança pública pós-redemocratização.

O grande problema é que o conceito de "segurança interna" fora moldado em torno da ideia de defesa dos interesses de Estado. Por isso, os discursos legitimados no debate de segurança continuaram a ser aqueles decorrentes dos "universos jurídico-penal e do combate ao inimigo". Fixaram-se, mesmo em tempos democráticos, as visões que reduzem conflitos sociais a tipos penais e mantêm segmentos sociais inteiros como perigosos e objetos de constante vigilância e neutralização, desprezando ideais de participação social e de saberes variados e multidisciplinares para a administração de conflitos. Não houve força inovadora para alterar a arquitetura institucional da segurança pública. Com o pano de fundo do recrudescimento

---

[317] BUENO, Samira; LIMA, Renato Sérgio de; MINGARDI, Guaracy. Estado, polícias e segurança pública no Brasil. Revista Direito GV, São Paulo, v. 12, n. 1, p. 49-85, jan.-abr. 2016. p. 56-58.

da violência por todo o país nos anos 1990, as reformas legislativas centraram-se no desejo de combate ao crime, freando as pretensões de reforma do sistema de justiça e pautando o reforço de estruturas já existentes, como a polícia, a prisão, a pena e o armamento.

Assim, desde a formação das instituições policiais, ainda em tempos imperiais, até o processo de redemocratização ao fim dos anos 1980, o que se viu no país fora a vagueza conceitual que permeia a própria ideia de "segurança pública". É inegável que as ideologias de segurança nacional tiveram impactos no campo policial ao longo da história brasileira, sendo certo que a confusão entre a defesa do Estado nacional diante de inimigos externos e as práticas referentes aos conflitos domésticos fora constante no país. Com a Constituição de 1988 optando por manter a indefinição conceitual, é natural crer que a própria ideia de segurança pública se manteria, mesmo em tempos democráticos, fielmente atrelada à construção antiga do conceito de "segurança interna", este, por sua vez, influenciado pela instrumentalização histórica das forças policiais pelas doutrinas de segurança nacional ligadas à interesses puramente estatais. Não é estranho, assim, que o aparato policial brasileiro seja, ainda hoje, tão marcado pela ideologia do inimigo, mesmo que seu trabalho cotidiano lide com cidadãos nacionais.

Nova República: segurança pública se insere no debate democrático, mas arquitetura policial arcaica permanece

Apesar das permanências autoritárias, com o ambiente de contrapesos democráticos e participativos criados no país após a Constituição Cidadã, ainda que considerados em seus limites, tampouco se pode dizer que as políticas que norteiam o sistema de segurança pública brasileiro tenham passado incólumes pelas últimas décadas. A análise realizada até aqui simplesmente mostra em que medida se deu o desequilíbrio pendente para o conservadorismo neste debate. A prevalência da ideia de segurança pública como segurança interna, altamente ligada ao militarismo e à ideologia do inimigo, não significa dizer que as estruturas securitárias não tenham sofrido influências de visões contrárias a esta no processo político que conformou o Estado brasileiro na atualidade. Mantiveram-se as estruturas ditatoriais do aparato policial, mas, ao longo dos anos, aspectos práticos e de formação também experimentaram alterações, ora pendentes a perspectivas mais progressistas de segurança, ora a perspectivas mais conservadoras. Analisar os limites, avanços e retrocessos destas mudanças é essencial para compreender onde realmente se situam as polícias no Estado democrático de direito brasileiro.

Nesse sentido, parece quase consenso na literatura nacional a ideia de que o país só começaria a implantar algum arcabouço sistemático de políticas públicas de segurança na Nova República. A maioria dos autores considera que, no passado, mesmo em períodos de normalidade institucional, nunca houve a formulação de algum conjunto de ações realmente coordenadas, com metas e fins determinados e recursos próprios, na área da segurança pública brasileira. Esta limitava-se a manter suas forças policiais e conter a criminalidade segundo a cultura organizacional das mesmas. Somente o acelerado crescimento da violência urbana pressionaria por intervenções governamentais mais robustas neste âmbito, fazendo com que a segurança pública ganhasse maior intensidade nas agendas políticas.[318] Ainda assim, nos anos 1990, mesmo que o debate público tenha avançado na necessidade de melhorias das instituições policiais

---

[318] ADORNO, op. cit., p. 14.

para a sociedade democrática, poucas foram as mudanças efetivas na estrutura e no funcionamento das mesmas. Práticas e procedimentos dominantes no meio policial não foram transformados, continuando inscritos em um padrão de atuação violento e arbitrário.[319]

No período da Ditadura, a concepção de segurança pública se misturava com a de defesa nacional, colocando os aparatos de coerção no papel de garantir a ordem pública e a inatingibilidade do Estado diante da ameaça subversiva. Com a redemocratização, a segurança descolou-se só em parte da ideologia de Estado forte, migrando para o universo tecnocrático e burocrático onde segurança não é pensada como política pública, mas como mero exercício do trabalho policial, perspectiva predominante até os anos 1990, com a estrutura organizacional de segurança sendo enxergada como natural e automática. No Rio de Janeiro, por exemplo, a Secretaria de Segurança só foi criada em 1995 e, mesmo assim, sucessivamente entregue a generais e coronéis do Exército. Em Minas Gerais, até 2005, o Governador costumava receber os comandantes das duas polícias estaduais em separado, sem a presença de secretário. No Brasil pós-redemocratização, faltavam agências responsáveis por conformar políticas de segurança pública, e as duas polícias se posicionavam conforme sua própria linha de ação.[320]

Nacionalmente, só no Governo de Fernando Henrique iniciou-se algum movimento na direção da conformação de verdadeira política de segurança pública para o país. Soares[321]

---

[319] PONCIONI, Paula. Políticas públicas para a educação policial no Brasil: propostas e realizações. Estudos de Sociologia, Araraquara, v. 17, n. 33, p. 315-331, 2012. p. 321.
[320] SOARES, Luiz Eduardo. Desmilitarizar: segurança pública e direitos humanos. 1.ed. São Paulo: Boitempo, 2019. p. 103.
[321] Ibidem, p. 113-117.

aponta que, em seu primeiro governo, primeiros passos foram dados com a criação da Secretaria Nacional de Direitos Humanos, de onde surgiu o primeiro plano nacional de direitos humanos, destacando a importância da prevenção da violência no Plano de Integração e Acompanhamento dos Programas Sociais de Prevenção da Violência. Mais importante foi a criação da Secretaria Nacional de Segurança Pública (SENASP), em 1997, reconhecendo o tema como questão com status político superior. A inovação foi acompanhada de alguns esforços na direção correta, como o estabelecimento de condições para a cooperação entre instituições de segurança, o apoio a iniciativas de qualificação policial, o investimento na expansão de penas alternativas e o desenvolvimento de alguns planos de metas nas polícias estaduais.

Por outro lado, muitos problemas persistiram. Ainda que o Fundo Nacional de Segurança Pública possa ser visto como incentivo positivo, a ausência de uma política nacional verdadeiramente sistêmica, com prioridades claras, fez com que o fundo se limitasse a reiterar velhos procedimentos e hábitos tradicionais na gestão securitária, voltando-se mais à compra de armas e viaturas do que às necessárias reformas estruturais. "Alimentaram-se estruturas esgotadas, beneficiando políticas equivocadas e tolerando o convívio com organizações policiais refratárias à gestão racional, à avaliação, ao monitoramento, ao controle externo" e ao próprio controle interno. Somam-se, ainda, os atritos políticos, que tornavam a modernização institucional refém da "má vontade de uma autoridade estadual, do mau humor de um personagem obscuro, de uma crispação corporativa". Ainda que houvesse, enfim, uma rica pauta de debates em âmbito nacional, a falta de meios para empregá-la, como verbas, liderança, um plano sistêmico ou mesmo o compromisso efetivo, tornou-a impossível de ser executada.

E mesmo a pauta colocada no centro dos debates deve ser vista com certas ressalvas. É verdadeiro dizer que as polícias e suas práticas deixaram de voltar-se com exclusividade para a segurança do Estado, finalmente havendo alguma preocupação destas com a função de defesa dos cidadãos e de seus direitos. Entretanto, Soares lembra que mesmo este discurso não se traduziu completamente na realidade, vez que, sobretudo entre pessoas negras moradoras de periferias e favelas, "a velha brutalidade arbitrária permaneceu sendo o traço distintivo do relacionamento com as camadas populares". Ademais, as instituições policiais mantiveram seus formatos obsoletos, com o ciclo de trabalho fracionado entre a Polícia Militar e a Civil, a tradicional irracionalidade administrativa, a formação incompatível com a complexidade da sociedade atual, o isolacionismo e a permeabilidade à corrupção.

Apenas em 2000, com o Plano Nacional de Segurança Pública, a temática foi realmente inserida na agenda governamental como política de Estado, desdobrando-se em políticas públicas para a área. Seu diagnóstico indicou, como problemas a serem enfrentados, o descrédito nas instituições públicas, em especial as polícias, a relação do tráfico de drogas com a evolução dos crimes, o ciclo crescente de impunidade e a violação sistemática de direitos humanos. Seu principal objetivo foi reprimir e prevenir a criminalidade e aumentar a tranquilidade e a segurança dos cidadãos, fomentando a colaboração entre diferentes níveis federativos, o acesso à Justiça, a reorganização de órgãos federais de segurança e fiscalização e o aperfeiçoamento do sistema penitenciário. Mas a anunciação de mudanças pelo Plano não foi acompanhada pela apresentação objetiva de estruturas de planejamento de ações e metas. Na prática, o quadro da segurança pública persistiu em seu caráter descontínuo e desarticulado, inclusive esbarrando nas propostas conservadoras de dentro e de fora das polícias.[322]

Com a segurança pública finalmente inserida na agenda política nacional, porém, mais avanços se tornaram possíveis no governo seguinte. Luiz Eduardo Soares,[323] Secretário Nacional de Segurança Pública em 2003, narra bem os esforços do Governo Lula nesse sentido. O novo Plano Nacional de Segurança Pública apresentado possuía pontos de reforma interessantes e estruturais, a começar pela normatização do Sistema Único de Segurança Pública (SUSP) e a desconstitucionalização das polícias. A implantação dos Gabinetes de Gestão Integrada (GGI) em cada unidade federativa também prometeu maior integração entre as diversas polícias e as instituições de Justiça Criminal, como braço operacional do SUSP. Além disso, o Fundo Nacional de Segurança Pública deveria ser incrementado.

Segundo Soares, porém, a revisão da posição do Governo Federal de que não deveria assumir protagonismo na reforma institucional da segurança em todo o país, evitando expor-se a riscos políticos, abortou boa parte do Plano. A proposta de desconstitucionalização das polícias, por exemplo, que abriria caminho para cada unidade federativa promover as mudanças estruturais necessárias, sequer chegou a ser enviada ao Congresso. De concreto mesmo, apenas a implantação imediata dos GGIs foi levada à cabo, mas seus resultados se perderam com a própria mudança de rumos do Ministério da Justiça e do Planalto. No âmbito nacional, o Plano acabou substituído por ações da Polícia Federal que passassem para a sociedade alguma mensagem de atividade "competente e destemida" contra a "tradicional e corrosiva impunidade", muitas das quais desembocaram em ações inconsistentes e demasiadamente mi-

---

[322] PONCIONI, op. cit. p. 322-323.
[323] SOARES, op. cit., p. 118-125.

diáticas. Como no mandato anterior, sem mudanças estruturais mais profundas na área da segurança pública, o primeiro Governo Lula teve destaque apenas em algumas contribuições em favor da qualificação policial e do desarmamento, o que, para alguns, resultou na redução de homicídios dolosos. Mesmo este segundo aspecto sobre a questão armamentista, porém, foi freado pelo resultado do referendo popular sobre a questão.

Na segunda gestão de Lula, outros avanços na área da segurança pública puderam ser observados. Apresentado em 2007 por meio de Medida Provisória, o Programa Nacional de Segurança Pública com Cidadania (Pronasci) seguiu o princípio importante de que direitos humanos e eficiência policial eram mutuamente necessários, e não opostos. Desse modo, o aprimoramento do aparelho policial deveria ser empregado de forma paralela e conjunta ao aperfeiçoamento da educação pública, uma vez que uma sociedade verdadeiramente democrática só poderia existir com igualdade no acesso à Justiça, a qual depende da adequada orientação das polícias, e equidade no acesso à educação. Como avanços mais visíveis, o comprometimento do Governo Federal, formalizado por Medida Provisória, o aumento da responsabilidade municipal na área no aspecto da implantação de medidas sociais preventivas, indo além da constituição de Guardas Municipais, a explicitação dos recursos destinados ao programa e a identificação de uma instituição responsável por avaliá-lo.

Destaque para as inovações na educação policial. As bolsas distribuídas a policiais civis e militares e a realização de cursos de especialização promovidos pela Rede Nacional de Altos Estudos em Segurança Pública (RENAESP), em parceria com universidades públicas e privadas, para policiais e membros da sociedade civil podem ser enxergadas como aspectos positivos do programa. Também se destacam os cursos em Direitos Humanos promovidos para policiais, além dos variados fóruns, seminários, mesas-redondas e outras atividades realizadas em território nacional. Abriu-se espaço para a reformulação do próprio conceito de segurança pública, valorizando-se elementos como a participação da sociedade civil e de organizações no debate sobre a gestão da área, a valorização de políticas sociais e a prevenção.[324]

Por outro lado, o Pronasci incorreu em velhos erros. A listagem de suas propostas foi fragmentária e inorgânica, carecendo de unidade sistêmica e de estrutura política para sua implementação. A referência à regulamentação do SUSP também foi muito breve e restrita, reduzida à dimensão operacional. Mas a principal ausência se deu nas reformas institucionais, sequer mencionadas no programa. Sem a desconstitucionalização das polícias prometida no projeto de campanha e com o SUSP anêmico, o Pronasci acabou simplesmente assimilando o *status quo* policial, naturalizando o legado da ditadura nas estruturas policiais. Nas palavras de Soares, "o Pronasci resignou-se a ser apenas um bom plano destinado a prover contribuições tópicas".[325]

De um lado, após longos anos, o Brasil enfim começou a criar o cenário político e social no qual um programa nacional de segurança pública pudesse ser pensado, tendo como consequência a criação e a implementação de políticas públicas na área. Também se nota que, desde os anos 1990, a partir do Governo FHC, se iniciou o debate que ao menos propõe superar a confusão entre o conceito arcaico de segurança interna, oriundo da instrumentalização das forças policiais por doutrinas de segurança nacional, e o conceito de segurança pública, inserindo, neste último, ideais e princípios tipicamente democráticos e preocupados com os direitos humanos. Sem dúvidas, este debate foi intensificado no Governo Lula, no qual políticas vol-

---

[324] PONCIONI, op. cit., p. 326-327.
[325] SOARES, op. cit., p. 125-126.

tadas à formação e à qualificação policial foram aprimoradas. A participação da sociedade civil organizada nestes projetos também é ampliada se comparada a outros momentos históricos do país. Por outro lado, propostas progressistas esbarraram em arranjos políticos conservadores e nas próprias carreiras policiais, bastante refratárias a mudanças. Desse modo, vemos o claro ambiente de disputa de projetos antagônicos típico de qualquer Estado democrático de direito.

Ademais, ainda que se possam reconhecer os avanços conquistados, o período também foi marcado pela ausência de reformas mais estruturais na área da segurança pública. Embora tenham o mérito de enfim elevar o tema securitário ao status programático que demanda a confecção de políticas públicas, certo é que estas não representaram mudanças na arquitetura policial herdada da Ditadura Civil-Militar. Não houve maior avanço nos questionamentos à estrutura de ciclo fracionado de policiamento dividida entre uma instituição civil e outra militar, e o próprio militarismo enraizado na segurança pública brasileira seguiu incólume. Mesmo o SUSP, mudança organizacional que poderia conferir à União papel importante no pontapé inicial destas reformas estruturais necessárias, ficou preso à própria incipiência. Sem a alteração da arquitetura policial e sem a liderança efetiva do Governo Federal neste sentido, mesmo as propostas de integração, de mudanças educacionais e de participação social não alcançaram os êxitos pretendidos diante das arcaicas instituições policiais brasileiras durante este período. Assim, como em sua primeira experiência democrática compreendida entre 1945 e 1964, novamente, o Brasil se viu na dicotomia de avançar na conquista de mecanismos democráticos e participativos na sociedade como um todo, ao mesmo tempo em que mantinha estruturas policiais tipicamente ditatoriais.

A nova ruptura brasileira e o aborto das políticas públicas de segurança pública como garantia de direitos

Com a deterioração do Estado democrático de direito experimentada pelo país nos últimos anos, esta dicotomia parece ter começado a encontrar seus limites. Para Soares,[326] "a época dos planos nacionais de segurança pública parece ter acabado", reinando "o grande silêncio e o relativo imobilismo, rompido aqui e ali por iniciativas reativas e isoladas no varejo das conjunturas". No Governo Dilma, o Pronasci sofreu descontinuidade e o plano para combate aos homicídios, prometido pelo então Ministro da Justiça José Eduardo Cardozo, nem chegou a ser apresentado, vez que o processo acabou interrompido pelo golpe parlamentar que afastou a Presidenta no início de 2016. Içado ao poder, o Governo Temer foi marcado pela intervenção federal militarizada no Rio de Janeiro em 2018, quando o controle da segurança pública do estado por generais interventores fez com que o número de mortes provocadas por ações policiais crescesse em 36,3%, chegando a 1.287 vítimas. Estes últimos governos, porém, também foram marcados por duas mudanças estruturais na área securitária que valem breve análise: o Estatuto Geral das Guardas Civis Municipais e a materialização do SUSP.

Sobre o primeiro ponto, a indefinição constitucional do mandato do município no eixo da segurança pública foi usada, por anos, como justificativa legal para estes se ausentarem do espaço de elaboração de políticas públicas para a área no Brasil. A distância dos governos federais deste debate contribuiu ainda mais para a invisibilidade municipal neste campo, fortalecendo o protagonismo dos executivos estaduais no se-

---

[326] Ibidem, p. 129-130.

tor, especialmente por meio de suas Polícias Militares. Não que o papel do município na segurança se limite à constituição de sua própria estrutura "policial". O debate sobre a importância municipal na multidisciplinaridade das políticas de prevenção é cada vez mais denso. Mas não se pode desprezar a relevância que o Estatuto Geral das Guardas Civis Municipais pode trazer à arquitetura policial brasileira.[327]

Um dos idealizadores deste marco, Benedito Mariano[328] afirma que a ausência de lei federal que estabelecesse regulamentação da constitucionalizada Guarda Civil Municipal (GCM) fazia com que a mesma seguisse atuando apenas de acordo com os desígnios de seus gestores municipais. Ao mesmo tempo, a cultura de repressão ainda se encontrava próxima destas instituições, que reproduziam o senso comum de "substituírem ou fazerem exatamente o que as PMs fazem". Porém, atuando em esfera local, as GCMs possuem "vocação natural para o trabalho preventivo e comunitário", além de o município também apresentar possibilidade maior de combinar ações preventivas policiais com ações de políticas públicas sociais. Dessa maneira, a criação de uma instituição de caráter preventivo e comunitário na segurança pública passava por "criar novos paradigmas, em especial na formação para a GCM". É nesta linha que havia sido pensado o Projeto de Lei nº 1.332, aprovado em 2014 pelo

---

[327] BUENO, Samira; PERES, Ursula Dias; TONELLI, Gabriel Marques. Os municípios e a segurança pública no Brasil: uma análise da relevância dos entes locais para o financiamento da segurança pública desde a década de 1990. Revista Brasileira de Segurança Pública, São Paulo, v. 10, n. 2, p. 36-56, ago-set. 2016. p. 40.

[328] MARIANO, Benedito. Formação cidadã para uma Guarda Civil Municipal cidadã. In: Violência e segurança pública. Org.: Guaracy Mingardi. p. 113-124. São Paulo: Editora Fundação Perseu Abramo, 2013. p. 115.

Congresso Nacional como a Lei nº 13.022, ou seja, o Estatuto aqui analisado.

Mas este novo marco legal não pode ser visto de forma acrítica por seus objetivos. O desenvolvimento das Guardas Municipais pode ser analisado pelo fenômeno de isomorfismo institucional, ou seja, dentro do contexto no qual organizações mais novas acabam tomando como modelo organizações mais antigas e expressivas de determinado setor, baseando-se em suas práticas e organizações. Pressionadas pelo clamor público por segurança, as GCMs seguem a lógica reativa típica das Polícias Militares, contrária ao ideal de prevenção que deveriam desenvolver. As Guardas "acabam recebendo fortes influências das Polícias Militares, por estas representarem o único padrão de conformidade disponível e por ostentarem o status de especialistas no setor da segurança pública". Como consequência, existem GCMs com divisões semelhantes a batalhões de operações especiais da PM que atuam de forma ostensiva nas ruas, apesar de previsão expressamente contrária a este tipo de organização pela Lei nº 13.022, um verdadeiro descompasso entre a estrutura legal e sua prática institucional.[329]

Não que se despreze o caráter estrutural trabalhado pelo Estatuto Geral das Guardas Civis.[330] Ao regular a função destas instituições como a de "proteção municipal preventiva", a lei finalmente consagrou uma visão de segurança pública que fugisse do escopo tradicional de "segurança interna" geralmente empregado pelas forças policiais brasileiras. A previsão de

---

[329] ALENCAR, Joana Luiza Oliveira; OLIVEIRA JUNIOR, Almir de. Novas polícias? Guardas Municipais, isomorfismo institucional e participação no campo da segurança pública. Revista Brasileira de Segurança Pública, São Paulo, v. 10, n. 2, p. 24-34, ago-set. 2016. p. 27-29.

[330] BRASIL. Lei nº 13.022, de 8 de agosto de 2014.

princípios mínimos baseados na proteção aos direitos humanos e à cidadania, na preservação da vida e no patrulhamento preventivo também demonstraram, ao menos legalmente, a superação da ideia repressiva, reativa e de controle social de polícia pautada na ideologia do inimigo. Além disso, pode-se dizer que a definição específica das competências das Guardas manteve intensa relação com as práticas típicas do policiamento comunitário, havendo especial preocupação com a participação popular na consecução das atividades securitárias.

Mas o próprio caráter estrutural das modificações legais impostas pelo novo Estatuto encontrou limites na realidade institucional. Uma breve análise sobre as GCMs país afora é suficiente para constatar que estas mantiveram estruturas influenciadas pela ideologia militarizada que permeia a segurança pública brasileira, completamente contrárias ao novo marco legal. É comum a presença de divisões de elite que simulam práticas amplamente difundidas pelas Polícias Militares. Bom exemplo disso foi a repressão aos protestos de servidores públicos municipais de São Paulo contra a aprovação do chamado SampaPrev, quando a GCM paulistana apresentou equipamentos e práticas semelhantes aos da Tropa de Choque da PM para, com grande violência, dispersar os manifestantes que ocupavam a Câmara dos Vereadores.[331] Outro exemplo é a profusão das chamadas ROMUs (Rondas Ostensivas Municipais), que praticamente espelham a organização e as práticas de tropas de elite das Polícias Militares como a ROTA paulista. Talvez por falta de liderança federal na implementação das diretrizes propostas pelo Estatuto, agravada pelo fato de que o período imediatamente posterior acabou marcado por novas rupturas e instabilidades

---

[331] ARROYO, Daniel; STABILE, Arthur. GCM reprime protesto de funcionários públicos com bombas e balas de borracha. Ponte Jornalismo, São Paulo, 26 dez. 2018.

democráticas, a reestruturação legal prevista pelo Estatuto Geral não encontrou o eco esperado na realidade das instituições. Em concreto, as Guardas Municipais mantiveram boa parte de suas problemáticas práticas influenciadas pelo fenômeno de isomorfismo institucional marcadamente militarizado.

Outra mudança estrutural dos últimos anos na área da segurança pública que deve ser analisada em seus limites é a criação do SUSP. Soares[332] aponta fragilidades e ineficiências desta estrutura delineada pela Lei nº 13.675/2018. Primeiramente, a integração entre os diversos entes federados esbarra, mais uma vez, na falta de previsão explícita de liderança, repetindo a falha dos Gabinetes de Gestão Integrada, que enfrentaram grande impotência ao se deparar com a "boa vontade circunstancial dos agentes". Ao mesmo tempo, o pacto federativo fica exposto, já que a falta de clareza da lei abre espaço para a perda de autonomia de governos estaduais. Há grande indefinição e vagueza acerca dos processos decisórios do SUSP, o que compromete o planejamento e a execução integrados de ações e projetos. As propostas no tocante ao controle da atividade policial também são incipientes, como a criação da ouvidoria do próprio SUSP, a qual se limita a repassar as representações recebidas aos órgãos competentes já existentes.

Em suma, ainda que tenha regulado a existência de um órgão responsável pela integração nacional e implementação de políticas de segurança pública, a Lei do SUSP incorre em erros comuns na gestão da área no país. Novamente, o Brasil se deparou com uma legislação que mais se assemelha a um punhado de princípios desejáveis, no caso, o de integração da agenda política nacional, que não encontra qualquer estrutura sólida para torná-los executáveis. Em graus diferentes, esta tem sido a marca das políticas de segurança pública pensadas na Nova

---

[332] SOARES, op. cit., p. 149-154.

República. Sem conformar novas estruturas de segurança pública adequadas aos princípios humanistas almejados, a aplicação dos mesmos, logicamente, fica sujeita a velhas estruturas construídas em períodos autoritários. Em outras palavras, boa parte das políticas de segurança pensadas nas últimas décadas, mesmo quando superam divergências no campo político, dependem do crivo e da boa vontade de instituições policiais refratárias a maiores mudanças.

As análises feitas até aqui focaram em iniciativas nacionais, mas é curioso perceber que, no âmbito regional, vemos os mesmos problemas. O panorama histórico das políticas de segurança pública paulistas trazido por Bueno, Astolfi, Pekny e Jardim[333] é bom exemplo disso. Já em 1983, o governador paulista Montoro iniciou uma série de ações visando reestruturar as polícias estaduais para torná-las mais adequadas aos ideais democráticos. Seu programa de campanha falava em ciclo completo de policiamento e esboçava as primeiras ideias acerca de práticas de policiamento comunitário. Nessa esteia, os Consegs (Conselhos de Segurança) foram criados em 1985 para ampliar a participação popular na área securitária. Mas Montoro encontrou forte resistência a suas propostas dentro das polícias. A extinção do DOPS e a atuação das corregedorias para coibir a tortura nas delegacias gerou conflitos com a Polícia Civil. A PM também reagiu, como no caso de saques na região de Santo Amaro, quando a cúpula militar orientou os policiais a cruzarem os braços pela insatisfação com as reformas.

---

[333] ASTOLFI, Roberta Corradi. et al. Excluir para legitimar: a disputa dos significados da segurança pública nas políticas de participação em São Paulo. In: OLIVEIRA JUNIOR, Almir (org.). Instituições participativas no âmbito da segurança pública: programas impulsionados por instituições policiais. Rio de Janeiro: IPEA, 2016. p. 119-164. p. 121-149.

Com o Decreto nº 25.366, de 1986, o cargo de coordenador dos Consegs significou a proeminência nestes de um grupo da Secretaria de Segurança Pública e de delegados que eram contrários às reformas de Montoro, comprometendo o objetivo de ampliar a participação popular na área. Cenário agravado pelos mandatos de Quércia e Fleury, entre 1987 e 1994, mais ligados à linha dura de combate ao crime. A política de segurança neste período se limitou à criação de novos departamentos especializados e no estímulo ao discurso de endurecimento das atividades policiais, bem simbolizada pelo caso de asfixia de 18 detentos no 42º Departamento de Polícia da capital, em 1989, e pelo Massacre do Carandiru, em 1992. Ao mesmo tempo, os Consegs perderam força e passaram a existir de maneira meramente formal, relegados à inatividade.

Só com a eleição de Mário Covas este panorama teve alguma alteração, adotando-se medidas de aumento do controle externo sobre a polícia, como a criação da Ouvidoria de Polícia, o Programa de Acompanhamento de Policiais Envolvidos em Ocorrências de Alto Risco e a reativação dos conselhos comunitários. A repercussão do caso da Favela Naval, quando PMs foram filmados torturando e agredindo pessoas em um bloqueio, culminando no assassinato do mecânico Mario José Josino, forçou o governo a implementar mais reformas. Em 1997, foi instalada a Comissão de Assessoramento para Implantação do Policiamento Comunitário (CAIPC), resultando na instituição do policiamento comunitário como filosofia oficial da PMESP e nas Bases Comunitárias de Segurança (BCS) baseadas no modelo japonês dos *Kobans* em 1999. Mas a própria PM paulista reconheceu as dificuldades de implantar o modelo ao assinar acordo com a Agência de Cooperação Internacional Japonesa em 2005. Mesmo após novas mudanças, muitos operadores da segurança pública afirmam que o modelo estruturado em São Paulo se descolou dos princípios de policiamento comunitário, relegando a participação popular ao segundo plano e priorizando a instalação de bases.

Sobre a questão participativa, ao longo dos anos, os Consegs também acabaram passando por aspectos problemáticos. O regulamento aprovado em 2013, por exemplo, definiu como dever de seus membros "abster-se de imiscuir em assuntos de administração interna ou de exclusiva competência das polícias", privando o órgão consultivo de discutir temas como punições disciplinares, técnicas de planejamento e execução de operações policiais. Soma-se a este caráter o pensamento refratário a mudanças entre a maioria dos policiais, conforme pesquisa realizada pelo Fórum Brasileiro de Segurança Pública, e a cooptação dos Consegs por agrupamentos conservadores formados por civis e policiais que constrangem manifestações mais críticas às atividades policiais de cada região, ambos traços bem explicitados na pesquisa de campo realizada por Bueno, Astolfi, Pekny e Jardim aqui citada. Os autores, aliás, concluem que, ainda que possua grupos abertos à modernização e à aproximação com a comunidade, na prática, a PMESP segue orientada por modelo de vigilância repressivo. Assim, "o policiamento comunitário resulta mais na ocupação física de determinados territórios, com a instalação de bases comunitárias, que na adoção de estratégias de mobilização da comunidade ou da criação de vínculos e relações de confiança" entre a sociedade civil e a polícia.

Constatação que remete a outra experiência regional de segurança pública recente: as Unidades de Polícia Pacificadora no Rio de Janeiro. Pensada como plano que visava a instalação de núcleos policiais em áreas submetidas ao controle de grupos criminosos, adotando métodos de policiamento comunitário ou de polícia de proximidade, Soares[334] explica que "é necessário distinguir o projeto das UPPs, tal como apresentado à

---

[334] SOARES, op. cit., p. 137-142.

opinião pública, das realidades produzidas por sua implantação". Desse modo, certos pontos práticos comprometeram os objetivos do projeto. Um deles é o critério para a seleção das comunidades que receberiam UPPs, desviado da prioridade da segurança pública fluminense, uma vez que os territórios escolhidos para o plano foram os de favelas próximas a bairros afluentes da capital, com grande importância turística às vésperas do recebimento dos Jogos Olímpicos de 2016. O processo de seleção, portanto, não levou em conta aspectos da gravidade da insegurança pública, mas sim "os grandes eventos, festa das empreiteiras, e o capital especulativo imobiliário", tendo como resultado o aprofundamento das desigualdades ao expulsar trabalhadores para áreas distantes dos polos urbanos. Ao mesmo tempo, este movimento de ocupação policial não foi acompanhado por outras políticas públicas interdisciplinares.

Outro ponto problemático foi o modelo de policiamento implantado. Se havia a promessa de que os métodos utilizados pelas Unidades seriam os de policiamento comunitário ou de proximidade marcados pelo respeito à cidadania e aos direitos humanos, certo é que ela não se concretizou. Para Soares, a proposta esbarrou na própria estrutura policial que, inalterada, ficou presa aos padrões institucionalizados ao longo das últimas décadas. Assim, "as forças inerciais da corporação absorveriam os componentes inovadores e virtuosos que se encontravam no projeto". Mesmo com um plano de princípios comunitários e humanistas, as atividades das UPPs não escaparam da lógica que trata cidadãos como inimigos, tão arraigada na arquitetura policial brasileira. Na ausência de outras agências estatais no território, o cenário se agravou, uma vez que a Polícia Militar tomou para si a responsabilidade de realizar intervenções nas relações da comunidade, como um verdadeiro leviatã local. Em sua lógica do inimigo, tais intervenções colocaram os próprios moradores da comunidade na posição de eternos suspeitos.

Somente junto à reforma estrutural das polícias o projeto das UPPs poderia ter se realizado.

Os casos de São Paulo e Rio de Janeiro certamente não resumem toda a situação atual da segurança pública brasileira, mas apresentam problemas simbólicos já expressados na análise dos planos nacionais. A descontinuidade da política dos Consegs paulistas nos anos 1990 na medida em que governos mais conservadores assumiam mandatos, por exemplo, mostra como a consecução de projetos progressistas são mais vulneráveis à alternância de poder típica do Estado democrático de direito do que os de cunho conservador. Ao mesmo tempo, junto à controversa implantação de modelos de policiamento comunitário, a cooptação sofrida pelos próprios Consegs, muitas vezes transformados em espaços de legitimação da violência policial, mesmo que sob governos indutores de políticas progressistas, mostra como estas encontram duros limites ao se depararem com as arcaicas estruturas policiais. O mesmo pode ser observado na implantação das UPPs no Rio de Janeiro, onde o militarismo das polícias transformou o modelo de policiamento de proximidade numa política de ocupação territorial onde a violação dos direitos humanos e de preceitos de cidadania virou ainda mais sistemática.

Esta análise regionalizada corrobora com a conclusão acerca das políticas nacionais de segurança pública na Nova República: nas últimas décadas, sem desprezar avanços que precisam ser reconhecidos, as políticas progressistas para a área securitária encontraram na própria arquitetura policial construída na Ditadura, até hoje intocada, um obstáculo para sua realização. Ainda que o Brasil se encontre no que pode ser chamado Estado democrático de direito, estruturas típicas de estado de exceção seguem em constante funcionamento. Cria-se, assim, o cenário quase paradoxal em que liberdades e garantias possibilitam o debate acerca de projetos de segurança pública preocupados com a defesa dos direitos humanos e da cidadania, ao mesmo tempo em que este debate é limitado pelo próprio modelo de Estado que mantém a arquitetura policial típica de tempos autoritários. Por isso, mesmo com mais de 30 anos sob a vigência de uma Constituição dita "Cidadã", avançamos de forma muito lenta, ou até mesmo retrocedemos, no campo de combate à violência estatal-policial.

Mesmo consolidada a democratização pela Constituição de 1988, o Brasil chegou ao cenário social em que mortes violentas intencionais atingiram níveis nunca vistos, boa parte causada pelas mãos de suas próprias instituições policiais. O país insistiu em uma arquitetura de segurança pública que não consegue reduzir os índices de criminalidade e violência nem o sentimento geral de insegurança da população, ao mesmo tempo em que as próprias polícias se transformaram em fator de insegurança para a sociedade diante da sistemática violência estatal. O Anuário Brasileiro de Segurança Pública[335] registrou 57.368 mortes violentas intencionais em 2018, no que representa a gritante taxa de 27,5 mortes a cada 100 mil habitantes, mesmo patamar de 2013. Destas, 6.220 foram causadas pelas próprias forças de segurança pública brasileiras, ou seja, mais de 10% do total. Entre estas vítimas letais da violência, 77,9% eram jovens entre 15 e 29 anos e 75,4% eram negras, em total desproporção populacional, evidenciando o caráter racista desta arquitetura institucional.

Cenário e conclusões que levam a várias questões: até que ponto há, de fato, alguma disputa entre projetos antagônicos na segurança pública brasileira? Mais do que reformas tópicas, não seria necessária a ruptura estrutural e institucional com as formas arcaicas de policiamento que se arrastaram por todo o de-

---

[335] FÓRUM BRASILEIRO DE SEGURANÇA PÚBLICA. Anuário Brasileiro de Segurança Pública 2019.

senvolvimento histórico do Estado brasileiro? Aliás, diante de instituições que reproduzem sistematicamente a violência estatal, pode-se falar na vigência plena de um Estado democrático de direito no Brasil? Apesar da violência estatal, um sistema de contrapesos e liberdades democráticas é suficiente para classificar o Brasil como uma democracia? A coexistência destas garantias com instituições típicas de estado de exceção é traço comum ou alheio ao próprio conceito de Estado democrático de direito? Qual é, enfim, o papel real exercido pelas polícias no suposto Estado democrático de direito brasileiro?

A análise do desenvolvimento histórico das instituições de segurança pública no Brasil, de seu nascimento aos dias atuais, em seus aspectos jurídicos, políticos e sociais, nos traz estas respostas. Este aprofundamento possibilita enxergar que a história das polícias do país, independentemente do momento político no qual se encontram sociedade e Estado, é marcada por continuísmos estruturais, ideológicos e técnicos. Isto não é o mesmo que dizer que este sistema não passou por mudanças ao longo do tempo. Na verdade, é apontar que mesmo as modificações ocorridas não mudaram o sentido para o qual o desenvolvimento destas instituições caminhou. Ainda que tenham experimentado alterações de cunho progressista, no geral, a história das polícias brasileiras convergiu para o incremento das mesmas como verdadeiro mecanismo de controle social em favor de um Estado marcado pela desigualdade.

Por isso mesmo, a problematização de aspectos históricos realizada neste estudo ganha caráter atual. Ora, a raiz do militarismo policial não está diretamente relacionada à defesa do modelo imperial-escravocrata de Estado brasileiro e, mais tarde, ao controle sobre as classes trabalhadoras "perigosas"? Que relações este militarismo antigo guarda com as mais de 6 mil mortes anuais pelas mãos das polícias atuais, sobretudo pelas militares, e sobretudo de jovens negros moradores da periferia?

O que dizer da inquisitorialidade, traço essencial da atividade policial brasileira determinado ainda em tempos de escravidão, e até hoje central nos arcaicos institutos do inquérito policial e do delegado de polícia, igualmente fundados naquela época? Quão próximas estão as figuras históricas do "ex-escravo vadio", do "degenerado estrangeiro embriagado ou anarquista" e do "subversivo" a dos atuais "pequenos narcotraficantes" e "manifestantes baderneiros"? Por que, mesmo em tempos democráticos, o país parece continuar atingindo níveis recordes de violência letal estatal e superencarceramento? Respostas que tentaremos desvendar em nossas conclusões finais.

CONCLUSÕES FINAIS

Uma análise de Bauer[336] dá um bom caminho para as últimas questões. Ela aponta que latino-americanistas que se debruçavam sobre o tema dos Estados de Segurança Nacional do Cone Sul mudaram o foco de seus estudos na medida em que perceberam que a existência de um regime democrático não era garantia de democracia. Constatando o legado persistente destes Estados, pesquisadores passaram a questionar se os mecanismos autoritários de novos regimes políticos eram frutos de reminiscências do regime autoritário ou de transições políticas que se realizaram só de forma parcial. Uma das conclusões foi a de que os estudos focavam demais na análise dos regimes que passaram pelo Cone Sul, e não na de seus Estados. Ocorre que o poder político é exercido por instituições que, mesmo após mudanças de regime, tendem a permanecer, bem como o modelo estatal. Claro que instituições podem ser afetadas pela natureza do regime vigente, mas não se reduzem a ele. Nesta perspectiva, as produções mais contemporâneas sobre os Estados de Segurança Nacional do Cone Sul têm procurado "analisar os Estados como formações compostas por instituições que tendem a permanecer depois que indivíduos – ou regimes – que se ocupavam do exercício do poder político são substituídos".

A análise da autora vai no mesmo sentido da perspectiva histórica sobre as instituições policiais trazida até aqui. Entre 1945 e 1964, por exemplo, a mudança de regime fez com que as atividades policiais passassem a se sujeitar a contrapesos democráticos como a liberdade de imprensa e de manifestação política, o plu-

---

[336] BAUER, op. cit., p. 7-8.

ripartidarismo e o avanço no acesso à Justiça. Isso não impediu que as mesmas instituições policiais da ditadura de Vargas continuassem a atuar, inclusive pelas polícias políticas do DOPS, que mantiveram a perseguição aos subversivos mesmo em tempos supostamente democráticos. Igualmente a Nova República, que, por um lado, ampliou o debate sobre práticas de policiamento comunitário e formação profissional em direitos humanos, mas, por outro, não só manteve a arquitetura policial da Ditadura Civil-Militar, como a elevou ao status constitucional, consagrando a militarização do cotidiano securitário do país. Mudaram os regimes, certamente, mas é preciso se perguntar se houve mudanças de fato na estrutura estatal brasileira.

Nesse aspecto, Tosi[337] analisa quatro eixos essenciais para a "política de transição" em países que, como o Brasil, deixaram para trás um período autocrático: a justiça, no sentido de possibilitar processos judiciais contra agentes do regime derrubado; o reconhecimento e as reparações às vítimas; o resgate da memória e da verdade; e a reforma das instituições. O último aspecto, pautado na ideia de evitar a repetição da história, é o mais importante, estabelecendo "um ponto de não-retorno", "uma cláusula pétrea no pacto social que funda o Estado Democrático de Direito". Apontando inadequações na transição brasileira, Tosi afirma que esta situação abre o debate entre aqueles que consideram que o país ainda esteja atravessando processo de transição democrática e aqueles que afirmam serem as heranças da ditadura não algo pontual, mas verdadeiro estado de exceção permanente. Ele reconhece a importância deste debate na atualidade, não apenas no Brasil, mas em vários outros países, enxergando como medidas de exceção o Patrioct

---

[337] TOSI, Giuseppe. O que resta da ditadura? Estado democrático de direito e exceção no Brasil. Caderno IHU ideias, São Leopoldo, v. 15, ano 15, n. 267, 2017. p. 13-19.

Act norte-americano, o estado de emergência na França após o atentado do Bataclan em 2016 e a legislação promulgada na Itália em 1993 após as mortes dos juízes Falcone e Borsellino. Para ele, no entanto, tais excepcionalidades não são suficientes para caracterizar estes países como Estados totalitários ou de exceção permanente.

Tosi faz tal leitura por considerar que, entre o Estado de direito ideal, jamais realizado, e o Estado totalitário, existem gradações: da exceção temporânea à permanente, da exceção para alguns até a para todos. Gradação que se daria até o momento crucial em que se pode considerar a ruptura institucional que estabelece o fim do Estado democrático de direito e o início do regime totalitário. No Brasil, ele vê a situação com complexidade pela longa lista de medidas excessivas atuantes. Haveria, assim, no país, cidadanias diferenciadas conforme classes, corporações e grupos sociais, com alguns usufruindo de privilégios, enquanto outros seguiriam relegados ao estado de exceção permanente analisado por Walter Benjamin. Apesar destas conclusões, Tosi mantém a ideia de que, mesmo no Brasil, estas medidas não são suficientes para caracterizar a totalidade do Estado nacional como de exceção permanente, sob o risco de se perder a diferença qualitativa entre democracia e totalitarismo, tão importante para o próprio fortalecimento do Estado democrático de direito no país.

A análise de Tosi certamente responde algumas perguntas, mas também levanta outras dúvidas. Sua visão sobre o período de transição vai no sentido das pesquisas mais modernas que se debruçam sobre as estruturas estatais, e não só sobre os regimes políticos nela instalados. Por isso mesmo ele é capaz de reconhecer, sem contradições, instituições de caráter excepcional dentro de Estados por ele considerados como democráticos de direito e dirigidos por regimes democráticos. Ele consegue incluir, de forma contundente, as instituições e as práticas policiais brasileiras no rol de medidas típicas de exceção, ainda que não pense o mesmo da totalidade do Estado brasileiro. O primeiro ponto, aliás, parece ser a visão majoritária entre autores que pesquisam o tema no país, ainda que possam haver divergências quanto ao segundo ponto. Algumas dúvidas, porém, persistem: considerar que a exceção permanente só se manifesta para parte da população, mas não na totalidade da estrutura estatal, não seria considerar a existência de dois Estados no espaço de um? Ou, pior, não poderia ser a criação de uma separação artificial entre privilegiados e oprimidos vivendo sob a mesma estrutura estatal para idealizar alguma forma nunca realizada de Estado democrático de direito puro? É possível fazer esta divisão, ou o Estado deve ser considerado como uma forma una?

O estado de exceção permanente: a coexistência interdependente do estado democrático de direito com a violência

Para tentar responder às perguntas acima, é importante recorrer, primeiramente, ao pensamento de Mbembe.[338] Para o autor camaronês, "a ideia segundo a qual a vida em democracia é, no seu fundamento, pacífica, policiada e desprovida de violência (nomeadamente sob a forma da guerra e da devastação) não nos convence". A consolidação democrática advém das tentativas de controle sobre a violência individual, mas "a brutalidade das democracias nunca foi senão abafada". Desde sua origem, a ordem democrática tolerou formas de violência política, inclusive ilegais. Por muito tempo, os Estados Unidos puderam ser considerados um Estado e uma "democracia de escravos". Esta,

---

[338] MBEMBE, Achille. Políticas da inimizade. Trad.: Marta Lança. 1ª ed. Lisboa: Antígona, 2017. p. 31-37.

por sua vez, foi marcada pela bifurcação entre duas ordens: a comunidade de semelhantes regida, teoricamente, pela lei da igualdade, e a comunidade de não semelhantes ou de sem-lugar, instituída pela lei da desigualdade pautada no preconceito de raça. Expandindo este pensamento para a antiga ordem colonial, Mbembe diz que "a 'civilização dos costumes' tornou-se por fim possível, graças às novas formas de enriquecimento e de consumo que as aventuras coloniais inauguraram", ou, em outras palavras, "a paz civil no Ocidente depende, assim, em grande medida das violências à distância".

Na análise histórica do Estado democrático de direito Mbembe mostra que, mais do que coexistir, a democracia, por vezes, depende de atos de violência estatal contra camadas da população para sua própria existência. Assim, quebra-se o mito da democracia como forma pura de igualdade e convivência pacífica, reconhecendo que estas qualidades não se manifestam homogeneamente nas sociedades democráticas. Certamente não vivemos mais em uma ordem formalmente colonial e escravista, mas, como o próprio Mbembe demarca, o colonialismo e o racismo escravista deixaram marcas violentas na atualidade, inclusive no Brasil. Marcas que, como antigamente, suportam as novas formas de democracia. Nesta visão, as práticas e instituições de exceção representadas pelas polícias brasileiras não seriam contrárias ou paradoxais à construção do nosso Estado democrático de direito, mas parte central dele.

Assim, para enxergar as instituições policiais dentro da estrutura estatal do país, é importante entender a própria ideia de estado de exceção. De forma resumida, Agamben[339] analisa que a lacuna relacionada a este conceito não é interna à lei, mas diz respeito à possibilidade de sua aplicação, caracterizando o esta-

---

[339] AGAMBEN, Giorgio. Estado de exceção. Trad.: Iraci D. Poletti. São Paulo: Boitempo, 2004. p. 48-80.

do de exceção como a abertura desta lacuna fictícia no ordenamento para salvaguardar a existência da própria norma e de sua aplicabilidade à situação normal. Em outras palavras, entende-se que, por vezes, para aplicar uma norma, pode ser necessária a suspensão de sua própria aplicação através da exceção. Assim, ele não é exatamente uma ditadura, mas um espaço vazio de direito no qual as determinações jurídicas e a distinção entre direito público e privado estão desativadas. Em contrapartida, este mesmo espaço sem direito é essencial à própria ordem jurídica, que tenta por todos os meios estabelecer alguma relação com ele, criando uma espécie de "força de lei sem lei".

As explicações de Agamben ficam mais claras exemplificadas. Apontando que Carl Schmitt havia feito confusão entre os conceitos de ditadura e de estado de exceção no afã de justificar juridicamente este último, ele assevera que, ao contrário da ditadura, caracterizada pela plenitude de poderes de um "estado pleromático de direito", o estado de exceção é representado pelo vazio e pela interrupção do direito, um "estado kenomático de direito". Nesse sentido, o regime fascista de Mussolini e o nazista de Hitler não poderiam ser considerados ditaduras propriamente ditas, mas estados de exceção, pois deixaram subsistir suas Constituições vigentes, a Albertina e a de Weimar, respectivamente, ao lado de uma segunda estrutura legal, embora não juridicamente formalizada, que existia graças ao estado de exceção. Situação bastante semelhante, aliás, a que observamos no Brasil com a imposição imediata do estado de emergência nas disposições finais da Constituição de 1937 por Getúlio Vargas, suspendendo direitos que a própria Carta recém promulgada dizia garantir.

Serrano[340] tenta trazer um pouco destes conceitos para a atual realidade brasileira ao analisar Agamben. Ele atesta que

---

[340] SERRANO, Pedro Estevam Alves Pinto. Autoritarismo e golpes

um dos núcleos principais da teoria do italiano é o de que o estado de exceção convive como permanência biopolítica no próprio interior das democracias ocidentais contemporâneas, tratando amplos contingentes da população como "viventes desprovidos da proteção política, jurídica e até teológica, reduzidos à mera condição de vida biológica". Incluem-se nesta óptica, por exemplo, o Patrioct Act de 2001, que possibilitou a prisão de suspeitos de terrorismo pelos EUA sem a condição de acusados, o tratamento desumano que países europeus conferem a estrangeiros e, "em determinadas circunstâncias, a violência empreendida pela polícia militar contra a população pobre no Brasil".

Ao finalmente tocarem no conceito de exceção de Agamben, fica mais claro em que ponto as práticas e instituições policiais brasileiras se situam no Estado democrático de direito nacional. Visto como espaço vazio de direito, ou melhor, como período e lugar em que o direito é suspenso para que se efetive sua própria aplicação dentro do Estado de direito, o estado de exceção passa a não se caracterizar mais como algo esporádico, mas verdadeiramente permanente no interior das democracias modernas. Ora, o que seriam as constantes expedições de mandados de busca e apreensão coletivos pelo Judiciário brasileiro, abrangendo comunidades inteiras sem sequer apresentar endereços definidos, praticamente oferecendo salvo-conduto para que operações policiais invadam casas em regiões periféricas, senão a suspensão permanente de garantias fundamentais destas populações, como a inviolabilidade de domicílio ou a dignidade humana, em nome da manutenção da ordem?

Como Agamben, Mbembe também enxerga a exceção como o espaço vazio de direito. Ao contrário do italiano, porém, é no

---

na América Latina [recurso eletrônico]. 1 ed. São Paulo: Alameda, 2016. p. 55-59.

colonialismo e em suas estruturas racistas, e não na experiência nazifascista europeia, que Mbembe vê o paradigma do estado de exceção que se perpetua no interior das democracias modernas. As relações coloniais, por sua vez, baseavam-se na visão de que os povos oriundos dos territórios dominados eram inimigos impacificáveis das metrópoles, restando a estes a constante suspensão de qualquer direito. Mbembe demonstra que esta relação de inimizade e este estado de exceção permanente eram basicamente pautados pelo racismo. Observando especificamente o contexto histórico e atual brasileiro, aliás, não é difícil perceber que a teoria do autor camaronês tem fortes ecos na realidade.

De fato, quando se observa a história brasileira, é nos resquícios coloniais e racistas da ordem imperial-escravocrata que o país tem seu quadro mais claro de exceção permanente, ainda que já independente da metrópole portuguesa. Exceção bem concretizada no papel das nascentes Polícias Militares na destruição de quilombos e das Polícias Civis no auxílio à punição doméstica de escravos, ambas agindo na constante suspensão dos direitos desta parcela da população para manter a ordem produtiva, jurídica e social vigente no país. Papel que, por sua vez, se arrasta mesmo ao fim da ordem imperial-escravocrata por meio de novas práticas referentes a vagos conceitos, como o de vadiagem, centrais no cotidiano policial brasileiro republicano. Daí a importância teórica de Mbembe, a qual leva à percepção da exceção como algo presente desde o nascimento do próprio Estado brasileiro e, por consequência, de suas estruturas policiais.

De fato, o racismo é fundante e persistente nas instituições e práticas excessivas do Estado brasileiro, sobretudo naquelas que dizem respeito à Justiça Criminal e às polícias. É curioso notar, por exemplo, como as prisões passaram por uma transição demográfica à medida em que o sistema escravocrata foi chegando ao fim, tornando-se instituições que, até hoje, encarceram majoritariamente pessoas negras em relação a pessoas brancas. Aliás, situação semelhante, conforme já demonstrado, se observou nos EUA. No lugar do controle privado da escravidão remanescente do colonialismo, foram os termos de bem--viver e as prisões injustificadas para averiguação ou por crimes genéricos como a vadiagem que passaram, na Velha República, a cumprir o papel de colocar a população negra brasileira na condição de eterna suspensão de direitos. Condição que perdura em outras práticas ainda hoje reiteradas e já expostas aqui, como as cotidianas incursões policiais em periferias e a majoritária vitimização de pessoas negras pela violência de Estado. Se as instituições policiais têm papel central na concretização deste estado de exceção permanente brasileiro, certo é que a manutenção das relações raciais desiguais, ou, em outras palavras, a ordem racista, constitui uma de suas bases.

Caso ainda reste alguma dúvida do quanto o conceito de estado exceção permanente se amolda à realidade policial brasileira, a descrição que Mbembe[341] faz desta necropolítica exercida na Palestina é didática. O autor constrói, pelas suas palavras, a cena de helicópteros Apache patrulhando, pelo ar, comunidades inteiras para "matar a partir do céu", enquanto, em terra, blindados *bulldozer* servem como "arma de guerra e intimidação", estabelecendo a superioridade tecnológica do terror contemporâneo. Encadeados os poderes disciplinar, biopolítico e necropolítico, o poder colonial se torna absoluto sobre os habitantes do território ocupado. O estado de sítio militarizado instaurado permite "uma modalidade de crime que não faz distinção entre o inimigo interno e o externo", e os comandantes militares locais recebem a liberdade "para usar seus próprios critérios sobre quando e em quem atirar". Vilas ou cidades in-

---

[341] Ibidem, p. 48-49.

teiras são isoladas do mundo e têm suas vidas cotidianas militarizadas, inclusive com seus deslocamentos ficando sujeitos a autorizações formais.

E no Brasil? Após a operação que resultou no assassinato do menino Marcus Vinícius da Silva, no dia 20 de junho de 2018, enquanto o garoto de 14 anos ia de uniforme para a escola, a ONG Redes da Maré contabilizou mais de 100 marcas de tiros no chão e nas paredes das casas disparados a partir do helicóptero da Polícia Civil carioca que dava rasantes sobre a comunidade da Maré.[342] Na madrugada de 1º de dezembro de 2019, policiais militares a serviço da "Operação Pancadão", política de combate aos bailes funks realizados nas periferias paulistas, foram flagrados encurralando e espancando jovens em becos da comunidade de Paraisópolis após a dispersão de evento por meio de bombas. Com o tumulto, nove jovens morreram asfixiados. Sem provas, a PM paulista justificou a ação afirmando que a polícia buscava por bandidos em fuga.[343] No Rio de Janeiro sob intervenção federal militar decretada pela Garantia da Lei e da Ordem em 2018, militares das Forças Armadas sistematicamente forçaram moradores de comunidades como Vila Kennedy, Vila Aliança e Coreia a apresentarem documentos e serem fotografados.[344] Helicópteros que atiram do céu enquanto blindados propagam o terror em terra, espaços de lazer dispersados por bombas e controle sobre o fluxo de pessoas. O estado de exceção que Mbembe vê na Palestina se reproduz

---

[342] LANG, Marina. ONG conta cem disparos no chão em operação que usou helicóptero e deixou 7 mortos na Maré. UOL, Rio de Janeiro, 23 jun. 2018.

[343] DA SILVA, José Cícero. "Foi uma chacina, uma chacina de verdade", diz moradora de Paraisópolis. Carta Capital, São Paulo, 5 dez. 2019.

[344] SATRIANO, Nicolás. Militares tiram fotos de moradores de favelas do Rio e de seus documentos. G1, Rio de Janeiro, 23 fev. 2018.

fielmente em periferias e favelas brasileiras através da atuação cotidiana das polícias.

Para não perdermos o foco do desenvolvimento histórico das polícias brasileiras, tema central do livro, não me aprofundarei mais do que isso no conceito de estado de exceção permanente e nas relações de inimizade baseadas em questões de raça, classe, trabalho, produção, entre outros, que o sustentam em todo o mundo moderno. Aos que quiserem um estudo mais aprofundado destes conceitos, a leitura da obra de Mbembe e sua construção da noção de necropolítica é mais do que recomendada, bem como a obra de Agamben e dos demais autores e autoras nacionais aqui citados que discorreram sobre o tema trazendo-o para a realidade brasileira. Seu resumo trazido aqui é suficiente para levantar as questões pertinentes acerca da história policial brasileira às quais queríamos chegar neste momento final.

Os três traços da polícia brasileira como mecanismo de estado de exceção permanente

Nesta longa análise da história das polícias brasileiras, pudemos constatar que, em mais ou menos dois séculos de desenvolvimento, estas instituições e as práticas de segurança pública no país, apesar das óbvias transformações, foram marcadas pelo continuísmo de alguns aspectos centrais a elas. São justamente estas persistências, aliás, que auxiliam a enxergarmos o sistema policial nacional na ideia de permanência do estado de exceção no Estado democrático brasileiro. Dentre estas práticas e características contínuas, três se destacaram na história policial brasileira e podem ser consideradas centrais ao sistema de segurança pública como mecanismo do estado de exceção permanente vivido no Brasil: o militarismo, a inquisitorialidade e as normas penais genéricas, abertas ou de perigo abstrato.

Sobre o primeiro ponto, por suas próprias características, o militarismo é uma ideologia incompatível com as atividades garantistas de policiamento. Desde a formação de seus profissionais, em relativo isolamento, a educação militarizada denota o rompimento que ela representa com o resto da sociedade e com a natureza civil da instituição policial. Soma-se a isto a organização hierárquica rígida e altamente verticalizada, na qual o poder decisório é concentrado e o espaço para o pensamento crítico é reduzido, favorecendo o crescimento dos sentimentos de preconceito entre os policiais para com cidadãos de classes mais pobres ou de minorias raciais. Situação problemática ampliada pela adesão das polícias militarizadas à chamada "ideologia do inimigo", fruto de sua histórica instrumentalização por doutrinas de segurança nacional. Com todos estes aspectos, a estrutura da Polícia Militar torna-se extremamente porosa a práticas sistematicamente abusivas e violentas.[345]

A história do militarismo como ideologia imposta às polícias mostra como e porque estes problemas se manifestam na prática. Além do papel de controle sobre pessoas escravizadas em suas primeiras décadas, desde o Império, são várias incursões realizadas pelas Polícias Militares na repressão a revoltas populares e greves. A militarização como forma de controle sobre populações específicas e revoltosas foi clara, por exemplo, no debate entre autoridades paulistas na Velha República, quando cavalarias foram consideradas necessárias para conter greves, ainda que pouco eficientes para o policiamento cotidiano. O papel das PMs mineira e paulista no golpe de 1964 e a organização da ROTA como polícia de combate a ações armadas de guerrilheiros são outros exemplos históricos da ligação entre

---

[345] FELITTE; PONZILACQUA, op. cit., p. 214-215.

o militarismo e a ideia de polícia como mecanismo de estado de exceção permanente. Traço repetido em democracia, como nos impactos negativos que o militarismo exerceu em experiências de policiamento comunitário em São Paulo ou nas UPPs cariocas, incluindo nestas uma lógica de ocupação territorial que submeteu comunidades a situações sistemáticas de violência estatal.

Neste último aspecto, é simbólica a relação entre os Consegs, a PM paulista e o policiamento comunitário, onde conselhos participativos formam espaços de embate ideológico pautados por discursos intolerantes e preconceituosos reproduzidos pelos chamados "cidadãos de bem". Este termo não foi aqui empregado à toa. Em cartilha da própria PMESP, o policiamento comunitário é visto como conjunto de preceitos doutrinários voltado apenas aos "cidadãos de bem", restando "aos infratores da lei e arredios às regras sociais" as normas e legislações vigentes. A cartilha, porém, não define expressamente o conceito de "cidadão de bem", que vai se construindo no cotidiano policial em contraposição àqueles que "quebram a noção de ordem e boa conduta" ou "não se mostram submissos diante do ideal implícito de superioridade dos policiais ante os cidadãos comuns". Setores como a população em situação de rua, os frequentadores de bailes funk e os defensores dos direitos humanos acabam excluídos deste conceito no dia a dia policial e nos espaços participativos, enxergados como inimigos desprovidos de direitos que devem ser combatidos permanentemente.[346]

Como se pode ver, a "ideologia do inimigo", traço tão central à filosofia militarista, tem impacto direto nas práticas policiais cotidianas, vistas erroneamente como ações de combate a inimigos, e não de mediação entre cidadãos em igualdade. É a materialização das relações de inimizade descritas por Mbem-

---

[346] ASTOLFI, op. cit., p. 151-154.

be como base de apoio ao estado de exceção permanente das democracias modernas. Mas instituições policiais nada têm a ver com exércitos. Sob a perspectiva legítima de atividades de segurança pública, as polícias são destinadas a garantir direitos e liberdades aos cidadãos quando estes estiverem sob risco ou sendo violados. Uma prática que deve se realizar por meios pacíficos ou por uso comedido da força, associada à mediação de conflitos e com estrita observância da legalidade e dos direitos humanos. Já o Exército possui características organizacionais que atendem à necessidade do "pronto emprego", essencial às ações tipicamente bélicas de defesa nacional, como a rigidez hierárquica verticalizada. Não faz sentido que as polícias se organizem de forma semelhante. Voltada à prevenção, as estruturas policiais se adequariam melhor a outros princípios de organização, como a descentralização, a valorização do trabalho na ponta, a flexibilidade do processo decisório e da adaptação às especificidades, logicamente, dentro dos limites da legalidade, a capacidade de mediação e a intersetorialidade. Princípios que se mostram diametralmente opostos às práticas de exceção militarizadas aqui criticadas.[347]

O segundo ponto na construção do sistema de segurança pública brasileiro como mecanismo de estado de exceção permanente é a inquisitorialidade, traço central do inquérito policial, peça pré-processual criada nos tempos imperiais que passou por poucas transformações até hoje, e do trabalho do delegado de polícia. Ao versar sobre o tema na atualidade, Nucci[348] não difere muito da análise histórica sobre as origens do instituto. Para ele, a peça inquisitorial é "um meio de extirpar, logo de

---

[347] SOARES, op. cit., p. 32-34.
[348] NUCCI, Guilherme de Souza. Código de Processo Penal comentado. 15 ed. rev., atual. e ampl. Rio de Janeiro: Forense, 2016. p. 47-48.

início, dúvidas frágeis (...), evitando-se julgamentos indevidos de publicidade danosa", mas também garante a oportunidade de colher provas perecíveis. Esta celeridade ocorre por meio da falta de maior contorno judicial a um procedimento de caráter preparatório e preventivo. Considerando o indiciado como objeto de investigação, e não como sujeito de direitos, estas características definem algumas das peculiaridades do inquérito policial, tais como o sigilo, a falta de contraditório, a discricionariedade na colheita de provas e a impossibilidade de arguição de suspeição da autoridade policial que o preside.

Há quem defenda a pertinência destes aspectos. Renato Brasileiro[349] considera a exigência de contraditório e ampla defesa numa fase pré-processual como o inquérito incabível, vez que ele não pode resultar diretamente em nenhum tipo de sanção. Além disso, a ausência destes pressupostos está ligada à busca da eficácia das diligências, pois observá-los resultaria em obstáculos à atuação da polícia, comprometendo a agilidade das investigações preliminares. Para Renato, "a falta de contraditório e ampla defesa nessa fase pré-processual acaba sendo compensada por mecanismos legislativos tendentes a evitar que o juiz julgue a imputação valendo-se exclusivamente dos elementos informativos colhidos na fase investigatória".

Porém, vendo o sistema de processo penal brasileiro como um todo, observamos que ele tem um caráter misto, ou seja, com uma fase de instrução preliminar inquisitiva, referente ao inquérito, e uma fase de julgamento, predominantemente acusatória. Na primeira, há o procedimento secreto, escrito e sem contraditório, ao passo que, na segunda, temos a oralidade, a publicidade, o contraditório, a isonomia entre as partes, a separação entre órgão julgador e acusador, entre outros. Ao criticar

---

[349] LIMA, Renato Brasileiro de. Código de Processo Penal comentado. 2 ed. rev. e atual. Salvador: Juspodivm, 2017. p. 46-47.

quem aponta o sistema brasileiro como puramente acusatório, Nucci lembra que a realidade da prática forense se distancia dos princípios acusatórios garantidos constitucionalmente, vez que o inquérito exerce papel fundamental no processo, chegando até mesmo a produzir provas definitivas contra o réu, como no caso de certas perícias. Também não são raras as vezes em que magistrados fazem referência expressa a provas colhidas na fase inquisitória, para além de provas técnicas, incluindo depoimentos e até mesmo a confissão do indiciado.[350]

Assim, temos uma situação em que, embora a legislação faça uma previsão, a realidade cotidiana se expressa de outra forma. Baseada no preceito de que o inquérito, ao menos oficialmente, não tem capacidade de formar culpa, a norma permite que a autoridade policial que o preside se furte de respeitar princípios constitucionais tão caros aos processos judiciais, como o contraditório e a ampla defesa. Na realidade, esta peça construída de forma alheia aos princípios democráticos mencionados tem papel fundamental no dia a dia judiciário brasileiro, muitas vezes servindo de parâmetro único ou central para condenações criminais. Em suma, a inquisitorialidade do trabalho da Polícia Civil desemboca, ainda que indiretamente, na suspensão destes princípios às parcelas da população mais vulneráveis à arbitrariedade policial quando estas chegam ao Judiciário. Um verdadeiro mecanismo de estado de exceção.

Já veremos que a inquisitorialidade não é exclusiva do trabalho da Polícia Civil. Antes disso, por guardar relação com esta afirmativa, vamos ao terceiro mecanismo policial de estado de exceção permanente: o sistema penitenciário brasileiro foi costumeiramente alimentado por pessoas presas com base em normas penais demasiadamente abertas, genéricas, ou, ainda, de perigo abstrato. É o caso da criminalização da vadiagem, que,

---

[350] NUCCI, op. cit., p. 49-50.

tipificando a mera conduta de não possuir sustento ou residência, foi, por anos, uma das grandes responsáveis pela imensa maioria da população carcerária brasileira ao lado da embriaguez, das desordens e das prisões para averiguação. O uso destas tipificações como forma de controle sobre a população negra, sobretudo após o fim da escravidão, e de estrangeiros perdurou por muitos momentos da história. De modo semelhante, as legislações de crimes políticos e sociais, fortemente pautadas por doutrinas de segurança nacional, também foram redigidas de forma bastante aberta e instrumentalizadas para o controle político-policial de oposicionistas, sobretudo em períodos máximos de exceção, como a Era Vargas e a Ditadura Civil-Militar. A partir dos anos 1970, a chamada "guerra às drogas", iniciada nos EUA como forma de controle sobre estrangeiros indesejados e espalhada por todo o mundo, ensejou novo "modelo bélico" para o sistema de segurança pública. Com verbos penais que se multiplicaram ao longo do tempo e uma vaga e genérica defesa da saúde pública, a droga se converteu no grande eixo "sobre o qual se pode reconstruir a face do inimigo (interno) também num compatriota".[351]

Nas palavras de Soares,[352] "na ausência da antiga vadiagem, está à mão a lei de drogas", e a situação de normas penais abertas à margem de interpretação e à arbitrariedade se deteriorou ainda mais na arquitetura policial brasileira de ciclo fracionado. Pressionadas por resultados por serem as instituições presentes diariamente nas ruas, a lógica de produtividade das Polícias Militares se voltou para efetuar um grande número de prisões. Por não poderem investigar, só lhes cabe prender em flagrante. Não à toa, a maior parte da população carcerária brasileira foi presa desta maneira. Crimes passíveis de prisão em flagrante, no geral,

---

[351] BATISTA, op. cit.
[352] SOARES, op. cit., p. 34-43.

são aqueles visivelmente identificados, que ocorrem em espaços públicos. O "varejo que supre a cota de prisões da PM" não é o de criminosos do colarinho branco, mas o de personagens que agem na rua nesta mesma lógica de varejo: batedores de carteira, pequenos traficantes ou assaltantes, geralmente jovens advindos de classes mais pobres. Entre estas condutas tipificadas, nenhuma auxilia tanto a PM em sua "produtividade" quanto a política de drogas. A celeridade e a grande escala com que a criminalização de entorpecentes fomenta o sistema penitenciário brasileiro criou um verdadeiro processo de criminalização da pobreza e a consagração do racismo institucional. Grupos sociais mais vulneráveis se tornaram alvo preferencial de uma atividade policial cheia de preconceitos e estereótipos formulados por uma cultura corporativa marcada pelas desigualdades e pelo racismo estrutural da nossa sociedade. Fez-se o cenário em que, nos territórios vulneráveis, a tendência da PM é atuar como tropa de ocupação e enfrentar inimigos.

Além da problemática criminalização enxergada de modo expandido e arbitrário, estas normas penais encontram aspectos negativos que remetem, novamente, à questão da inquisitorialidade, que extrapola o trabalho exclusivo da Polícia Civil. Segundo levantamento do Núcleo de Estudos sobre Violência da Universidade de São Paulo (NEV-USP),[353] analisados 667 autos de detenção por porte de entorpecentes na cidade paulistana entre dezembro de 2010 e janeiro de 2011, 74% destes contaram apenas com o testemunho dos policiais que realizaram a prisão. Dos casos acompanhados até o fim da fase processual, 91% confirmaram a versão policial em condenação, sendo

---

[353] DE JESUS, Maria Gorete Marques, et al. Prisão provisória e Lei de Drogas: um estudo sobre os flagrantes de tráfico de drogas na cidade de São Paulo [recurso eletrônico]. Coord.: Maria Gorete Marques de Jesus. São Paulo: Núcleo de Estudos da Violência, 2011. p. 55-78.

que só 3% resultaram em absolvição e 6% em desclassificação para outro tipo penal. Ou seja, não bastasse a multiplicação dos verbos incriminadores da Lei de Drogas abrir margem para a interpretação arbitrária de policiais que atuam nas ruas de forma ostensiva, esta arbitrariedade ainda acaba sendo endossada pelo sistema de Justiça que, mesmo com fragilidade de provas, costuma confirmar a versão policial dos fatos.

Assim, demonstramos como as três características apontadas nas estruturas policiais se relacionam e inserem o sistema de segurança pública do país no contexto de estado de exceção permanente. Não se tem a pretensão, aqui, de estabelecer apenas estes três aspectos como paradigmas exclusivos das práticas de exceção destas instituições. Nada impede que outros mecanismos tipicamente policiais possam ser apontados no mesmo contexto, embora estes sejam os que apareceram com maior destaque ao longo da história. A ideologia militar, a inquisitorialidade e as normas penais genéricas, de perigo abstrato ou demasiadamente abertas foram traços analisados desde o início do processo de desenvolvimento das forças de segurança pública no Brasil, todos diretamente ligados à construção das relações de inimizade que baseiam o conceito de estado de exceção permanente contemporâneo.

Foram vários os casos exemplificativos, apontados ao longo da história brasileira, que demonstraram que as práticas policiais marcadas por estas três características tiveram como consequência sistemática a suspensão permanente de direitos de camadas inteiras da população em relações de dominância pautadas por questões raciais, classistas, produtivas, entre outras. Logicamente, as instituições de segurança pública do país não se resumiram a estas atividades, embora tais características possam ser consideradas traços fundantes e persistentes das polícias. Ao fim do século XX, o Brasil enfim iniciou debates que propõem uma visão de polícia que possa superar esta lógica de controle social e exceção permanente e, certamente, estes três aspectos precisam ser combatidos em qualquer discussão que venha a formular novas propostas de segurança pública para o país. Os recentes rumos tomados pela política nacional e pela ordem mundial, porém, podem colocar todo este debate a perder.

A exceção como regra: a anunciada crise da democracia e suas raízes liberais no atual cenário global

Com a crise do Estado liberal das últimas décadas, a violência do estado de exceção tem mostrado tendência de piora e expansão em boa parte do mundo e no Brasil. Não é à toa que Mbembe[354] diz que a época atual "privilegia a separação, os movimentos de ódio, de hostilidade e, sobretudo, a luta contra o inimigo", consequências do que as próprias democracias liberais, branqueadas pelo capital, pela tecnologia e pelo militarismo, sempre aspiraram. Nesse sentido, a análise de Bobbio[355] sobre a construção do conceito de democracia dentro do ideário liberal é esclarecedora: seja a "dos antigos", seja a "dos modernos", a democracia sempre possuiu o significado geral de "governo dos muitos, dos mais, da maioria" ou do povo em contraposição ao governo de poucos. Olhando mais de perto, porém, no contexto dos Estados liberais, o conceito sempre se baseou em termos de representatividade, a partir da ideia de que representantes eleitos teriam melhores condições de analisar os interesses da coletividade. Contrapondo-se aos "antigos", as teorias liberais de democracia nutriram amplas desconfianças

---

[354] MBEMBE, 2017. p. 72.

[355] BOBBIO, Norberto. Liberalismo e Democracia. Trad.: Marco Aurélio Nogueira. São Paulo: Editora Brasiliense, 2013. p. 31-37.

por formas de governo popular mais diretas e, por isso mesmo, foram marcadas, ao longo do século 19 e posteriormente, pela imposição de obstáculos e restrições ao sufrágio.

Não se despreza os esforços de teóricos liberais pela expansão do sufrágio, mas é preciso reconhecer que muitos o fizeram de forma mitigada. Mill, por exemplo, chegou a enunciar que os conceitos de liberdade deveriam se limitar aos membros de uma comunidade civil civilizada, apenas para indivíduos em plenas faculdades, sendo que "o despotismo é uma forma legítima de governo quando se está na presença de bárbaros, desde que o fim seja o progresso deles e os meios sejam adequados para sua efetiva obtenção". Ainda que a "formação da maioria" pudesse incluir os mais abastados e os pobres, para o teórico, ela deveria limitar-se aos pagadores de impostos, excluindo-se, ainda, alguns outros membros da sociedade, como os devedores fraudulentos, os falidos, os analfabetos e os que viviam de esmolas. Além de tais mitigações ao sufrágio, Mill ainda propôs, sem sucesso, a ideia do voto plural, segundo a qual os mais instruídos que passassem por um exame teriam direito a mais de um voto.[356]

Outro célebre liberal, Benjamin Constant, discursou no Ateneu Real de Paris, em 1818, afirmando que, diferentemente dos "antigos", cujo objetivo de distribuir poder político entre todos os considerados cidadãos era o que chamavam de liberdade, para os "modernos", tal conceito estaria mais ligado ao objetivo de garantir a segurança das fruições privadas, ou seja, as garantias institucionais para tanto. É nesta esteia que Bobbio assevera que um Estado liberal nem sempre será verdadeiramente democrático. Em sentido contrário, aliás, ele aponta que tal forma de Estado se realizou, historicamente, em sociedades cuja participação no governo acabou restringida aos "possuidores". Ao mes-

---

[356] Ibidem, p. 68-71.

mo tempo, tampouco se pode dizer que um governo democrático resulte, automaticamente, em um Estado liberal. Novamente, em linha contrária, Bobbio aponta que o progressivo processo de democratização produzido pela ampliação do sufrágio acabou inclusive por colocar em crise o Estado liberal clássico.[357]

Ora, a análise realizada por Bobbio não está longe da visão elaborada por Mbembe sobre os Estados modernos a partir das relações coloniais estruturadas de forma bifurcada pelas relações de inimizade que, em interdependência, mantinham as colônias relegadas à exceção enquanto as metrópoles se construíam como Estados democráticos de direito. Os debates contendo conceitos de liberdade, democracia ou direitos básicos, como o sufrágio, com claros limites fronteiriços demonstram a convivência normalizada do pensamento liberal com a ideia de espaços alheios aos próprios princípios. A existência de espaços em que direitos tipicamente liberais podem encontrar-se em permanente suspensão não parece afetar o todo do próprio ideário liberal, sendo, inclusive, desejada por este.

Ocorre que, desde a virada para o século XX, a já frágil relação entre o pensamento liberal e o ideal de expansão democrática passou a se deteriorar ainda mais. A emergência de doutrinas e movimentos socialistas e o alinhamento destes com os partidos democráticos reabriu o contraste histórico entre liberalismo e democracia justamente no momento de avanço rumo ao sufrágio universal em uma série de países. Nesse período, surgem regimes não-liberais que tentaram uma transformação socialista ou que avançaram no chamado Estado-previdência e também possuíam uma série de aspectos não-liberais. Em resposta ao avanço socialista e seu programa econômico baseado na planificação e na coletivização dos meios de produção, a doutrina liberal passou a se recolher cada vez mais à defesa de seus aspec-

---

[357] Ibidem, p. 7-8.

tos econômicos, como a economia de mercado, a livre iniciativa econômica e a tutela da propriedade privada. Este momento em que a doutrina liberal se recolhe a sua defesa econômica representa o surgimento do chamado neoliberalismo, "uma doutrina econômica consequente, da qual o liberalismo político é apenas um modo de realização, nem sempre necessário".[358]

Esta política neoliberal é um projeto conservador que, apesar de dar alguns passos efetivos na construção de um regime democrático, não apresentou qualquer intenção de fazer concessões na ordem do trabalho e da propriedade excedente. O neoliberalismo, de fato, acabou aplicado acima de qualquer intervenção democrática, bloqueando ou eliminando qualquer outra luta política alternativa, enxergando qualquer medida de justiça social ou independência econômica como "subversiva" ou "comunista", ou ainda "antiquada e ineficiente", em um projeto conservador onde não há o real direito de se escolher uma política econômica diferente da neoliberal. "Uma democracia sem opções, na qual vote a minoria dos cidadãos, para escolher entre um pequeno grupo de políticos profissionais, cujas diferenças ideológicas e pragmáticas são insignificantes".[359] Esta doutrina triunfou a partir dos anos 1970 e teve impacto nas próprias conquistas sociais do século XX, com a presença da socialdemocracia cada vez mais reduzida, e os próprios governantes socialdemocratas aceitando aplicar medidas tipicamente neoliberais de redução do Estado e ajustes. Impactos sentidos de maneiras diferentes ao redor do mundo, já que países desenvolvidos possuíam posição comercial favorável frente

---

[358] Ibidem, p. 85-87.
[359] CASANOVA, Pablo González. Exploração, colonialismo e luta pela democracia na América Latina. Trad.: Ana Carla Lacerda. Petrópolis: Editora Vozes. Rio de Janeiro: LPP. Buenos Aires: CLACSO, 2002. p. 190-192.

aos "do sul", lhes possibilitando manter parte de seu Estado de bem-estar, o que não significa que trabalhadores destes países estivessem livres de perseguições.[360]

Em suma, se o Estado moderno tipicamente liberal sempre aceitou, dentro de si, a coexistência do Estado democrático de direito e da exceção, as mudanças políticas, sociais e econômicas do século XX, sobretudo os avanços de doutrinas sociais, têm provocado fraturas na ordem liberal que a fazem pender ainda mais para o aumento da exceção, fragilizando seus aspectos democráticos. Para muitos, aliás, a crise de 2008 pode ter representado, ou ao menos iniciado, um processo de fratura social total. Streeck,[361] por exemplo, aponta para esse caminho ao constatar que, em um momento em que o capitalismo já não mais consegue sequer criar a ilusão de um crescimento com justiça social, invariavelmente, democracia e capitalismo deixam de andar lado a lado. Assim, corre-se o risco de surgir uma verdadeira "ditadura de uma economia de mercado capitalista acima de qualquer correção democrática".

Realmente, o século XX apresentou várias experiências em que o estado de exceção se tornou dominante. Do nazifascismo europeu à ocupação da Palestina, passando pelo apartheid sul-africano, da Era Vargas à Ditadura Civil-Militar nacionais, no Brasil e no mundo, muitas vezes, o paradigma do estado de exceção permanente tomou sua forma máxima. Agora, o novo pico de desigualdade social mundialmente generalizado coloca ainda mais tensão neste cenário. Piketty[362] aponta com cla-

---

[360] Ibidem, p. 294.
[361] STREECK, Wolfgang. Tempo comprado: a crise adiada do capitalismo democrático. Coimbra: Ed. Actual, 2013.
[362] PIKETTY, Thomas. O capital no século XXI. Trad: Monica Baumgarten de Bolle. 1 ed. Rio de Janeiro: Ed. Intrínseca, 2014. p. 22-27.

reza, por exemplo, para o fato de que, desde a década de 70, reconhecidamente marcada por uma onda mundial neoliberal cujos principais representantes foram Thatcher e Reagan, a desigualdade, sobretudo em países ricos, voltou a aumentar. Uma situação de desigualdade que, no início do século XXI, atingiu o mesmo nível e, em alguns casos, até excedeu os índices das décadas de 1910 e 1920, igualmente marcadas pela crise econômica do sistema liberal e pelo início de experiências máximas de exceção.

Diante deste cenário, mesmo países costumeiramente apontados como democracias consolidadas têm ampliado suas práticas de exceção. Os impactos que novos fluxos migratórios, intensificados pela explosão das desigualdades, tiveram em países desenvolvidos são claros. As cenas de crianças latinas separadas de seus pais e encarceradas nas fronteiras dos EUA registradas em 2018, sob o mandato de Trump, se repetem no governo Biden. Políticas que restringem a circulação de pessoas pela Europa relegam multidões de africanos e asiáticos à morte nos mares europeus. A guerra ao terror igualmente enseja muitas das medidas de exceção na atualidade, como o Patriot Act norte-americano. E, mesmo em seus domínios, a desigualdade vem fragilizando o Estado democrático de direito nestes países. Nos EUA, impulsionadas pelo assassinato de George Floyd por policiais, o que seriam as massivas manifestações do movimento *"Black Lives Matter"*, duramente reprimidas pelas forças de segurança do país, senão a revolta com a situação de permanente suspensão de direitos em que a população negra norte-americana vive? Na França, desde 2018, protestos contra as medidas de austeridade de Macron geraram alguns milhares de manifestantes presos e inúmeros casos de brutalidade policial, situação que pode se agravar com a recém-aprovada "Lei de Segurança

Global",[363] que pune cidadãos que gravem imagens que possam prejudicar a polícia.

Este último exemplo mostra bem o que Mbembe[364] chama de estado de insegurança. Desde o fim do século XX, os movimentos de ódio, vistos pelo autor como "formações que investem na economia da hostilidade, da inimizade e nas mais variadas lutas contra o inimigo", têm contribuído para o aumento de formas e graus de aceitação da violência que se pode impor aos considerados fracos, inimigos ou intrusos para intensificar as relações de instrumentalização na sociedade, contribuindo para a consolidação do chamado Estado securitário e de vigilância. Estado que se alimenta do estado de insegurança "que ele próprio fomenta e para o qual pretende ser a resposta". Pressupondo a impossibilidade de acabar com as hostilidades entre "nós e aqueles que ameaçam o nosso modo de vida", a guerra se torna permanente para responder às ameaças internas, justificando atividades extramilitares e enormes recursos físicos. O Estado securitário preocupa-se menos com a distribuição de empregos e de lucros do que com o projeto de dispor da vida de seres humanos. Neste cenário, as relações de inimizade se intensificam, relegando aqueles não considerados como "dos nossos" à rejeição ou à expulsão. Mecanismos como a "guerra civil silenciosa", as prisões em massa, a dissociação entre nacionalidade e cidadania e as execuções extrajudiciais no âmbito criminal contribuem para a confusão entre segurança interna e externa neste contexto em que o racismo se exacerba.

Em países como o Brasil, onde a exceção sempre ocupou espaço maior no Estado, a situação parece ainda pior. A ruptura ocorrida em 2016 levou ao poder um governo que impôs

---

[363] RFI. Deputados aprovam nova lei de segurança ultracontrovertida na França. RFI, 15 abr. 2021.
[364] MBEMBE, 2017. p. 89-93.

ao país uma agenda econômica liberal alinhada a princípios conservadores e ao incremento do Estado policial brasileiro. Bolsonaro não apresentou nenhum grande plano de segurança pública, mas seu programa de governo e a proposta original do chamado "Pacote Anticrime" demonstraram alguns dos pontos centrais do mandato para a área. Identificam-se quatro eixos principais desta pauta: a "exclusão de ilicitude" proposta como nova regra de engajamento para policiais, chancelando suas práticas de violência letal; a intensificação da dinâmica de encarceramento em massa; a ampliação da atuação das Forças Armadas na segurança pública; e a flexibilização do acesso a armas pela sociedade civil.[365]

Outros projetos de segurança pública ainda em discussão têm sido objeto de preocupação diante de traços antidemocráticos. A PEC 6/2017, por exemplo, que propõe a federalização das polícias estaduais, concentrando todas as forças de segurança do país no controle da União, voltou ao debate entre 2020 e 2021. Processo de centralização que remete a outros períodos de máxima exceção do país, como a Era Vargas e a Ditadura Civil-Militar. Também no início de 2021, a divulgação de texto preliminar de substitutivo ao PL 4.363/2001 mostrou que o Congresso debate com urgência a alteração do Decreto nº 667/1969 para intensificar o militarismo e aumentar a autonomia das Polícias Militares estaduais, criando o posto de General nas PMs e reduzindo o controle dos governos estaduais sobre os comandantes destas.[366] Além disso, em junho de 2021, o portal de notícias UOL[367] divulgou acesso à carta enviada pela Organização das

---

[365] SOARES, op. cit., p. 130-131.

[366] GÓES, Bruno; PRAZERES, Leandro; SOUZA, André de. Extra, Rio de Janeiro, 12 jan. 2021. Confira o que pode mudar nas regras da PM com projeto que tramita na Câmara dos Deputados.

[367] CHADE, Jamil. Nova lei antiterror de bolsonaristas ameaça

Nações Unidas (ONU) ao governo federal brasileiro tecendo comentários acerca dos projetos de lei 272/2016 e 1.595/2019, que alteram a legislação antiterrorismo do país. A ONU apontou riscos à democracia na medida em que eles possibilitam a infiltração de agentes em movimentos sociais e ampliam a tipificação de atos de terrorismo, dando margem para a criminalização de manifestações políticas legítimas de oposicionistas.

Logicamente, não podemos prever para onde caminhará o sistema de segurança pública brasileiro, tampouco nossa própria estrutura estatal com um todo, sobretudo neste momento em que um novo Governo Lula recém-eleito tenta restabelecer pilares democráticos e políticas progressistas no Brasil. Não há garantias nem certezas em um país que assistiu, após as eleições de outubro de 2022, a tentativas golpistas que contaram com a participação, ora pela ação, ora pela omissão, das suas próprias polícias. A análise acima cumpriu apenas inserir o cenário nacional no contexto mais amplo e global de crise do Estado democrático de direito liberal e de avanço de estruturas, medidas e práticas de exceção no século XXI. Crise que, observada em conjunto com a própria história de conformação dos Estados modernos, se torna de mais fácil compreensão. Assimilado pelo Estado democrático de direito, em relação de interdependência com este, o estado de exceção mostrou-se permanente nas democracias modernas e, em momentos de crise generalizada nos campos político, econômico e social como o atual, ele tende a expandir-se ainda mais. A formação de Estados securitários pelo mundo é uma ótima expressão contemporânea desta expansão, e o Brasil, sobretudo por meio de suas instituições e práticas policiais e penais, se inclui neste cenário em que seus próprios cidadãos são alçados a uma situação de permanente suspensão de direitos como se inimigos fossem.

---

silenciar oposição, alerta ONU. UOL, São Paulo, 23 jun. 2021.

Sobre este último ponto, aliás, Mbembe[368] diz que o ódio ao inimigo e a necessidade de neutralizá-lo são as últimas palavras da política no espírito contemporâneo. Convencidas de que vivem uma ameaça permanente, as atuais sociedades acabaram constrangidas a viver os seus cotidianos com "pequenos traumas" recorrentes: "um atentado aqui, capturas de reféns ali, um fuzilamento acolá e o alerta permanente". Com a reprodução alargada do sentimento de terror, "as democracias liberais continuaram a fabricar espantalhos destinados a meter-lhes medo". Ao analisar o papel de exceção das polícias na construção dos Estados liberais modernos, podemos dizer que este livro se debruçou sobre o sentimento generalizado de medo que estrutura as sociedades contemporâneas. Para finalizar com as palavras do cantor Victor Jara, assassinado pela ditadura chilena em 1973, ao debruçar-se sobre este medo artificialmente e perversamente fabricado, espera-se que este livro possa servir de auxílio na busca de seu tão desejado oposto: o direito de viver em paz.

---

[368] MBEMBE, Achille. Políticas da inimizade. Trad.: Marta Lança. 1ª ed. Lisboa: Antígona, 2017. p. 84.

AGRADECIMENTOS

Primeiramente, é importante dizer que este trabalho não se realizaria sem a confiança do Professor Márcio Ponzilacqua, quem, desde a graduação até o mestrado na FDRP-USP, aceitou a tarefa de me orientar neste início de vida como pesquisador. Não teria como não agradecer, também, à Jacqueline Sinhoretto e à Samira Bueno, as quais, na banca de mestrado que daria origem a este livro, foram cruciais para me apontarem os caminhos finais que esta obra tomou.

Estendo meus agradecimentos ao amigo Antônio Martins e à toda equipe do *Outras Palavras*, que não só sempre abriram espaço às minhas escritas, como foram peça central para a realização deste livro. Assim como agradeço, ainda, à equipe da Ponte Jornalismo, que, em sua luta honrosa e diária para mudar a segurança pública do país, confiou seu apoio a esta publicação.

Para além da área acadêmica, não posso deixar de dedicar esta obra a pessoas como o Padre Valdir e outros companheiros e companheiras de Pastoral Carcerária que, lá pelos idos de 2016, começaram a me mostrar onde a teoria se encontrava com a prática. E é por isso que também dedico este livro a camaradas com quem construí o Setorial de Segurança Pública dentro do PSOL para transformar a teoria em luta em 2019.

Agradeço também a meus amigos e minhas amigas que têm me acompanhado nestes últimos anos num esforço (coletivamente confuso) de compreender e fazer o mundo a nossa volta talvez um pouco mais leve.

Mas, acima de tudo, eu agradeço a minha família, que sempre deu todo apoio e carinho necessários para seguir nos momentos mais difíceis e com a qual tenho orgulho e prazer em dividir os momentos de maior felicidade.

Ao meu pai, Almir, e a minha mãe, Ana Amélia.

Este livro foi composto em Minion Pro e Neue Haas Grotesk.